電視節目製作

蔡念中・劉立行・陳清河　編著

五南圖書出版公司 印行

序　言

即將邁入二十一世紀的今日，電視節目製作的發展亦隨著傳播科技而產生劇烈的改變。早期，電視節目的製作，多是採取攝影棚內現場製播，所使用的器材亦多屬龐大而笨重的設備。時至今日，電視節目製作所涉及的領域，不僅是必須運用精密、高科技的攝製與剪輯器材，更進一步地，必須配合高級的人力資源，從節目的構想、企劃開始，組成「製作團隊」(Production Team)，相互合作，協調分工，才有可能完成節目製作之工作。

近年來，我國電視市場生態丕變，有線電視與衛星電視相繼加入極為競爭的媒體市場，使得傳統三家電視台的寡佔與壟斷成為過去式。再者，目前電視節目的類型走向，已逐漸朝多元化發展，其目的在於提供電視觀眾多樣化的選擇，並滿足其各式需求。由此觀之，電視媒體市場已進入春秋戰國、百家爭鳴的時代。同樣地，電視這一行業也成為許多年青人的優先就業選擇。當然，任何人想要從事電視生涯就必須瞭解電視。

目前，台灣已有十多所大學院校提供傳播相關課程，其中一些系所亦開設有「電視節目製作」的課程。然而，每當幾位教授該課程的老師們聚在一起，交換教學經驗與心得時，通常，都有一個共通的看法—就是缺乏適合的教科書。雖然，市面上有幾位先進出版了電視製作的相關書籍，但總是整體性仍嫌不足。是故，本書的三位編著者，基於前述的認知，方有整理教材、編著成書之動機。

本書共計分為十章，從第一章電視製作概述開始，向讀者詳細介紹有關之電視節目製作理念與原則，第二章說明節目企劃之必要流程，第三章至第九章分別說明攝影機、畫面構圖、燈光照明、音效製作、錄製設備、攝影棚等器材與製作技巧，第十章詳述轉播作業的意義。整體觀之，本書可視為「工具書」，因為它將電視節目製作的必要知識，加以統合、整理。本書期望能對學習電視節目製作的初學讀者，有所助益；同時，對已經有初步概念的讀者而言，本書亦能提供較為深入的探討與思考，期溫故而知新。

電視節目製作的領域非常廣大，本書所引用的資料，儘可能地都是採用較新的資料，使讀者能了解實際的實務作業狀況，此為本書的特點所在。然而，本書仍有一些缺點，例如，較為偏重硬體的應用、部份章節在細步上仍有待加強等均是。本書編著小組們才疏學淺，所知仍有不足，因此疏漏之處在所難免，期望專家、先進不吝提供寶貴意見，將於再版時補充修正。

本書之得以完成，除了作者們家人的支持外，世新所提供之良好教學環境，眾多同仁與好友們的鼓勵，三位研究助理--洪正傑、曹瑞雄、梁天祥等數月來經常不眠不休的努力，五南圖書出版公司陳總編輯念祖全力之配合，均是極大的助力。此外，劉正華先生與李惠美小姐，在圖片與排版的協助，以及鍾壁芝、張瑛眞、邱昭琪、周應偉等同學之協助，亦一併在此誌謝。

蔡念中、劉立行、陳清河

八十五年二月於台北木柵

目　　錄

CHAPTER 1 電視製作概述

本章摘要

本章爲讀者概略敘述電視製作系統，內容包括電視的發展、製播系統的元素、製作過程的簡介、以及應用電腦於電視製作的狀況。期望讀者閱讀本章後，能對電視節目製作有一初步瞭解。

本章的內容包括：

電視概述

電視媒介的特點

節目製作科技與電視的發展

電視製作的原理

電視媒介的侷限

電視節目的製作方式

現場直播與非現場直播

第一節　電視概述

電視媒介的特點

電視不受時間與空間的限制，兼有傳播聲音與影像，並具速度快的特性。相較於其他媒體，電視媒體可以透過豐富的聲光效果，使內容更具有可讀與可看的多元特性；目前，錄影機的普及和功能日益發展，使得閱聽人能很容易保存節目內容。這種現象大大地加強了閱聽人對電視傳達訊息的保存性。

從電視製作的角度而言，電視使用錄影帶為材料，又可現場完成影像與聲音的剪輯能力，製作效率極高。從節目後製作的角度而言，數位化處理科技的加入，使電視聲光效果的變化更具多元化，整體品質也隨之提高。

就電視媒體傳播之速度與接受之便利性而言，在某些層面上仍略遜於廣播媒體。例如，收視者大多無法同時工作與收視並行，也就是說觀賞電視時必須同時使用眼睛與耳朵的獨佔性。此外，其篇幅內容及詳細度也不如報紙。但由於電視的優點仍多於缺點，所以在整個大眾傳播媒介上一直佔有最重要的角色。

節目製作科技與電視的發展

電視媒體除上述多種特點之外，隨著電子傳播科技的發展，高畫質電視(High Definition Television， 簡稱 HDTV)、衛星電視(Satellite Television，簡稱STV)、有線電視(Community Antenna Television，簡稱CATV)等科技相繼出現，對電視而言，可謂如虎添翼，成爲當今最強勢的媒體。

又就電視媒體之社會功能而言，電視傳播速度快，可充分發揮社會守望的功能(Surveillance)。它又透過五光十色的效果，充分提供娛樂給閱聽人，電視自然成爲人類生活中不可或缺的一部份。試想，如果有一天電視消失了，社會將是什樣的情形呢？有人說電視是「插了電的毒藥」，但隨著現代社會的發展，及電視帶給我們的各種資訊、娛樂等等；要求人們不去看電視實在不太可能。然而，想去看它又怕擔心沉迷其中，電視實在帶給觀衆一個極大的矛盾心理。

節目製作科技與電視的發展

電視的發明　　最早「電視觀念」的提出是在1839年，法國人白克瑞(Alexander E. Berquerel)就光之電化效應的觀察而提出。其後，在1873年，英國人梅氏(May)發現；光照射在含硒(Selenium)元素的物體上會產生電子放射。他將光能轉成電能，進一步落實了白克瑞之想法。但梅氏的發明僅使用並聯的方式來傳送電視影像，頗爲不便。到了1884年，德國人尼普考(Paul G.Nipkow)發明了畫面掃描板(Scanning Disk)將畫面表現出來。畫面掃描板爲在金屬圖板上有規則地鑽開若干小洞，當光線透過小洞時，藉由串聯的原理，將光點以掃瞄方式逐步處理；透光之後便會產生規則性的圖形畫面。

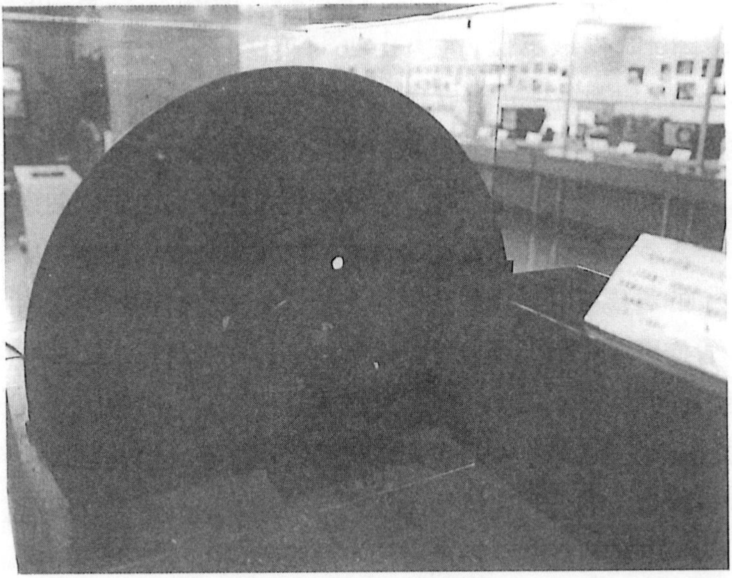

圖1-1　Nipkow圖板

1900年，法國人百吉(Perkyi)在世界博覽會上，製作傳遞圖像的實驗，並命名為「電視」。可以由原文之字面觀之，「Television」其意為遠方的圖像。可以說將白克瑞的想法具體化。

1907年，有廣播之父之稱的美國人狄佛瑞斯特(Lee De Forest)發明三極眞空管(Triode)。三極眞空管對當時的電視科技來說，可以說是一大改革，因為它能將電波調變、放大、接收以及產生電波這些都被運用於日後電視映像管上，爲往後電視傳播科技奠定了發展的基礎。

結合Nipkow圓板之畫像分解(圖1-1)再組合原理與Image dissector的攝取影像方式，1926年英國貝爾德(Baird John Logie)在倫敦將所實驗成功的有線電視傳送系統公開，這是世界上較爲具體的電視影像以有線方式傳遞的開始。

自從映像管發明之後，各國電視技術無形之中向前邁進了一大步。於是根據這個映像管的原理所製成的「電子掃描式」的電視機開始問世了。一九三五年三月德國柏林採用映像管作爲電視機的攝像管開始試播；同年四月，法國也在巴黎的艾菲爾塔上開始以電子掃描式電視機做爲試驗廣播；英國於一九三六年十一月也開始試驗電視廣播，倫敦電視廣播台委託馬可尼公司在倫敦北部高地的亞力山大宮建立廣播台，開始廣播，這時貝爾德公司的機械式掃描視電視就和馬可尼的電子掃描式電視發生競爭。

兩種不同方式的電視，每週輪流播送。然而到底二四0條掃描線，每秒二十五幅的貝爾德公司的「電視」，敵不過四五八條像線，每秒二十五幅的馬可尼公司的現代化映像管。因此利用尼普庫圓盤的機械式電視機，在和電子掃描式的電視機比較之下，不得不相形見絀，終於在優勝劣敗的情形下，逐漸被人遺忘。因爲輿論逐漸傾向馬可尼公司，映像管電視機終於正式爲世人所採用。而尼普庫圓盤和其它機械式的電視機也終於被放在博物館中做爲紀念品了。於是世界學者大都捨棄了前此對機械式電視的研究，而致力於電子方面了。電視機也因此有了劃時代的進步，最後逐漸演變爲今日這樣完美的地步。

至此以前，因錄製設備非常不發達，電視皆是現場直播。到了一九五〇年代，磁帶式錄影出現，開始可將拍攝下來的聲音及影像儲存。同時，彩色電視系統推出，並快速發展；而有線電視系統也逐漸發展。一九六〇年代，錄影帶編輯系統出現，使儲存下來的聲音及影像經剪輯後，能夠創造出新的結果與意念出來；而後，慢動作(Slow Motion)、立即重放(Instant Replay)的功能也隨之發展出來。此時，關於轉播方面，衛星電視科技也逐漸成熟。

一九七〇年代，爲外景攝影器材生產後，電視節目製作結構開始改變，製作終於突破攝影棚的限制而走向棚外。類似電影製作的單機拍攝模式以及器材的便於攜帶使轉播的速度更快。而且電視畫面也因實景的加入而更具有眞實性。到了一九八〇年代，高品質錄影帶材料推出，以及高畫質電視規格的發展，使得電視工程科技突破傳統型式。一九九〇年代，數位化科技促使電視影像與聲音傳輸方式有了重大變革，使得傳統上採用類比式訊號的缺憾–訊號衰減、不穩定以及特效的現象得以改變。

電視製作的原理

畫面與聲音之拾取　　電視能表現出畫面與聲音，而實景畫面與聲音之拾取須借助電視攝錄影機設備來捕捉。畫面的捕捉設備通常藉助攝影機，而聲音則需使用麥克風。

光電效應　人類的眼睛能看見景物，乃因爲眼睛接受到外界的光線進入視網膜轉變成能量，刺激腦部而來。而攝影機攝取影像的原理也相同。它將所拍攝到的畫面(光能)轉變成電能，此種將光能轉換成爲電能的過程稱爲光電效應(Photoelectric Effect)。電視機再將電能透過映像管，再轉變成光能，人眼就可以看到拍攝出來的畫面。在聲音方面，耳膜接收到音波而振動，並將此振動傳回腦部就能聽到聲音。麥克風原理亦相似，麥克風能將所收到的音波轉變成電能，再經由喇叭將電能轉回音波而成聲音，人耳收到音波就能聽到聲音。綜前所述，此項過程可參考圖1-2如下。

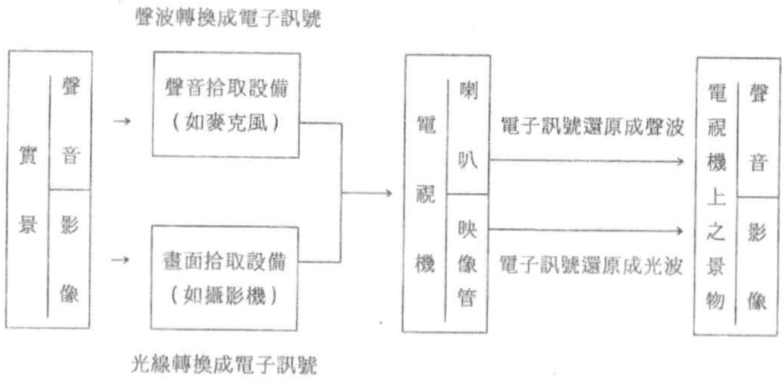

圖示1-2　畫面與聲音之拾取過程

如果欲將所捕捉到的影像與聲音儲存起來(Store)，則在聲音及影像轉成電能後，再轉變成磁能紀錄在磁帶上；而要還原再生(Retrieve)時，則由磁能轉變成電能再從映像管或喇叭還原(如圖1-3)。

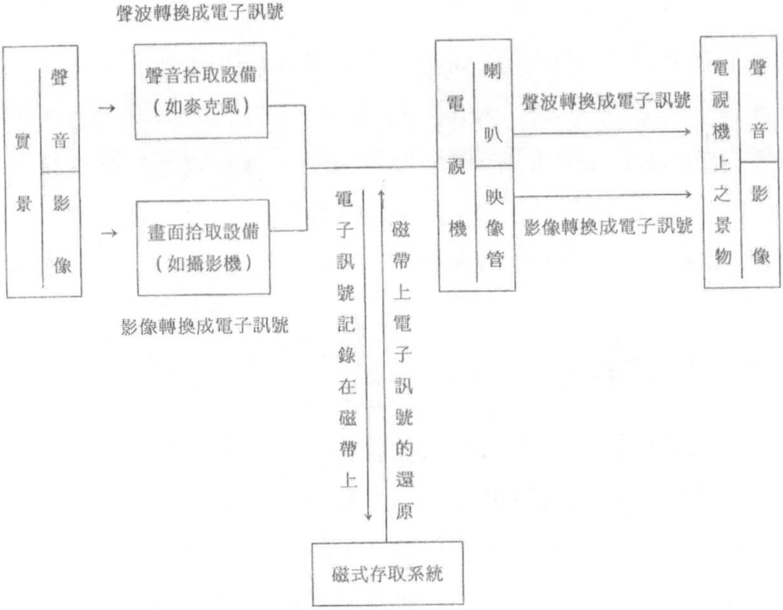

圖1-3　電視製作過程
聲音與畫面轉換、儲存、還原

視覺暫留原理的運用

視覺暫留係指人的眼睛接收到影像，因視覺神經無法在極短的時間內消除該影像，而造成該影像暫存的現象。運用這個現象，我們將某一連續動作的畫面分成若干靜止圖片，再將圖片以快速度切換。由於圖片影像會暫留於視神經中，經過人腦的組合就像是連續的動作一般。

但如果圖片的替換速度不夠快，或圖片間的差別太大，人的眼睛就會辨別出這並不是連續動作或有突兀的感覺，而顯得不夠流暢。以我國電視NTSC系統而言；每秒鐘三十個圖框(frame)、因由間插掃瞄原理得知，每個圖框由兩次掃瞄完成，亦即，每秒鐘爲六十個圖場(field)，所以人類視覺並無法判別其中畫面切換的過程。

電視媒介的侷限

電視畫面所呈現的影像及聲音在還原眞實世界的形貌上有其侷限。例如眞實世界有三度空間，電視本質上只是二度空間的媒體。因而必須加以技術上的手段來製造及提升擬眞幻覺。因此，縱使畫面內容無法傳遞視／聽以外的感官訊息，例如嗅覺及觸覺，但選用燈光、演技、景深、角度等，均是以彌補電視所侷限者，而令觀衆在想像上感受到畫面乃眞實世界的還原。

目前的電視系統(NTSC)因解析度、對比、色彩等的確無法提供高品質的畫面；又在聲音的製作上，往往也並不很順利，因此有時也會受到限制。然而這些仍有其他補救的方法，諸如高畫質電視之推動、數位化的科技以及錄製材料的提昇等等。

然而就聲音與影像來說，電視仍舊有許多缺點，使得電視對訊息的傳播大受限制，如畫面上的對比與色彩及電視機的聲音等。電視上的對比與色彩，只是人眼所能見的一部分而已，正因爲如此，無法表現出細緻而清晰的畫面。現在的電視系統上，電視機聲音作呈現之頻率寬度並不太足夠，因此，聲音之傳眞度及臨場感皆較難接受。不過，隨著科技的推動，聲音訊號如能適當控制，那麼我們就可以製造出大部分人耳可以聽到的頻率。

談及如何收音以至儲存及還原，我們前面也提到，電視影像有扭曲現實的情形，此外，還可能發生訊號衰減，使得圖框中表現的訊號不夠清晰。所幸人腦有自動解釋及塡補不足訊息的功能可大大彌補這些缺點。若我們以聲音配合畫面來傳達訊息，人的大腦與眼睛因具對影像的記憶力，而能透過想像力與組織力，對所接受到的訊息加以發揮及解釋，來克服這些缺點。

此外，電視上所呈現的影像比眼睛直接所看到實物的影像粗糙許多，這是電視本身系統上的問題。自八〇年代起，各國紛紛致力於發展高畫質電視希望能使畫框比加大、畫面更清晰及加強觀衆的感覺深度，以解決這些因技術條件所帶來的困擾。這些缺點在HDTV取代現有電視系統後，將可以一一克服。然而要將現在的電視系統改成HDTV規格的電視機才能觀看，但恐怕需要一段時間。

第二節　電視節目的製作方式

依節目特性的不同，電視節目製作也各有不同的方式。這些製作方式可分類爲：一、現場直播與非現場直播；二、棚內製作與棚外製作；三、單機作業與多機作業。

現場直播與非現場直播

現場直播(Live)是指節目進行的同時就立刻播出，觀衆可在電視機前看到節目現場進行的狀況。因此節目內容如有瑕疵，導播並不能要求重來。早期的電視節目都是以現場直播的方式製作，因當時儲存節目的各種設備並不發達，磁式錄影帶一直到一九五〇年代才被發展出來，而此後現場直播的製作方式才慢慢減少，到現在除了一些節目因其性質的緣故，很少以現場直播製作。

非現場直播爲不是現場立即播出者，其製作方式可分爲兩種：其一是節目以現場的方式進行，但不立即播出，而是先將其錄下，其後才播出或發行。此一型式在播放或節目發行方式上，相較於現場直播而言能有較多的彈性。此種方式製作的節目，有訪問節目、運動節目等等。其二爲將節目錄下，再經後製作剪輯出最後決定的內容。此種方式最容易操作及控制節目的內容，特別是畫面的呈現有更多的變化，精緻度也較高，在製作上也極具彈性，唯花費成本較高且需要製作時間較多，如綜藝、趣味競賽節目等。

棚內製作與棚外製作

所謂的棚內製作(Studio Production)，目前在業界通常泛指攝影棚錄製作業，但正確的說法，應該包含兩種，一為電視攝影棚的錄製(Sound Stage Studio Production)；另一是在戶外搭景的錄製作業(Openset Studio Production)，此一戶外搭景亦是類似中影電影城或美國好來塢環球影片場的作業方式。而棚外製作(Field Production)，則指戶外實景製作(On Location Production)，若棚外作業的節目為新聞採訪者，稱為ENG (Electronic News Gathering)。

棚內製作較易控制節目的品質，不論是畫面或聲音，但有時拍攝節目內容需求的是實景或是棚外的場景，例如街景或於山林中之景，若在棚內製作，即便能作出逼眞的佈景，也會有不眞實的感覺。也有的節目性質一定要在棚外製作的，如運動比賽必須到運動場去拍、新聞影片要到新聞現場去拍等。

早期節目多於棚內製作者為多，因攝影棚外的製作設備體積大且又笨重，更重要的是需要很多經費。因此，即便眞能爭取到經費，棚外製作節目品質的不易掌握也會令人望之卻步。現在則由於棚外製作設備的改良，一般而言，棚外製作的成本已較棚內者為低。因不必支出佈景的經費，需要何者背景就直接到該場景去就好了，例如，到山裡去拍武俠劇等等。但也有支出較棚內者爲多的；又例如，因棚外不好控制畫面品質而架設了很多燈光與佈景等等。

由於棚外製作較具眞實性，且拍攝的內容也較具多元性，因此除了節目性質的限制外，如綜藝節目就多在棚內，大部分的節目都會選擇在棚外拍攝。而隨著有線電視，以及衛星電視的發展，此種趨勢會愈來愈明顯。

單機作業與多機作業

電視節目的製作方式，亦可以單機作業與多機作業來區分。所謂單機作業即使用一具攝影機取必要之畫面。如果所製作的節目是現場立即直播，則這一部攝影機必須架設到直播現場，以不中斷畫面的方式拍攝。例如，突發性的新聞快報若採用現場直播方式，則攝製人員必須將所發生的新聞事件重點顯示給觀眾。如果所製作的節目是採錄影方式，則單機作業通常將必要的畫面與聲音錄製後，再行攜回製播中心剪輯、過帶。以單機作業製作節目，早已被廣泛地使用，不但在棚內、棚外可交互替換，在新聞、廣告、戲劇、綜藝節目中，亦經常見到此種單機作業。

另外，一種常見的製作方式就是多機作業。顧名思義，所謂多機運用一部以上的攝影機，在特殊情況下亦有使用十數部攝影機的例子。在多機作業的情況下，通常是由節目導播決定畫面的拾取。多機作業在棚內使用，導播在副控室內，選擇組合成爲電視節目之必要聲音與畫面，以錄製或現場直播的方式製播節目。同樣地，多機作業亦可於棚外製作電視節目，此時導播的角色亦必須移駕棚外方得以進行。外景作業，亦稱EFP作業。

單機作業與多機作業的區別標準是攝影機的數目，如只用一架攝影機拍攝者為單機作業，如同時對所需要的畫面以一架以上的攝影機，各以不同角度拍攝者則為多機作業。製作電視節目如為現場直播方式或現場進行而錄製下來的，經常使用多機作業，可同時拍攝到不同角度，製作上較具彈性的緣故。單機作業也可以先後以各種角度再經後製剪輯的方式，做出以各種角度拍攝的效果，惟只能適用於非現場進行而錄下剪輯的節目之中；而對於現場進行及播出的，除無法多角度拍攝外，有時也會發生攝影師須當機立斷決定應拍攝何種畫面的情形，常見者如拍攝新聞事件，或單機拍攝運動比賽遇有精彩動作時。而有些節目的性質一定要使用多機作業拍攝，如各式大型的球賽、現場直播節目等。

在棚內製作時大多是多機作業，因攝影棚內設備較完善的緣故。棚內製作的多機作業，攝影機所拍攝到的畫面可以在主控室或副控室內看到，如此導播就可直接在副控室指揮現場各部攝影機拍攝所需要的畫面，再選取或決定出最後節目畫面的呈現方式。由於各種製作方式的不同，依製作方式的特性在某些製作過程中所應注意的事項也不同，如對白、收音等。

第三節　電視製作設備簡介

電視製作的設備大致可區分爲四大部份，一、畫面與聲音之拾取設備(Pick-up Device)；二、產生器(Generator)；三、節目的儲存與播出系統(Store and Retrieve Systems)；四、節目編輯系統(Mixing and Assembly Systems)。

畫面與聲音之拾取設備

畫面與聲音之拾取設備是指對於所欲取之實景予以捕捉而轉變成電子訊號的設備。最常見的莫過於攝影機捕捉影像、而麥克風拾取聲音。

在畫面與聲音的錄製過程中應應注意其品質，譬如構圖、畫面主體的安排、拾得之聲音是否有雜音等。此外，還要注意到構成節目的整體感覺，如畫面與聲音都必須注意前後的連貫性、畫面與聲音相互間的關聯性等。若不如此，則縱使擁有功能強大的後製作設備，恐怕也難以修正，最後只有重拍畫面或重新拾音一途。

訊號產生器

此處所指訊號產生器並非調整或控制訊號的設備，而是專指電視節目製作過程可單獨供應影像或聲音的器材設備。

也就是與畫面與聲音之拾取設備相似，但產生器並不對實景予以捕捉，只是直接產生會成像或成音的電子訊號，以爲聲音或畫面的來源之一。這些訊號會經由電視機轉換成人類可見可聽的畫面與聲音，常見者如字幕與動畫、電子合成樂器等。而隨著電子科技的日異發展，產生器也將扮演著更重要的角色，由於數位化的效果，使得電視可無限制地塑造更多的可能性。

節目的儲存與取出系統

關於聲音與畫面的電子訊號記錄在磁帶上轉變爲磁能，記錄在磁帶上的過程稱爲儲存；而從磁帶上讀取出電子訊號而將其轉換爲聲音與畫面的稱爲取出，唯所謂取出並非眞的由磁帶中將電子訊號拿出來，而是將磁帶上電子訊號內容轉換罷了，磁帶上的電子訊號本身並不會消失。

儲存之訊號並不一定要儲存在磁帶上，儲存與取出系統的媒介材料包括有各式錄影音帶、LD、CD、DVD、VCD、DAT 等等。由於使用光碟材料成本較高、錄製技術或過程亦較爲複雜，因此，一般以錄影帶最常使用。

節目編輯系統

節目編輯系統多用於後製作之中，也可用於製作當時，包括聲音與畫面的混合及整個節目場景間的組合等。前述儲存與取出系統將畫面與聲音轉換成電子訊號，節目編輯系統可對此電子訊號予以編輯。而在編輯的同時，剪輯人員也可以監看、預視或重視編輯出來的效果。節目編輯系統上有各種效果的選擇按鍵和各種控制視訊及聲音的開關等，如以畫面切換器(Switcher)用以找尋接點以及塑造各種特殊效果，諸如跳切(Cut)、溶(Dissolve)、分割或稱劃(Wipe)、淡(Fade)以及重疊(Super)等等效果。

綜前所述，節目上的聲音與畫面多由拾取設備捕捉而來，再轉變成電子訊號，或加上由產生器直接產生之電子訊號，成爲完整的節目。如欲儲存以供取用，則將電子訊號儲存在各式儲存設備中；節目編輯系統可直接對電子訊號予以編輯而做出需要的內容來。有關電視節目製作流程請參考圖1-4所示。

各種聲音與畫面控制設備如視訊控制設備、混聲前級放大器等，通常在節目製作當時即配合使用。因這些設備只要有訊號就可以編輯，不限於僅能由已儲存的訊號中編輯。

在使用各種電視設備前應了解節目性質與內容，如此在製作時才有準則可循，也才會知道所要的效果是什麼。其次，應充實自身的專業知識、如何操作各種設備、什麼樣的畫面與聲音會有什麼樣的感覺與效果等。再者，依節目需求而拍攝，不要隨意賣弄效果，運用太多效果可能會令人眼花撩亂、搶去觀衆對主體的注意力、破壞畫面整體感等。

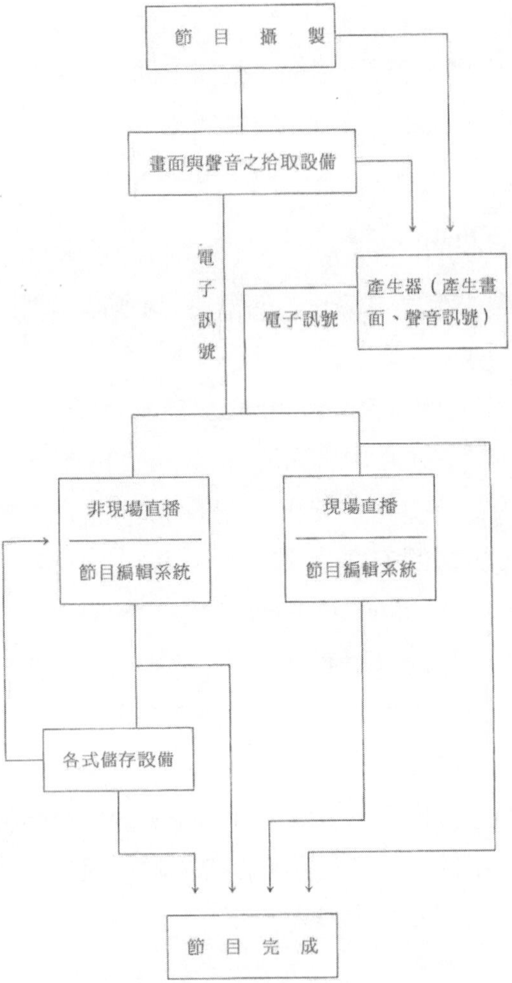

圖1-4　電視製作設備處理流程

第四節　電視製作流程

電視製作的過程可以節目製作方面來說，也可以用電視設備製作程序言之，茲分別敘述如下：

節目製作方面

節目製作程序可分爲三個階段：1.前製作期；2.製作期；3.後製作期。

一、前製作期(Pre-Production Period)

前製作期的工作內容爲節目製作前的準備工作，如企畫、編劇、服裝、道具、布景、勘景、決定演出人員、排演以及各種拍攝設備的安排、設定等。

二、製作期(Production Period)

製作期乃指節目的進行拍攝、錄製階段，如打光使用攝影機拍攝、以麥克風收音、演員演戲等。

三、後製作期(Post-Production period)

後製作是製作後的各種整理工作，通常包括剪輯加入特殊效果及對所拍攝的結果做修正等。唯現場直播的節目較少後製作，而採取前製作方式。

電視設備製作程序

現場直播節目是將拍攝下來的節目(聲音及影像)，透過發射台發射電波，經衛星傳送至家中天線(直播衛星節目)，或直接經家中天線直接傳送到家中電視機(無線電視台節目)，觀衆才能看到；如爲有線電視，則將節目透過直接連接到家中的線路，經電視機即可收看。如爲錄製後再播放的節目，通常經過後製作的程序，即錄製在各式儲存設備上的聲音或影像，還原成電子訊號，經各種編輯系統重新經整理或改變後，創造出新的內容出來。後製作以後所播出之節目，其過程與現場直播節目同，於此不再贅述。而製作完成的節目，錄製在各式錄影設備中，經由家中錄影帶錄放影機、影碟機等各種可再生訊號的設備，還原電子訊號播放在電視上。綜合前面所述電視節目製作及節目傳送之流程可綜合圖示1-5如下。

第五節　電腦的發展對電視製作的影響

日常生活中，我們常可以看見櫥窗上聲光兼具的展示畫面，有關於遊戲的，也有動畫方面的，還有在電腦螢幕上播放三台電視節目或電影的等等。傳統的電視製作概念裡，除了動畫與字幕之外，似乎與電腦並沒有太大的關係。但爲什麼電腦能播出這些電視、電影上才能看得到的畫面呢？這些畫面與以往電腦上只有單色及冰冷的程式畫面大異其趣。

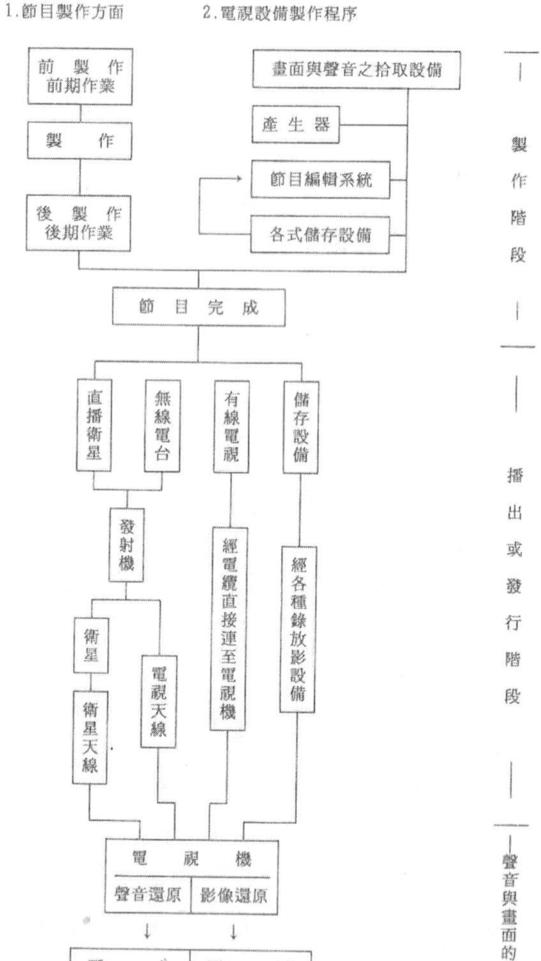

圖1-5　整個電視製播流程圖

其實現在電腦已進入了多媒體時代，所謂多媒體就是能將各種電子媒體如電視、各式錄放音機等連接至電腦上，如此電腦就可以播出電視節目及音樂，也可以從電腦上控制各種媒體，甚至可以錄音、錄影，儲存在電腦裡，而電腦的各種磁碟片、磁帶等，就與電視製作中的錄影帶一般，只不過電腦是以數位(Digital)的方式儲存，而錄影帶大多是以類比(Analog)的方式儲存。

隨著電腦的發展，對電視製作也帶來了某種程度的影響，而其中影響最大者莫過於動畫與MIDI。以下分視覺與聽覺部份來敘述電腦的發展對電視製作的影響。

視覺方面

目前電視台內的主控室、副控室及後製室內一定可以看見電腦，不論是用來做動畫或上字幕。在傳統的製作作業上，爲了充分表達導播的意念及想像空間與呈現聲光的效果，電視製作人員必須絞盡腦汁地用各種方法來製造出令人滿意的畫面，例如，拍攝某人從正常人變成狼人，可能要充分運用化粧技術、拍攝技巧與後製作技術，一格一格地將畫面效果製造出來。而一般製造出場面浩大的爆破場面，可能要對爆破現場裝上精密計算過的炸藥，破壞爆破現場。如有需要，還可能要特技人員冒生命危險表演。此種作業方式不僅製作成本高，準備工程耗時，甚至造成生命的危險等。但現在有了電腦，在製作或創意過程上，便有極大的空間，而且準確性更高。

所謂動畫，就是在電腦上做出連續動作的畫面。一般而言，動畫有兩種製作方式，一是與電視攝影機一樣，畫好連續動作的各別單一的靜止畫面，再利用視覺暫留的原理形成動態的感覺。另一種是將動畫中的主體與背景各種形狀、位置、大小、顏色等，及動作方向予以完整規畫，再輸入電腦計算及顯示，就可以看到動態的畫面。電腦也可以將畫面捕捉下來，甚至也可以將其捕捉儲存，以後就可以再次播放(Play-Back)。這樣的功能使得動畫的製作更加具有彈性。目前有一種Video CD，即是將電視、電影節目中的每一個圖框(Frame)，壓縮儲存在光碟上播放時，再經解壓縮的過程，再次將畫面呈現於螢幕上。

前面提到的人類與狼人互變，如使用動畫的話，經過電腦的運算結果，很容易就能算出人類畫面與狼人畫面的差異性。再依所變化的時間，可快速地計算出在什麼時候，應投射出什麼畫面，而製作出該效果。不僅如此，還可做人物與人物互變或人類與各種物體互變。在爆破畫面的例子上，如用動畫來製作，先輸入關於爆破的定義後，電腦就會計算什麼樣的爆炸量，會出現什麼樣的視覺效果。而爆破飛出的人或物，電腦也會依爆炸程度及物體大小等，計算出人或物飛出的拋物線與掉落地點等。不但不必設計大規模的爆破工程，更可節省預算與時間，且不會有造成演員生命危險的顧慮。這樣縱使畫面不理想，還可以重覆播放任意修改。不像實地去拍攝一樣，拍的畫面不好就須再重新拍攝。

聽覺方面

現在一般常聽見的MIDI其實是一種音樂介面，其全稱是數位音樂介面(Musical Instrument Digital Interface)，它的功能是做爲數位式音樂設備的橋樑，使其能互通，而充分發揮各種媒體間的特性。而常聽到的電子合成樂器(Synthesizer)，是一種外表看來像鋼琴鍵盤的樂器，將該音樂鍵盤(Keyboard)連接至電腦上，由音樂鍵盤上輸入或直接在電腦上寫譜，就可以儲存及再生等。電腦除了有上述與 MIDI 連接及寫譜的功能外，還可以用電腦光碟機(CD-ROM)播放一般ＣＤ唱片，惟其音質略遜於高級ＣＤ音響所播放者。此外，只要有了音效卡(Sound Card)或聲霸卡等，就可以在電腦上擁有效果極佳的聲音，甚至模擬出各種樂器的演奏聲。電腦採二進位制，其所儲存的資料是數位式的。如果使用電腦來錄音或將聲音儲存於電腦中，則具有數位化的優點；而數位化的音樂，也可很容易的經由電腦剪輯或修改，做出各式各樣所需要的效果來。

未來發展

由於電腦與各種電子媒體間的結合，未來的電視製作將深受影響。舉例而言，以後的主控室可能只是幾個監看的電視機及電腦螢幕、一台主機、一隻滑鼠及幾個操縱桿而已。原來的一排控制按鍵與效果按鍵等，以後可能只是電腦上的圖項(Item)而已。只要輕輕地擺動滑鼠將游標移到該圖項上按兩下，就可以做出同樣的效果。而在拍攝方面，未來的電視製作實地去拍攝的機會可能不大。因爲未來的電腦的動畫，若能克服缺點，製造出與現在電視上相同質感的畫面來，則可能在電腦中就會早已存有各種已拍攝好或畫好的圖庫(Graphics Library)。導播需要什麼場景時， 就可以要什麼有什麼。目前最引人注目的虛擬實境(Virtual Reality)未來可能也不會有太多的演員。可能以後所謂的演員只是單純地向某人購買其肖像權而已，導播再以此肖像塑造出其所欲表現的劇中人物。在聲音方面，由於是數位式的，大幅克服了現今聲音方面的缺點，製造出更完美不失眞的聲音。

綜前所述，畢竟只是對未來發展的推想，假若眞能克服技術上的限制，則這些推想，自當可期。隨著電腦多媒體的發展，電視製作與電腦之科際整合已成趨勢。電視製作人員自當努力彌平科技漏洞，以求取電視畫面製作圓滿完善，製作出更好的節目來。而上述透過電腦儲存的背景資料取出與實景結合作業的方式，也就是現代所謂的虛擬實境技術。

第六節　電視人的道德與倫理

所謂電視人的道德與倫理原則，是指身爲一個電視人，所應爲，或所不應爲的一種社會規範與道德良心。本節將就道德與法規方面說明之。

電視人的道德

電視的媒體責任有人說，電波是全民所共有，所以電視是公器，應爲人民全體之福祉而服務。但隨著科技的發展，有線電視的出現，使得這種說法產生了一個令人質疑的漏洞。難道有線電視台的老板就可以任意左右有線電視媒體嗎？吾人以爲電視深入各個家庭之中，電視所播出的內容應受到限制，並不是因爲電波是全民所共有的緣故，而是因爲電視無遠弗介的威力對整個社會的影響力太大，所以亦應要求電視負擔一定的社會責任。而此社會責任也稱爲電視的媒體責任。

有了電視媒體責任的理論基礎之後，可以推見，對電視所播出的內容加以限制也是合理的。而這個限制，表現在強行規定方面就是法律，而需要業者自律的就是道德或倫理。在道德方面，吾人深信其內容爲公共秩序與善良風俗。法律在公序良俗的原則上有強行規定，即廣播電視法第二十一條第五項，廣播電視節目內容，不得有「妨礙公共秩序或善良風俗」之情形。

在不違背公共秩序與善良風俗的情況下，業者播放任何節目應是可允許的。但此時會發生一個問題，就是藝術創作的充分表現是否應受此原則限制。在前述電視責任的理論中，談到因電視影響力太大的原故而必須科以社會責任，藝術表現雖應受到尊重，但卻不應例外。更何況憲法第二十三條明文規定爲維持社會秩序或增進公共利益可限制基本人權--

包括意見自由。援此亦可知，藝術表現應受到公序良俗的制約。

電視人的相關法規

與電視人相關的法規莫過於廣播電視法、電影法、有線電視法三者(衛星廣播電視法刻正審議中)。茲將此三種法規之規定內容，概要介紹如下：

一、廣播電視法

廣播電視法規定廣播電視管理的原則、電台的設立程序與原則、節目內容之管理、廣告內容之管理、廣播電視事業之獎勵輔導、及違反本法之處罰等。

二、電影法

電影法規定何謂電影片製作業、電影片發行業、電影片映演業、電影工業、電影從業人員及其相關規定，再者，還有電影片輸出與輸入之管理、電影檢查制度、電影業的獎勵與輔導及違反本法之處罰等。

三、有線電視法

有線電視法規定審議有線電視營運事項的有線電視審議委員會、有線電視的營運許可、節目管理、廣告管理、有線電視業者應繳納之費用、與有線電視有關的權利保護及違反本法之處罰等。

綜合上述法律所規定，電視節目內容應不得：

1. 違反法律之規定。

2. 違反公共秩序及善良風俗。
3. 傷害少年或兒童身心健康。
4. 煽惑他人犯罪或違背法令。
5. 損害國家利益或民族尊嚴。
6. 散布謠言、邪說或混淆視聽。
7. 污衊古聖先賢或歪曲史實。
8. 違反反共復國國策或政府法令。

事實上，身爲一個電視人，在製作節目之時，應本著良知良能，在藝術創作的表現與公序良俗中得到一個折衷點，法律只是幫助公序良俗的維護，重要的是身爲電視人對社會的責任。

關鍵詞彙

畫面掃瞄板	高畫質電視
光電效應	視覺暫留
現場直播	棚內製作
棚外製作	單機作業
多機作業	訊號產生器
畫面切換器	虛擬實境

參考文獻

一、中文部份：

陳清河　(民80)，ENG攝錄影實務。台北：合記圖書出版社。

陳清河　(民76)，電視電影技術研究。台北：合記圖書出版社。

梅長齡　(民71)，電視原理與製作。台北：三民書局。

黃新生　(民76)，廣播與電視。台北：空中大學。

陸錦成　(民65)，電視原理與實用。台北：華欣文化事業出版。

二、英文部份：

Burrows, T., Gross L., and Wood, D. (1995). Television Production: Disciplines and Techniques. Madison, WI: Brown & Benchmark Publisher.

Wurtzel, A., and Rosenbaum, J. (1995). Television Production. New York: McGraw-Hill, Inc.

Zettl, H. (1992). Television Production Handbook. Belment, CA: Wadsworth Publish Company,Inc.

CHAPTER 2
企劃製作

本章摘要

電視節目的製作過程中，企劃是首要階段。一個節目從構想到播出，必須經過甚多人力、設備與資金的配合，始有可成。而此一構思的程序，如事前無周延的規劃，不但節目的風格難以確認，節目的執行也會產生多種困擾。顯然，企劃與製作是息息相關的因果關係，爲了避免事倍功半的情況發生，甚至造成無謂的浪費，電視從業人員對企劃的過程必須特別重視。

本章的內容包括：

節目企劃之分類

以法規分類

以發行方式分類

以節目內容分類

電視節目製作人制度

節目製作人與劇作家

節目製作人的職責

節目製播制度

案例

企劃製作流程

企劃的方向

資料的蒐集與調查

企劃書的撰寫

第一節　節目企劃之分類

任何電視節目的產生，事前都必須有著周延的企劃。有完善的前置計畫，在製播作業時才不至問題百出。

一個節目的產生，一般分爲三個階段：即策劃階段亦稱前期製作或前置作業(Pre-production)、拍攝階段或製作階段(Production)、和剪輯製作階段，也就是後期製作的收尾工作(Post-production)。所謂，『好的開始，就是成功的一半』，同樣的，在我們在我們製作、拍攝節目之前，若能將事前的準備工作一一做好，在正式錄製節目的時候，就能夠避免很多不必要的問題產生。在節目開拍或開錄之後，時間就是金錢。以棚內作業而言，從節目、工程、後製甚至業務部門皆必須同時作業。而以外景節目而言，也就是後期製作的工作，從請導演、道具、燈光、場景的搭設、器材的借用、以及其他的工作人員，都必須控制在編列的預算內完成。

凡是在電視機的螢光幕上出現的任何訊號，可以讓人看得見的、聽得到的內容，包括Color Bar彩色檢驗圖、開播與收播訊號、節目預報等等，均是廣義的電視節目。然而，由於現行的電視節目種類繁多，對現有的一般電視節目做以下的詳細分類：

以法規規定內容來區分

以法規規定內容分，主要依據我國廣播電視法的規定來加以分類，其分類有：(1)新聞及政令宣導節目；(2)教育文化節目；(3)公共服務性節目；(4)大衆娛樂節目，四種。但由於我國廣播電視法是以行政法的角度來將節目分類，且制訂當時，媒體爲公器具有社會責任之思想並不發達，因此分類之結果含有濃厚的廣播電視媒體爲政府所服務之思想，故與現況有很大的差別，僅能供做參考。

以發行方式分類

以節目製作完成後的發行方式來分類，可分三種：

一、錄影帶(VCR or VTR)

此爲最常用的電視節目製作方式；先將影音訊息錄於磁帶上，然後在指定的時間播映。因爲提前製作，故有充裕的作業時間，且經由品質管制及內容審查，若有必要可於播出之前加以修改。

二、影片(Film)

以電影所攝製的光學影片，爲俗稱的電視影片。早期新聞片、卡通片、劇情片、商業廣告片(CF)以及美國製的迷你影集等等仍以光學影片拍攝、製作與播放。目前國內三家電視台爲了自行掌握時段，以提升市場競爭能力，皆大量向國外購入影片，基於有些影集收視率亦甚高的情況下，日後的影片節目市場更爲看好。

三、現場直播(Live)

指電視節目在製作的同時一起進行播出工作，目的在於爭取時效，提高電視機前觀衆的參與程度，一般的益智節目、運動比賽、大型綜藝節目都是。當重大慶典或戶外活動時，電視公司派遣製播小組到現場錄製兼立即播出的實況轉播也是現場節目。

以節目內容分類

以節目內容來區分，可分爲以下八種：

1. 戲劇性節目(分單元劇、連續劇)。
2. 新聞性節目(又分播報、評論與深度報導型式)。
3. 綜藝性節目(如歌唱、競賽、才藝表演等)。
4. 訪問座談性節目(以國是論談、社教、及公共政策爲主題)。
5. 教學性節目(空中教學、親子教室、社會推廣教育爲主)。
6. 音樂性節目(音樂欣賞、風景旅遊搭配及ＭＴＶ等)。
7. 介紹性節目(如各國國情、旅遊、文化等內容)。
8. 宗教性節目(如某某大師講解經文、交換宗教上之經驗等)。

另外，尚可以節目訴求對象來區分，例如：兒童節目、青少年節目、婦女節目、成人節目、老人節目、軍人節目、農業節目等等。

由於電視的發展迅速，其中包含了多樣化的節目內容，使得閱聽大衆所看到的節目類型，也愈趨多樣化。基於資訊的日新月異，勢必對節目的需求與消費日益殷切的情況下，，一個用心的節目製作者，爲了因應多彩多姿的傳播生態，勢必要在做節目之前，做審愼的思考與研究，才能別出新裁創出一個吸引觀衆的節目。

但是不論是何種區分方法，其基本的電視製作方式與流程是相同的，以下將各種區分節目的方式，做綜合性的整理與介紹如下：

一、新聞性節目

舉凡一切有關晨、午、晚間、夜間新聞、或是有關新聞雜誌、新聞評論特別報導、宣導政令性質的節目均屬之。新聞節目如屬純粹報導型之外，其它節目型式仍與一般計畫型節目製作過程一樣頗爲耗費人力與財力。

二、教學性節目

一般大家所耳熟能詳的空大教學節目、空中英語教室、以及現在有線電視，有很多這一類型的節目教導著各個不同階層的人，種類繁多，不勝枚舉。此外、隨著未來遠距教學(Distance Education)之普遍發展，各種教學節目，如大學課程、碩士課程、推廣教育等等都可以透過電視傳遞給學習者。除了傳統教學節目之外，一些社教節目透過活潑的設計，傳達的內容仍以教學爲主者應屬之。

三、文藝性質的節目

指一些專門介紹有關藝術活動、諸如書展、畫展、各種藝術品的發展、雕刻、音樂欣賞、古蹟、名勝等等。文藝氣息較重的節目，亦可歸入綜藝節目之中。此類節目自從公共電視節目籌播至今，以及廣電基金會的節目中，大多屬此一類型。

四、戲劇性節目

以三台而言，舉凡八點檔、六點、或中午的時段，都會有一些固定的時段，是播映戲劇性節目的。戲劇性節目，也往往是觀眾最感興趣的，所以也是廣告商最喜歡將廣告放在收視好的戲劇節目中。國內的黃金時段，通常也以戲劇爲主力。

雖然，拍攝一齣戲劇的工程十分浩大，花的人力、時間也最爲驚人，但電視節目製作人，卻仍然不惜巨資，傾全力將黃金時段的節目拍好，由此亦可見得黃金時段的廣告費動則上百萬、而爲此產生所謂一搭三的購買時段方式(即買一個黃金時段的廣告，必須搭三個冷門時段的廣告；自民國八十二年十二月一日起已改爲聯賣的方式)。

在電視節目中最容易令人每天準時坐在電視機前面的節目，首推戲劇節目，它十分容易引起人們的好奇心，看了第一集，就容易從此著迷不已，儘管很多人都說，台灣的連續劇，看了前面，就知道後面，或是每天邊罵邊看，但戲劇節目的收視率之高，仍居首位。

一齣好的戲劇節目，常容易感動人心，且在目前功利主義爲主的社會下，人心往往是空虛寂寞的，常常需要觀看各類不同的戲劇，做替代式的聯想，想像自己就是節目中的男主角或女主角，隨著節目中人物情緒的起伏而起伏。

其實，只要用心觀察，會發現在每一個人的身邊，往往都藏著許多感人肺腑的故事，但它都需要我們的用心觀察，而電視人應該比一般人具備著更靈巧敏銳的心，且學會如何將這一段段感人的小故事，加以視覺化，拍成令人感動的節目。

五、綜藝性節目

在所有的節目中，綜藝節目的製作，是最為靈活，最能夠令製作人充分發揮創意的節目。綜藝節目的功能是使閱聽衆看了之後，可以達到充份的娛樂功能。這類節目的內容豐富，通常包括了歌唱、舞蹈、爆笑短劇的表演、雜耍、特殊才藝表演、脫口秀等等。節目內容可多可少，也會因為節目訴求上的不同，而有很大的差異由於綜藝節目製作上的方便，不須像戲劇節目一般，需要大量的演員、道具，因此也是製作人樂於製作的節目，但在衆多的綜藝節目中，如何使自己的節目表現出不同於其它節目的特色，是製作此類節目時應注意的，並要調查現代人的喜好，弄清楚本節目的訴求點與訴求對象為何。

雖然僅是綜藝節目，但是製作時，也應該朝精緻化，高品質化邁進，不該太過粗俗、簡陋，即使是一件小小的道具，細心的運用，也能夠成為一個很好的笑點。

六、婦女節目

以婦女為主要訴求對象的節目，由於以往的婦女多為家庭主婦，在先生出去上班，孩子出去上學的上午與下午的這一段漫長的時間內在家中有很多的空閒時間，婦女性質的節目也就多在這一段時間內播出。在上午的時間可能為一些益智型態的節目，或教導婦女做家事、做菜的節目；下午多為連續劇集、或重播以前比較有名的八點檔連續劇(在國外俗稱肥皂劇，因爲在在外國這一段時間的廣告多以婦女爲主的肥皂、洗衣粉、洗潔精爲主；以國內而言，這段時間的廣告多爲醫藥、嬰兒奶粉、美容之類的廣告)。

其實現代人逐漸女、男平等，出去上班的家庭主婦正逐漸增加，當然，昔日以重視養兒育女，爲了子女而放棄工作，留在家中的婦女亦爲之不少，節目製作人當以所在地區的習慣，而安排自己的節目內容。

而且，醫學的進步，使得高齡的人口越來越多。在上、下午這段時間由於兒女都出去工作，孫子們去上學，這段時間也是他們最孤單的時候，趁目前有線電視的普及，節目類型應該更加多元化、小衆化，試著去製作多一點對老年人較有益處的節目。像是有關老年人的醫療保健、休閒娛樂、或如何善加規化自己的老年生活的節目，畢竟人生七十才開始，誰也不希望自己的老年生活是空白孤單的。傳播業原本就是一項服務業，如何利用電視媒介去關心自己身邊的人群，也應是我們所該注意到的。

七、兒童節目

以小學以下的兒童爲主，即沒有上課的小朋友爲主，包括有童話、卡通、科幻、美勞、認識大自然、交通標誌、布偶等等，這些主要是使小朋友從電視節目中學習體驗這個社會，學習做人做事的道理。

所以節目製作人在製作這一類的節目時，對內容是否會對小朋友產生不良的影響，有沒有教導小朋友學習最正確的事多加注意。因為此時期的朋友，就像是一張張的白紙，最容易學習周遭的一切事情，這對於他們以後的人格發展是非常重要的。

八、成人節目

在國內的傳統三台頻道的節目類型中可能看不到有關於成人節目的內容。但是在有線電視的逐漸普及化之後，在各家第四台的頻道，都會有專門為成人設計的成人節目。其實目前的成人節目，其範圍有限。為了不影響到一般兒童身心健康方面的正常發展，成人節目的時間多會與一般的節目時間分開；時間通常多在夜晚、或需使用解碼器，才能夠看到。

但目前國內的成人頻道，多為色情節目之外，有一些過度暴力的節目一直未受關注。此皆應列入成人節目的範圍。

九、卡通節目

一般指用圖畫，畫出來的故事節目，這類的卡通節目，透過畫家的妙筆，利用人眼睛視覺暫留的原理，以影片廿四格，電視三十格（圖框）拍攝，成為一個個生動鮮活的人物，此類節目大受兒童及部份成人的歡迎。

畫家筆下天眞、聰明、頑皮、負有正義感的男主角、女主角，他們做人做事的方法，及他們所遇到的一切，滿足了大朋友、小朋友的夢想，也教導小朋友許多做人做事的道理；或悲涼、悽慘的主角，教導小朋友應該好好珍惜自己現有的生活；目前，有些卡通節目的對象已不在限定為給小朋友看，甚至大學生也都樂於接受，如灌籃高手、月光美少女、蠟筆小新、七龍珠等，以及一些暴力性的節目比比皆是。

十、公共性質節目

公共性質的節目，就是爲了服務公衆所拍攝的節目，其與一般節目最大的差別，在於公共性質的節目，完全不以營利爲目的，本著取之於民，用之於民的心態。但其服務的對象，卻不一定是社會的大衆，反而是那一群受到忽視的小衆，或民俗技藝活動等的，精緻文化。由於一般的電視節目類型，基於金錢回收的觀念，所製作的節目，可能儘量朝向大衆的通俗文化，久而久之，導致劣幣驅逐良幣的怪現象。亦有可能是因爲現代人的壓力太大，需要舒解一番，電視節目的類型變得低級化、粗俗化，需要有一些公共性質的節目，提升觀衆的水平，另一方面也努力保留下一些好的傳統文化。

第二節　電視節目製作人制度

一個好的電視台除了要有完備的硬體設備以外，更需要製作出良好的節目。來加以播映。否則，即使是有再好、再完備的設備，也無用武之地。但是，電視台要去哪兒找這麼多的製作人，來製作、供應每天播映的節目；由此，瞭解到一個反應快、能在短時間中製作出品質精良的節目的製作人是多麼的搶手。

電視台中的節目，就等於是電視台的軟體一樣，是光靠花錢無法做得好的。必須以大量的智慧、創意，才能夠製作出具有獨特性、符合觀衆口味的節目。而這些腦袋中具有創意、構想的節目製作人，便成爲各傳播公司老板，極力網羅紅牌對象。

可是，一家電視台，每天有那麼多的節目要播出，播出的節目內容又不像電影一般，可以持續不斷的一直放映一到二星期。電視節目的內容，必須有其新鮮感與時效性，否則，容易令每天坐在電視機前面的觀衆感到厭煩。電視台本身也不可能獨力製作出那麼多的節目，請那麼多的節目製作人或編劇。

因應此種情況，很多電視台必需找尋非電台本身的製作人來協助製作部份的節目，因而逐漸有節目製作人制度的產生。茲將節目製作人與劇作家的功能與執掌敘述如後：

節目製作人與劇作家

一、節目製作人

在這裡所指的節目「製作人」，有可能是指一個人，也有可能是指一家公司(傳播公司)，或一個工作小組(一個Team)。總之，它的職責，是負責率領自己手下的一群人，或另外請的一群人，將電視臺所交代的節目完完整整的製作出來，交給電視台播出。而這中間的過程可能包括從提出節目的構想、寫企劃書、節目問卷調查、編寫節目的腳本、找尋合適的演員或主持人、編排預算的使用、正式攝影、剪輯、配音、過帶、到成爲一部有完美聲光畫面的節目，都是節目製作人的工作範圍。

相同地，電視台必須對給予節目製作人相當的酬勞，且應負擔上述所提到的費用，電視台應給節目製作人相當的自主權。但是對於節目內容與演員的挑選人仍有建議權，且仍然擁有對節目的審查與決定的權利。

二、劇作家

諸如戲劇性的節目，往往會要請該劇本的原創人，將劇本的內容加以視覺化，拍成電視節目；例如金庸、瓊瑤等等。這些有名的天才型劇作家由於寫出來的故事都極爲吸引一般大衆，底下都會有爲數龐大的觀衆群，電視台幾乎只要打出那是某某人寫的某部小說，該節目就已大受好評，即使拍攝出來和原著有段距離，觀衆也都會因爲一顆好奇心作祟，想仔細瞭解，而觀看該片。

因此，若能請到一位善於編寫劇本，又對電視節目拍攝情形有所熟悉的知名編劇，電視台通常都將其捧爲寶一般，唯恐失去。

製作人除了具備電視節目的製作能力之外，更須有良好的行政與領導的能力。製作人的工作與導播的工作息息相關，製作人的所有構想，均由導播加以轉換成各種的聲音和畫面。一般而言，製作人，必須安排妥當所有行政上的事務，如在進棚之前是由製作人領導，但是一旦到及節目拍攝的時候，就由導播全權負責。兩人相輔相成，工作職責清清楚楚的釐清，互不干涉。

在一般的節目製作中，可以發現製作人的年紀通常較導播大。原因是，好的製作人通常須具備了豐富的經驗，且能對節目的走向、趨勢，做出最正確的規劃。而導播的年齡層較低，與一般的觀衆年齡層較爲接近，亦較能掌握住一般新時代的人類所喜歡的內容或節奏。

節目製作人的職責

節目製作人，依其與電視台、傳播公司的關係，可以分爲下列幾種：

一、專任製作人

屬於電視台中本身的職員，可按月領薪水，本身在編制內的製作人。

二、特約製作人

不屬於電視台的編制內的職員，按件計酬勞，有需要時，由電視台向外面臨時約聘來的製作人。

三、基本製作人

或是類似特約製作人，但是受到電視台的長期約聘，稱爲基本製作人。

節目製播制度

依照節目本身的付費方式又可以分爲：

一、內製節目

亦可稱爲電視台的自製節目，是由電視台編制內的專任人員，自行企劃製作之節目。另一種內製節目是由電視台的特約製作人，依照電視公司的節目規劃而製作的節目，雖然他們不屬於電視台內編制人員，但是特約製作人卻可接受委託，按個案配合電視台相關工作人員執行製作節目。內製節目的節目製作費用，包括直接、間接製作費(請參見以下名詞解釋)，均由電視台支付或吸收。 通常，內製節目製作時所使用的人員、場地、設施、器材，大多是由電視台提供的。

二、外製節目

廣義來說，由電視台以外的製作單位所承製的節目，均可稱之。然而，本研究較適宜採用狹義的範圍來解釋，亦即外製節目最經常的模式是由製作單位接受客戶委託 (例如廣告主或廣告代理商) ，向電視台提案要求時段製作節目，或亦可由製作單位自行向電視台提案要求時段製作節目。通常使用此一模式時，製作單位對節目內容有較高的自主權；外製節目的節目製作費是由承製單位自行負責，如果使用電視台的器材、設施，仍須支付費用；外製單位對所使用的節目時段，也必須支付時間費。

三、外製外包節目

電視台將其節目時段交給承包商經營，由承包商負責節目的製作並負責廣告之招攬。電視台除配合製作上之所必要之場地、器材、或人力支援外，大多不干涉節目的製播。此外，承攬時段的承包商，必須與電視台簽約負責承包全部或部份廣告，並應先交給電視台一筆保證金，所承攬之廣告亦享有百分之二十的佣金。倘若節目播出時，廣告未達合約所簽訂之「基本檔」數量，承包商須依約賠償電視台；反之，倘若超過「基本檔」數量，電視台應依約給付若干獎金。通常，採用「外製外包」的做法製播節目時，承包廣告的數量與獎懲辦法，是由電視台業務部與承包商相互協議。

四、外製外錄節目

電視台的節目以外製外包的方式，交由外製單位承攬製作，且在製作期間完全未使用電視台的設施、器材、人員等；對承包商而言，其與電視台的拆賬方式，可享有較高的比例。

五、外製用棚節目

電視台的節目以外製外包的方式，交由外製單位承攬製作，且在製作期間使用電視台的棚內設施、器材、人員等；對承包商而言，其與電視台的拆賬方式通常較外製外錄的比例稍低。

六、委製節目

係由電視台根據台內或外製節目單位之企劃提案，委託外製單位製作的節目，此種方式與外製節目最大的不同是委製節目是由電視台出資製作。委製的方式所製作的節目，電視台將之視爲內製，但它最大的優點在於承製單位只要出具一張發票，即可向電視台請款。

七、內委製節目

係由電視台依內製方式企劃，但製作執行時，將部份的製作事項委由外製單位幫忙，亦即藉著外製單位的製作經驗，與電視台內之人力結合彼此獲益。例如，民國八十二年華視製作之「包青天」即是如此。

有關前述依付費方式所做之節目分類，其中所涵蓋的特定詞彙解釋如下：

一、直接製作費

節目製作單位、或製作人因承製電視台節目而編列預算，向電視台支領或報銷的節目製作費，用以給付演藝人員、編劇、企劃等酬勞和特殊道具用品之費用稱之。又稱此一費用爲「公司外部費用」，係指電視台對其本身以外支付之費用。

二、間接製作費

對電視台而言，使用電視台的場地、佈景、設備機器、工作人員等開銷、均構成製作成本，此一費用稱之。該項費用亦稱爲內部費用，係指電視台內部包括職員、人事與攝影棚、器材等消耗費用。

三、零製作

係指電視台將節目時段免費提供予外製單位，亦即外製單位免繳時間費給電視台，電視台亦不給付任何製作費，僅將時段提供外製單位播出節目使用。通常這些時段都是屬於增播或邊陲時段。

四、時間費

即電視廣告時段的播出費用。此外，亦可指廠商承攬電視節目時段，而由電視台向廠商收取所使用之廣告時間播出的費用。

五、賣斷節目

電視台將節目時段販賣給承包商經營，其價格由雙方議定，承包商必須負責播出時段的節目。若承包商招攬廣告在節目時段內播出，仍須遵守相關的廣告規定。此一型式亦可視爲「外製外包」的節目。

六、拆賬

此一名稱爲電視節目外製外包制度的具體做法。通常視外製單位使用電視台設備製作節目與否，而協議廣告收入的分成比例。一般的作法係電視台與外製外包的廠商協議，當承攬廣告達到基本檔時，可依協議的比例拆分所收取之廣告費，如六／四拆賬是電視台分得廣告費的六成，承包廠商分得四成。

案例

依以上所做之說明，似可觀察國內目前無線電視台的經營策略。雖然，各商業電視台之作法不一，但其本質卻相同。茲以中華電視公司爲例，簡述如下：

一、內製：

1. 廣告自營
(製作費由電視台製作)
2. 廣告外包
(製作費採價購方式)

二、委製：

1. 廣告自營
(製作費由電視台議價後付給)
2. 廣告自營
(製作費採價購方式)

三、外製：

1. 外製外包
(廣告及製作費由承包者自理)
(製作中若需電視公司支援則分帳方式另議)
2. 製作和廣告分開外包
(電視公司收取廣告費中55%時段費)

(廣告費及製作費由業務承包商和製作者合約議定)

3. 時段賣斷外包

(電視公司收取一定固定時段費，僅負責播出)

(廣告費及製作費由承包者自行定價及銷售)

電視公司和業務承包商採廣告分帳制，有定價及實收價，差額即爲承包商之傭金。

所謂節目製作費又分爲直接製作費與間接製作費兩種。

委製節電視公司付給製作單位之製作費又分爲一筆支付交代審核額，以及除了支付製作費外，另支援硬體人員或資料等兩類。

第三節　企劃製作流程

任何電視節目在企劃之時，一定都會經過幾個必經的流程。首先，當我們知道要製作某一類型的節目之後，都應該仔細思考、假設節目的製作方式，任何事情的開端，都由構想開始，接著再試圖去研究詳細的內容。

自然，假設也不是完全沒有憑據的假設。製作單位給與明確的節目類型之後，製作人就應該審慎的根據節目的類型，做出各種橫向式的思考或縱向式的思考。所謂縱向式的思考是指，以一般傳統的此類節目製作方式及內容，去探討本次的節目製作內容以及內容的大致方向，對以往節目的優、缺點，提出思考，做爲本次節目製作的考量，根據電視台的要求，中規中矩的去製作一個很四平八穩的節目，不必擔心太多風險與壓力，因爲所有的情況都有前例可循；而橫向式的思考，即將很多類似，但不相同的東西做不同的組合與思考，如此用與一般人較不一樣的思考方式，比較有可能創造結合出一些全新型態的節目，但注意到再做組合的時後，切勿放棄原本的節目精神，而弄得節目乏人問津，讓人看不懂。

接下來簡單的介紹一般節目的作業流程。一般而言，分爲三個階段；如上所述，從基本構想、企劃作業、編寫內容、都屬於企劃的階段；而第二個階段，乃屬於製作階段，包括節目的拍攝與剪輯；第三階段即節目的播映與觀衆的回饋。其中播映後的節目，有可能受到觀衆的回饋，觀衆可能會將自己對節目的要求與欣賞用電話、信件來告訴製作單位，產生所謂的非計畫性的回饋(Unplanned Feedback)，這種非計畫性的回饋，對節目的製作實際上是非常重要的。製作人應將觀衆的建議妥善的整理，加以建檔儲存；用這些資料對節目做出更客觀的評估與檢討，可能會對下一集或是下一次製作節目時，提供一個非常好的指標，做爲改進及創新的方向。

企劃的方向

此種方式的主要原則是以觀衆的需求爲主要的節目製作方向，將多數觀衆觀看節目後的反應，爲製作節目的主要考慮重點。

就理論而言，這可能是比較理想的節目製作方式，節目製作者，隨時根據觀衆的反應與需求，靈活的變動節目的內容與方向，不斷地擬定所能達到的最大傳播效果，充分發揮媒體的功能與特性。但是，此種節目的製作方式，並不簡單。電視節目的製作人，必需具備相當專業的技巧與知識，才能夠隨時因應觀衆的要求，對節目的內容進行應有的調整與改變。這時候，調查部門就十分的重要，如何對觀衆的反應做出最快速而有系統的了解。這勢必需要有一個非常良好，功能強大的調查系統。

近來，科技的進步非常的快，各種媒體調查公司也日益的風行，大家都不希望，自己的努力付諸流水。以台灣某某公司的收視率調查機器而言，就非常的先進。它可以在電視打開後，要求觀衆輸入目前在電視機前面，有多少人、甚至是他們的年齡層、性別，輸入方式非常的簡單。

而在觀看電視的時候，由於電視機內裝有的選台感應器上，會自動偵測觀看者選台的多寡，也可以將一般人看電視時，喜歡調來調去的習慣，完完全全的詳細記錄下來，記錄在電視機上的輸入裝置中。此種個人收視記錄的方式之輸入裝置的樣子，就像是一個電子鐘一樣，在平時的時候，會顯示今天的日期與詳細的時間。而在電視機打開之後，輸入裝置會一閃一閃的要求使用者輸入自己的代碼。輸入器上在安裝的時候，設定完畢之後，會寫上個人的中文姓名，即使是對老人家也非常的方便，使用簡單而易懂。而在每天深夜的時候，輸入裝置會透過家中的電話線，在非常短的時間內，將所有的資料傳回公司的電腦中。僅僅會花費少許的電話費。而調查公司亦會定時以禮券或小禮物作為回饋，算是一項十分成功，而且準確的調查方式。但是此方法，由於國人的保守、及牽涉到個人隱私的問題，因此似乎尚未普及起來。

總之，此種以觀眾為優先考量的製作方式，付出的成本，看來可能稍高，但實際上由於受到觀眾的喜愛，可以充分將節目的功能發揮到極致，且能夠避免製作時，決策錯誤而可能引起的不良反應。在國外有很多非常受到歡迎，且具有正面意義的電視節目，都是運用這種方式製作出來的。

一、是以節目內容為出發點的節目企劃方式(Content-Oriented Process)

即現行一般的節目製作方式。在製作人或編劇決定了主要的節目製作方式及其之主要內容與構想之後，再根據節目的內容去構想、去設計節目的製作方式、程序；這可能會有兩種處理的方式，一種是當電視台或節目製作人，要求節目的主要訴求及主題意識之後，去加以編劇或設計節目的製作方式。第二種，可能是已經有一本不錯的劇本、故事或對國外的一些頗受好評的節目類型，製作人再和編劇來加以改寫，創造出能用電視語言拍攝出來的電視劇本。這兩種作法，是現代一般電視劇的主要作法。

這種作法，其實有的時候，要看運氣的好壞，可能播出後會大受歡迎，也有可能大爆冷門，跌破專家的眼鏡。不過一般製作品質精良，節目內容充實的節目，只要時段對，同一時間，沒有差不多的節目，應該都會有高收視率。

但目前三台，相同的時段的節目類型，太過雷同，因此常有收視率調查。人人聲稱自己是收視率最高的，希望讓觀衆感覺收視率高，就是好節目、感覺自己不看收視率最高的節目，可能會很遜、和朋友的話題會對不上，顯的孤陋寡聞。但是，收視率調查的氾濫，反而使得觀衆及廣告商對收視率的報告，感到懷疑。

然而，針對觀衆的要求，去播映觀衆想要看的片子，應該算是比較科學的方法。其實，三台也早已經有類似的方法，當節目的收視率太差的時後，我們可以發現節目會提早結束；當節目的收視率很高的時候，節目會一直拍下去。但是，也要注意到拖的太長，也會讓觀衆有一種拖戲的感覺。

本節所討論到的是如何構想、構思出一部好的節目。所謂萬事起頭難，構想是發揮創意最好的時刻，但所想像出來的東西也是最虛無的。如何在構想時既要發揮自己的創意，又要顧慮到執行時的可行性的高、低，就要考慮到一些主觀與客觀的條件。

資料的蒐集與調查

當節目製作人構思好，大概要作什麼樣的節目之後，接下來一個十分重要的工作，就是資料的蒐集。若資料蒐集的完備，則製作出來的節目，自然會新鮮、豐富，而且能夠吸引到大多數的觀衆。

因此，資料的蒐集與調查成爲製作節目之前一個非常重要的流程。如何將自己要做的節目內容做最完整的資料蒐集，以下簡單介紹幾種方法：

1. 找尋電視台過去類似的節目存檔；
2. 到各大圖書館閱讀相關資訊；
3. 參照國外的節目製作方式；
4. 從電腦網路上去尋找；
5. 參看最新出來的報章雜誌；報章雜誌上的東西一向是最新、最快速的。
6. 請教有經驗的前輩；
7. 從生活中去觀察、去體驗；所謂事事留心皆學問。

8. 使用問卷調查的方式；可以經由對問卷的交錯分析獲得最新的，屬於自己的一手資料。
9. 請教專家、學者、業者；
10.憑空想像，自己創造，隨時記錄；

當資料的蒐集完備之後，我們仍需對蒐集到的繁雜的資料(可能有書籍、雜誌、報刊、照片、甚至是錄音帶、錄影帶、膠卷、ＣＤ、影碟、或著是磁片等的東西)做一番統籌與綜合性的整理。哪些可以挑出來使用、那些必需忍痛割愛，做一番選擇。所得的資料，寧可過多，不可以過少。接下來才慢慢進入了企劃的階段。

企劃書的撰寫

在企劃的這個階段，可能我們會對節目的內容應放何種材料、應如何表現，做好幾次的討論(籌備會議)。在這個階段中，製作人會先給予衆人一個最主要的節目類型或製作方向，要求衆人在每次的動腦會議之後，都必需再去找尋更多的資料，構思出更新的創意。一個優秀的製作人或導播，必須讓每一次的動腦會議都有一定的成果。

且必需明確的定出完善的時間表，按時照計畫去進行。在幾次動腦會議結束之後，製作人依照所得到的結論，所搜集的資料，開始著手寫企劃書。

企劃書的內容，包括有節目的劇本、製作節目的執行方式、對於人員的調配控制、器材的支援與添購、預算的開支、節目的機會點與利益點，內容的表現方式、主要的訴求對象等，都有詳細的說明。

企劃書並沒有一定的格式，但至少應該對所有有關節目製作的各個因素，列入考量的範圍中，使得電視台在審查節目時，能夠簡單且明確的瞭解到該企劃書所言爲何。而該節目是否能夠通過，並加以執行，就看企劃書撰寫的好與壞。由此可知，企劃書撰寫的重要性。當一個企劃書通過之後，一切的程序及內容在非必要的情形下，不得任意的更改。

以下針對一般節目企劃書中的內容，一一說明以供參考

一、節目名稱；

即所企劃製作之節目的名稱。電視節目的名稱，誠如新聞報導中之新聞標題一樣，宜取爲能吸引觀衆注意力，且又能使人易於瞭解節目類型的名稱，唯在定名之時，應注意節目的名稱不能是違反公共秩序與善良風俗的，如不能有誹謗他人之影射、及性暗示等。

二、主旨：

主旨是節目製作的主要目的。爭取廣告收入並不是製作節目的唯一目的。本書於第一章電視人的倫理指導原則中曾經提及，電視應有其社會責任。本於此原則的延伸，節目製作不應只是爲營利目的，而是製作這個節目會對社會帶來什麼樣的正面影響，這才是節目製作的眞正主旨所在。譬如而

戲劇性節目的主旨除了帶領觀衆進入劇情與之同喜同悲之外，也可以是喚起觀衆對某一種觀念或現象的重視。

三、節目類型：

節目類型即前述各種節目以表現型態來區分的分類。由於各種節目的製作方式、訴求對象等，均不盡一致，所以應於企劃的內容前面先將節目類型列出，如此才能令人一目了然。

四、訴求對象：

大部分的節目都會有其主要的觀衆群。在節目企劃之初，企劃節目的工作人員應先設定該節目主要的觀衆群是哪些、或該節目的特定觀衆對象爲某一種特定對象設計。而企劃書內應針對該觀衆群或特定對象規畫出節目的製作方式及節目走向等。

五、訴求方式：

針對訴求對象來評估、規畫訴求方式。而訴求對象的特質可能會因爲其年齡層、種族、性別、宗教、黨派..等，而不相同。由此可知，我們在做節目之時，都必須針對該類型的對象，進行深入的瞭解。製作節目之時，才可以針對觀衆的需求，製作出他們所需要的節目。

六、表現方式：

表現方式，即該節目內容的表現方法。企劃人員應先瞭解電視節目的類型、及該類型節目的走向，並可以參考以往的節目類型與製作方式來製作節目，或是自創出新型態的節目。即使拍攝舊型態的節目，其節目的內容、故事、製作手法，也可以巧妙地加入製作群的創意。

七、預期效果：

預期效果即描述該節目的播出，預期會造成什麼樣的效果。如某廣告播出後希望能達到人們一聽到該產品就會想到該廠牌。或某介紹旅遊資訊的節目，希望透過該節目的介紹，而使觀衆對於各地之旅遊有更深一層的認識。

八、內容的安排：

通常在擬定的節目時間內，將節目內容做適當的安排以及段落的設計。綜藝節目中可以設計開場、主持人訪問、歌星趣味表演等等；又如新聞雜誌型節目可設計由主持人開場白、安排三個不同的新聞深度報導，並由主持人來串場；諸如此類皆屬企劃書中對節目內容的安排。

九、節目的長度與播出時段：

節目的長度是指該節目製作出來的結果時間有多久。播出時段則爲該節目在何時播出。節目型態、訴求對象與播出時段通常有關聯性，譬如新聞性節目的播出時段通常爲上午六時至八時、中午十二時至一時、及晚間七時至八時等；而以兒童爲訴求對象之節目的時段通常爲下午四時至六時。

十、經費預算：

節目企劃之預算可能有下列各項：

1. 器材使用之預算(燈具、錄製設備、轉播車等)
2. 人員薪資之預算(包括演員與製作人員)

3. 其他雜支及保留預算(如椅子、打卡板、劇本打印費等)

4. 製作以外之預算(如餐飲費、住宿費、電話費等)

十一、節目的攝製進度規劃：

即該節目預定於何時開拍、何時結束、節目中的某一部份拍攝的程序是如何，於何時拍攝等。如有必要，可畫甘梯圖(Ganet Chart)，及詳述工作內容的月進度、週進度，甚至於日進度。

十二、節目的特色：

每個節目都應發展自己與其他節目不同的特色，如此才不會使觀眾覺得每個節目都一樣而不想收看，但通常在某一節目製作出自己的節目特色之後，卻又很快地被別人所學走了，所以節目的製作應力求自己本身之特色。而列出本項於企劃中的目的在於表現自己節目的賣點，而易於被採納。

十三、附註資料：

附註資料即相當於一般研究報告或書籍中之附註，通常用於註明引用資料或數據來源，或對企劃本文之某部分作一簡短的說明。

十四、附件：

附件即企劃書本文之外的附屬文件，亦可視爲整個企劃內容之一，通常因內容太詳細而具有其個體的獨立性而分出主要本文之外稱之爲附件，但附件也可以是居於補充本文內容的地位而被獨立出來的。

附件如有一件以上時，應註明附件一、附件二、附件三……等等，如此易於尋找，才不會將整個附件混淆

關鍵詞彙

前期製作	製作期
後製作期	製作人制度
內製節目	外製節目
外製外包節目	委製節目
直接製作費	間接製作費
賣斷	拆帳
節目企劃書	

參考文獻

一、中文部份：

杉原義得　(民84)，V8攝影剪輯入門。台北：尖端出版社。
孟慶芳　(民75)， 電視節目製作實務。台北：國立藝專廣播電視協會。
徐鉅昌　(民75)，電視傳播。台北：華視出版社印行。

徐鉅昌　(民82)，電視導播與製作。台北：三民書局。
陳清河　(民80)，ENG攝錄影實務。台北：合記圖書出版社。
陳清河　(民76)，電視電影技術研究。台北：合記圖書出版社。
黃新生等　(民76)，廣播與電視。台北：空中大學。
張敬德　(民76)，電視工程實務。台北：合記圖書出版社。
蔡念中　(民84)，電視台外製外包制度研究。台北：文化總會電視文化研究委員會。
蔡駿康編　(民81)，電視工程。台北：中華民國電視學會。

CHAPTER 3

電視攝影機

本章摘要

攝影機是創造電視圖像的必要工具，在節目創作中，攝影機正如同作家手上的一枝筆，爲人類的思想與溝通傳遞訊息。爲了要讓讀者能充份的運用攝影機，首先必須要從攝影機的構造與成像原理開始說明，然後藉由攝影機各部份功能的解說，期望引導讀者實際操作與運用攝影機，創作電視節目的內容。

本章內容包括：

電視攝影機的原理

人眼與攝影機

視覺暫留

電視攝影機所受到的限制

對比範圍受限

色彩轉換的缺失

掃描線不足的影響

畫面長寬比例受限

三度空間感不易表現

攝影機功能簡介

光學系統

影像感覺器

觀景器

其他輔助設備

攝影機的操作

對焦

濾色鏡

曝光

光圈

白平衡

高畫質電視攝影機

使用攝影機時所應注意的事項

第一節　電視攝影機成像原理

人眼與攝影機

人眼的視網膜感受到外在光線，再將光線傳送到腦部才能成像，而攝影機的成像原理亦相似於人類的眼睛。而電視圖像比建築、音樂等等佔有更複雜的時間和空間組合，因爲圖像所表現的內容僅是停留一剎那，但在千萬觀衆的腦海裡，卻能留下鮮明的印象，要造成這種超過語言的境界，須有流暢的機械表現技巧，及文化和社會倫理的省思。

電視語言是由連續的動態圖像所構成，每一圖像就如文句中的單字，當單獨存在的時候不可能具有多大的意義，但在經過適當的組合之後便可能撼動人心，因此韻律性及節奏感能創造電視圖像的主體美感。然而，在我們選擇構成完整的詞句的單字時，仍必須能使用最適切的字眼。如果說導播是負責組合整個句子，攝影師便負責挑選最佳的單字。

電視攝影是一種創作藝術，不僅要透過畫面傳達美感，還要著重於傳達現代人的人生意向，這樣才能顯現作品獨特的個性。電視的映像，經由電子的掃描和電訊的傳播，能立即的在每一戶收視人家的螢幕上顯現，其所表現的特徵是：1.迅速：任何地區、任何時間所發生的任何事情，都可以透過電訊，作即時性的實況轉播，其迅速和眞實的效率，非其它傳播工具所能比擬。2.經濟：因爲電視以分秒計算單位，有其一定的「時制」來做段落，所以在表現得內容上，注重緊湊、確實，講求經濟，簡要，絕不使其浪費時間。3.生動：映像的表達，兼具聲影效果，活潑而不單調，特別在表現的形式上更富於變化，因而更易於吸引大眾。4.方便：祇需要一部簡單的電視，便可在家中享受欣賞節目的樂趣。

由於電視並非是一種純粹的藝術，它還包含了政治的、經濟的、社會的多種複雜因素，因此和一般社會生活形態相契合，而使它更為普及且廣為大眾所接受。

攝影師對圖像內容的選擇與安排，幾乎決定於攝影的觀點，觀點往是主觀較強，但有時這種觀點是必須和製作人、導播、導演取得協調和共識。觀點亦與攝影的位置有密切的關係，攝影角度不同，觀點會有所改變，而均衡、結構、照明等也都會影響之。攝影師不可能看得見高山後面的城市，在無法改變客觀環境時，他所能做到的最好行動便拍出眼前所看得見的景物，不多也不少，經驗愈多，觀點的選擇就愈成熟。所謂良好的「構圖」，就是以有條理的方式去將主體的形狀、線條、色調及色彩等加以安排，使人觀賞有舒適的感覺，並且易於產生深刻的印象。

一般人都知道電視攝影機是用來拍攝畫面的，實際上這個任務，主要是由攝影機內部的攝像管(Camera-Tube)或攝像板(Charged Couple Device，簡稱 CCD)所完成的，當光線照射到感光物質時，即有一種光電子飛離該物質的光電膜面，且脫離的電子數目與光線照射的強弱成正比。這種現象如同第一章所述稱之爲「光電效應」。

電視攝影管就是利用光電效應的原理，就將鏡頭射進的光學影像變換爲電子的影像訊號(簡稱視訊 Video-Signal)，這種電子的視訊訊號，就是電視畫面的最初來源，如果再經過電視接收機映像管(Picture-Tube)光電效應的作用，仍能還原爲本來的光學影像(Optical-Image)，這種光學影像即爲一般電視螢幕所出現的畫面。

一般人類的眼睛中，瞳孔會先對發光或反射光線的物體對焦，再由視網膜上的感光細胞傳送，因受光產生的神經性刺激至腦部成像；在攝影機上來說，也要調整焦距，對準被攝物體對焦，以得到清晰的影像，且光線透過鏡頭再經濾鏡修光修色與菱鏡或反射鏡的分光作用，將光線分爲紅(Red)、綠(Green)、藍(Blue)三色，而分別由該色之光電管或直接經 CCD把影像由光的型式轉變爲電子訊號。放映時，該電子訊號經電視映像管之加色過程將三原光的成分投射於螢幕上藉由加光法原理還原成影像，即可看到物體的彩色影像。

視覺暫留

視覺暫留是指人的眼睛接收到影像，但因視覺神經在極短的時間內並未完全消除該影像，而造成該影像暫存的現象。

按此原理，許多相似但有些微差別的圖片快速切換，乃可因視覺暫留的效果，造成連續動作的感覺。如將此一過程運用在於電視系統上，連續動作也就是如此形成的。NTSC系統為每秒30個圖框(Frame)，PAL系統為每秒25個圖框，SECAM系統上為每秒25個圖框，然而，不論是哪個系統，電視在掃描時皆採兩次掃描的方式，此一原理更使電視的每秒格數增加一倍，這對人眼而言，速度已經夠快，更不會造成畫面不流暢的感覺，就理論上來說，每秒鐘所放映的圖片愈多，亦即速度愈快，圖框間的差別愈小，畫面看起來就愈流暢。

電視系統利用連續放映靜止的圖片而造成動態的效果，這每一個圖片就稱為「圖框」，而將一系列的圖框組合起來就叫作一個「景」或稱鏡頭(Shot)，好幾個不同的景在組合起來就稱為一個「場」(Scene)。區別圖框、景、場在電視製作上相當重要，它可使製作人員易於去參與節目中的部份，而使製作過程如編劇、拍攝、剪接等更為方便。

電視映像管在將圖框掃描到螢幕上時，圖框與圖框之間會有短暫的空白俗稱遮沒時間(Blanking)，這是映像管要為下一個圖框的掃描做準備所致。雖然如此，人類在短時間內看見有些微差別的兩個圖框，仍會將之解釋為連續畫面。

第二節　電視攝影機所受到的限制

對比範圍受限

光線從最亮部份至最暗部份，所能表現出灰階層次的比較稱爲對比範圍，而灰階(Gray Scale)意指從最亮至最暗處不同亮度的階層。由於光線有亮有暗，形成了周遭景物不同的視覺效果。人的眼睛大概有 100灰階的對比範圍，而電視上所能表現出的只有30灰階的對比範圍(圖3-1)，由於差距甚大，造成電視機對畫面亮度的描述不夠充足，且表現出畫面的不夠精緻。

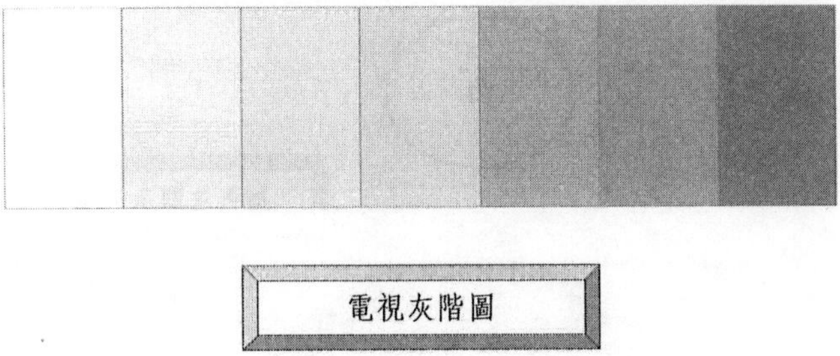

圖3-1　電視灰階圖

色彩轉換的缺失

前已論及攝影機將影像由光線轉變成電子訊號，此電子訊號經過電視機呈現於觀衆面前還要經過加色法的過程，電子訊號經由紅、綠、藍(R、G、B)三色的光電管或CCD投射至螢幕上而還原成光線。而爲什麼是紅、綠、藍三色呢？因爲這三種顏色可互相混合形成其他各種顏色，所以也將這三種顏色稱爲三原色。而此三原色之加色法過程如圖3-2。

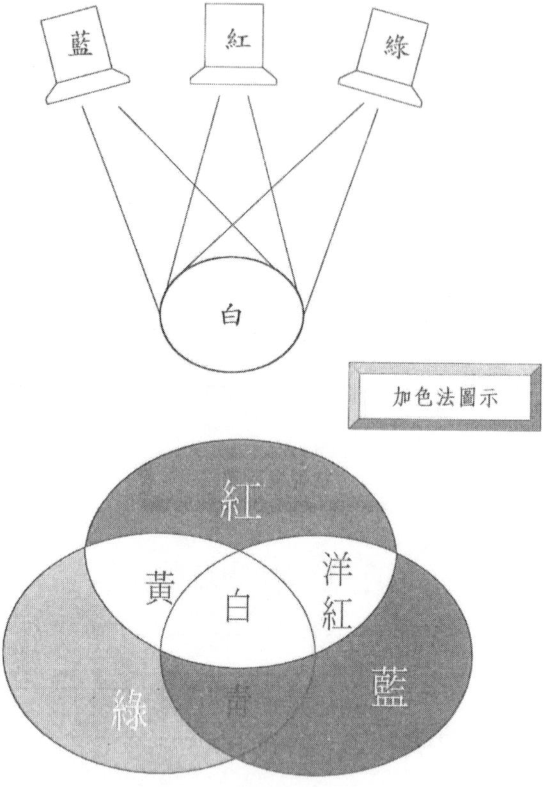

圖3-2　加色法原理

電視所有顏色皆可以三原色依不同比例及亮度混合而出而在電視上畫面的形成，乃由於畫面上光點與光點的組合而成。在加色還原的過程中，如果電視上的一個光點出了問題，則很可能造成整個畫面顏色的失真。此外，攝影機系統由於技術上的限制，在將光線轉換成電子訊號時，無可避免地產生了一些許損失，更是減少了加色過程中對顏色加以補償還原的可能性。因此電視上畫面的顏色無法如實景般的精緻與眞實。

掃描線不足的影響

隨著電視系統的不同，掃描線數亦有所不同。NTSC系統的水平掃描線有525條，PAL系統有625條，SECAM系統則有625條。由於掃描線的限制，使得圖框內的細節難以清楚地表現出來。

事實上有些品質較好的電視機及攝影機已能提供更多的掃描線數。但是受限於電視系統的緣故，經傳送及還原的過程之後，電視機仍然只有該電視系統所提供的掃描線數，而無法突破傳統掃描線數的限制，使得電視畫面的質感亦難以改善。

畫面長寬比例受限

傳統的電視系統皆採用的螢幕長寬比例爲4：3。在這樣的畫面中表現出的訊息中，水平訊息將多於垂直訊息。在某些需要呈現較多垂直訊息的畫面中，如墜落懸崖、拍攝高樓大廈等，將難以表達出來；縱使用廣角鏡頭或加長與被攝物體間的距離來拍攝，也會有物體扭曲或畫面上主體左右空白過多的情況，而不能適當地強調主體。在水平訊息多於垂直訊息時，如拍攝足球賽、籃球賽等，現今4：3的比例或可適用。但在一些運動項目如跳水、撐竿跳以及大景物的情況便會產生困擾。因此，目前有一種節目製作方式，在後製作時使用特殊效果（如Wipe、DVE、Key）將畫面上不必要的部份縮邊裁去，其情形如圖3-3。

圖3-3　主體左右及上下空白過多之空白被裁去

此種補救長寬比例限制的方法仍有缺點：在同一個節目之中如有各種不同長寬畫面比例的需求仍難以運用，再者，電視機之邊框與畫面上裁邊所用之顏色未必相同，即使相同其質感也未必相同，易使觀衆覺得不自然。

隨著電視科技的發展，未來畫面的長寬比將有所改變，例如HDTV的畫面比例爲16：9。因爲16：9的畫面比例接近人眼視覺比例，觀衆看到這樣的畫面感覺較爲自然也較爲舒服。這意味著此種的畫面比例是未來的一種趨勢。按人眼視覺比例而言，4：3的畫面比例將使觀衆所看到的影像有10%以上浪費在電視以外的東西，請參見圖3-4與3-5。

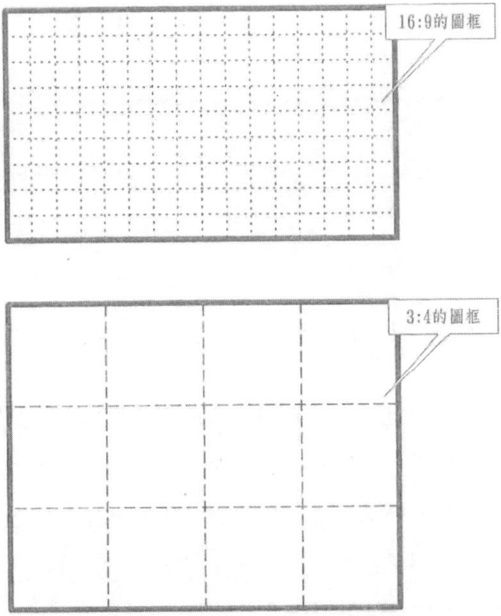

圖3-4　十六比九及四比三圖框

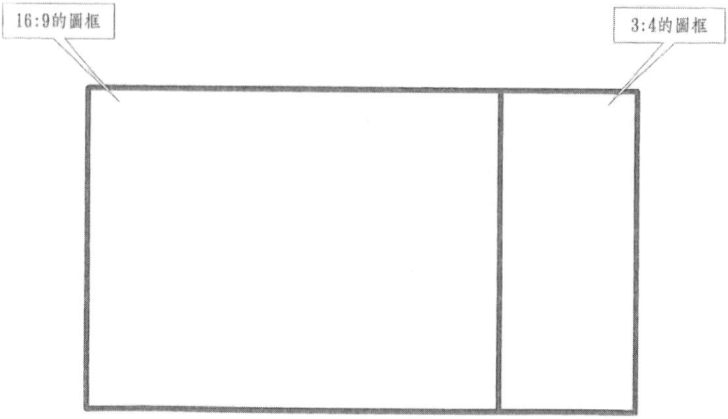

圖3-5　十六比九及四比三圖框重疊比較

三度空間感不易表現

電視上的畫面由於是平面的關係，難以表現出人眼所見的三度空間立體感。人類因爲有兩個眼睛，所以周遭的景物看起來會有立體感，能表現出視覺深度(Scene of Depth)。倘若我們將眼睛遮住一眼，其結果就會像從攝影機上所見一般缺乏立體感。但用一些製作上的技巧如打燈、運鏡等方式可加以彌補。

第三節　攝影機功能簡介

電視攝影機大致可區分爲三個部份，即一、光學系統(Optical System)，二、影像感知器(Image sensor)，三、觀景器(Viewfinder)。

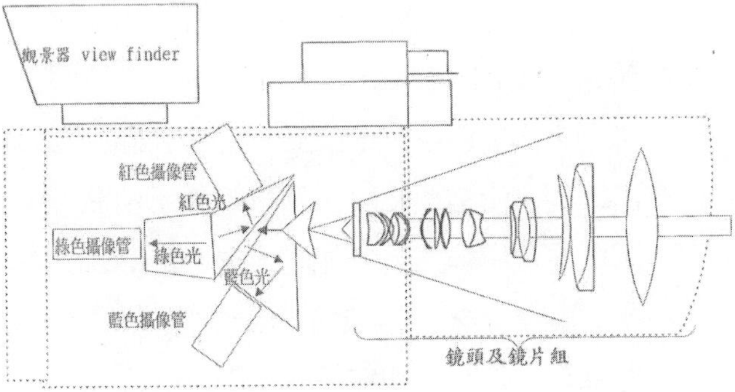

圖3-6　攝影機圖

光學系統 (Optical System)

光學系統大致位於攝影機的前端。它包括了在外部的鏡頭(External Lens)，修正色光的濾色片(Built-in Color Filter)及在內部的光束分裂器(Internal Beam Splitter)。光學系統的功能爲將外部進入的光線加以集合，並將其送至影像感知器上。

一、鏡頭 (Lens)

電視攝影機的鏡頭，若拍攝時有需要的話，可拆下而置換其他適合的鏡頭。鏡頭的作用是控制光線進入攝影機的數量大小、取景區域及將光線集合至光束分裂器上。

鏡頭依其內焦距長短之不同，可區分爲：1. 標準鏡頭(Standard Lens)，2. 望遠鏡頭(Telephoto Lens)，3. 廣角鏡頭(Wide Angle Lens)。

1. 標準鏡頭 (Standard Lens)

鏡頭之內焦距(Focal Length)因各式攝影機規格不同而有所不同。所謂標準鏡頭是指鏡頭所拍攝下來之影像與人眼所見之影像遠近感相近。現今Betacam 2/3吋CCD光電板的攝影系統之標準鏡頭爲內焦距22mm至25mm者。在節目製作時，如無特別畫面上的需求，應多使用標準鏡頭，以求畫面之自然。

2. 望遠鏡頭 (Telephoto Lens)

望遠鏡頭爲內焦距長於標準鏡頭者，一般也有稱之爲長鏡頭。望遠鏡頭能拍攝到攝影機遠方的景像，也就是將遠方的影像放大於圖框內，相當於望遠鏡的功能。但由於拍攝到的範圍較窄的緣故，進入鏡頭內的光線就較少。

使用望遠鏡頭拍攝會有壓縮被攝物體間之距離感

及景深(Depth of Scene)，造成圖框中景物可以清楚成像的範圍較短之現象，感覺起來較為平面而無距離感。在一般運動競賽如棒球賽、籃球賽等的節目上，實際運動場的範圍很大，選手之間的距離很遠，但在電視上看來，選手之間的距離就好像很近一樣，就是這個原因。

3、廣角鏡頭 (Wide Angle Lens)

廣角鏡頭為內焦距短於標準鏡頭者。廣角鏡頭能捕捉到較大範圍的光線，所以能拍攝到較大範圍的景物，但同時也將景物縮小了。有一種廣角鏡頭稱為魚眼(Fisheye)，甚至能將鏡頭前180度的景物全部拍攝下來。

廣角鏡頭有扭曲前景的作用，尤其愈廣角者該作用就愈明顯，所以在使用廣角鏡時應注意主體與鏡頭間要有適當的距離，因拍攝主體愈靠近鏡頭，扭曲的情況就愈嚴重，而造成畫面造型的不自然，。再者，由於前景扭曲，畫面中心向左右兩旁偏移的人物會有變胖的傾向，如欲求畫面之自然，應避免使用此鏡頭。

除此之外，與望遠鏡頭所不同的，廣角鏡頭尚有誇大距離的作用，廣角鏡頭的物像在螢幕上看起來的感覺比實際上更遠，畫面中人物的移動也好像更快，所以廣角鏡頭可以用來強調距離感。如果為垂直向上或向下拍攝，則可強調高度感。至於，標準鏡頭的內焦距，含因使用底片或光電板規格的不同而有所差異。茲以下表提供比較參考：

攝影機種類 鏡頭規格	135照像機	35mm電影攝影機	Beta cam 2/3吋板攝影機	HDTV 攝影機
廣角鏡頭	35mm 以下	20mm 以下	18mm 以下	12mm 以下
標準鏡頭	45 ～ 55mm	30 ～ 50mm	22 ～ 25mm	18 ～ 32mm
望遠鏡頭	105mm 以上	75mm 以上	35mm 以上	44mm 以上

圖3-7　各類攝影機標準鏡頭內焦距之比較

4. 伸縮鏡頭亦稱變焦鏡頭 (Zoom Lens)

另有一種能變化內焦距而同時具有望遠鏡頭、標準鏡頭、廣角鏡頭三者之功能者稱爲伸縮鏡頭，也有稱之爲變焦鏡頭者。伸縮鏡頭內有兩組透鏡，故能變換內焦距，改變鏡頭內光學中心的位置，藉以控制鏡頭內受光的範圍，而控制成像的大小，兼具望遠鏡頭、標準鏡頭、廣角鏡頭三者之作用。伸縮鏡頭在使用上非常方便，且能作構圖大小變化Zoom之攝影機運動。

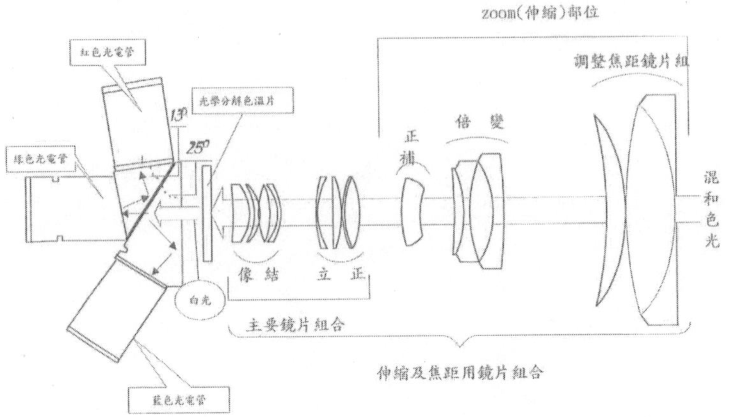

圖3-8　變焦鏡頭鏡片結構圖

二、光束分裂器 (Beam Splitter)

光束分裂器之主要功能在使光線透過鏡頭到機身時，使色光分別進入紅、綠、藍的攝像管或攝像板以轉成電子訊號。此訊號必須在光束分裂器中將進入攝影機的色光先行加以分解。

光束分裂器可分爲兩種方式，最常用的一種爲三菱鏡(Prism)，另一種爲半面鏡(Dichronic Mirror)。前者的品質佳，分光較爲準確。

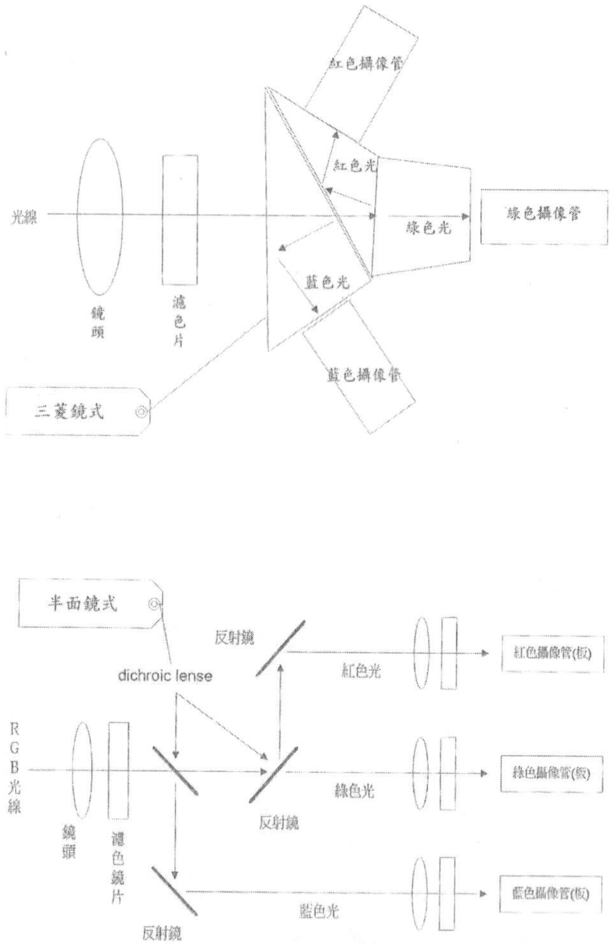

圖3-9　三菱鏡與半面鏡分光器之比較

影像感知器 (Image Sensor)

影像感知器是電視攝影機最重要裝置之一。除接受鏡頭所傳送進來影像之外，兼具將光影轉成電子訊號的功能。在攝像板逐漸取代攝像管的過程中，此一影像感知器已具備儲存與記憶的特性。

觀景器 (Viewfinder)

觀景器位於攝影機後方，能讓拍攝者觀看目前鏡頭上所捕捉到的畫面。棚內攝影機通常架有一小型的黑白顯示器來做爲觀景器。這種觀景器可以調整亮度(Brightness)與對比(Contrast)，在使用上比較方便。由於此種觀景器只是一小型電視機。不論是哪一種顯示器，祇要接頭吻合，都可以拆下來互相置換。

基本上攝影機觀景器亦可接上彩色顯示器來監看，在黑白的顯示器上無法看出有無偏色，使用彩色者則無此顧慮。惟彩色顯示器體積較大，而且較易刺激眼睛，所以一般仍多使用黑白顯示器。

電視攝影機運作中特別是攜帶型攝影機在使用觀景器時，在拍攝廣角或移動的畫面時要張開兩眼，一眼看觀景器，一眼看實際景物，不必只用一眼貼近觀景器監看而已。如此除了可避免因拍攝時未看見觀景器以外的景物而受到傷害。例如於棚內容易被電線絆倒、於棚外甚至可能由高處跌落；另則，即使使用魚眼鏡頭能看見人眼視覺範圍以外的景物，但廣角鏡頭會

BVP-T70H

圖3-10　ENG攝影機之觀景器

圖3-11　棚內攝影機之觀景器

有扭曲前景及誇張距離感的作用，得到的結果會有較不自然且會有視覺扭曲的情形而且攝影人員容易有誤判實際景物的情況而受傷。

其他輔助設備（Auxiliaries）

一、電源 (Power Source)

攝影機在棚內作業電源的供給多來自電視台內部的供電系統，在電視台建設之時已有預留線路以供連接。而在棚外作業，由於多使用攜帶式攝影機(Portable Camera)，其電源供給方式多為使用充電式電池(Rechargable Battery)，或以一般家用的交流電插座(AC Power，Alternating Current Power)接至攝影機上亦可供電。在外景作業時，如有交流電插座可供使用，則應盡量運用為宜，而避免使用充電電池。因為使用交流電插座拍攝，在電力供給上就沒有限制。而充電電池通常持續太久就會有沒電或電力不足的現象，造成對焦不準以及畫面閃動的現象。最後，在充電時應注意要將整個充電電池電力用完再充電，否則再使用時並不能完全將電池內的電用完，而且電池的壽命也會減少。

二、同步訊號產生器 (Sync Generators)

在多機作業時，為能控制攝影機拍攝的同步，應先給予訊號來源具備同步的條件，如此，畫面選擇器上選擇的畫面，其連接才會順暢。

同步訊號產生器的功能就是在拍攝前，先對全部拍攝的攝影機送出一個同步訊號，來控制攝影機拍攝畫面的開始與結束。而攝影機間的拍攝何以要同步呢？那是因爲電視掃描線的關係，畫面與畫面間若缺乏同步訊號將難以銜接。因爲接上後，會有雜訊或是後接的那個畫面的第一個圖框會只出現一部份的情形產生，其情形如圖3-12。

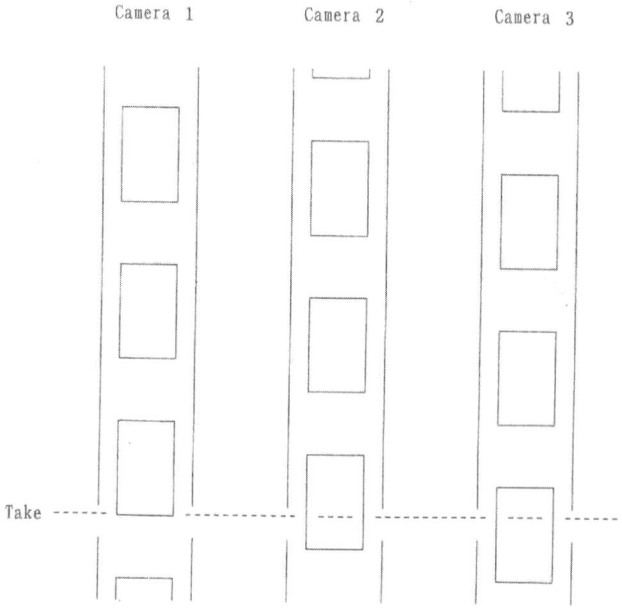

圖3-12　沒有同步訊號畫面的Take

如上圖示，Camera 1 、Camera 2 、Camera 3 之間沒有同步，若最後選擇的畫面(即播出畫面)先用Camera 1 的畫面，但因沒有同步，不論下一個畫面是選用Camera 2 或Camera 3 ，都會產生下一個畫面只出現一部份的情形。但若同步則能很順利的連接上，不會產生此種情形。

綜上所述，同步訊號產生器之主要用途乃在可確認各攝影機間的訊號是否相容。同步訊號產生器能在短時間內控制攝影機捕捉畫面的開始與結束，而在選用各攝影機的畫面時，就能維持畫面的連續性與流暢感。

三、CCU (Camera Control Unit)

CCU的全名爲攝影機控制器，尤其是在多機作業時使用。攝影機控制器的主要作用是用來控制拍攝畫面的光圈大小、色彩準確性與顏色的濃度，並與各攝影機間有線路相連，以控制所有的攝影機訊號穩定的問題。攝影機控制器上有很多控制面板，且大部份的攝影機控制器有視覺控制開關來對畫面做監看或調整；在拍攝過程中，攝影師以外的人員可藉此來比較並調整攝影機間的畫面。

四、內部通話器 (Intercommunication System，Intercom)

電視節目製作是團隊作業。在製作時，由於作業地點過大或須快速聯絡各工作人員卻又不能影響到演出人員的演出情形，故必要藉內部通話器來連絡，如此才能如腦之使臂，臂之使指，以充分發揮團隊工作的效率。

內部通話器連接主控室或副控室與攝影棚，如此易於與攝影機旁的工作人員聯絡。聯絡的該工作人員須帶一個連接在攝影機上，具有麥克風的耳機。如於戶外定點拍攝作業，或棚內未以線路連接，也可使用內裝電池而具發射功能的無線麥克風耳機來聯絡。

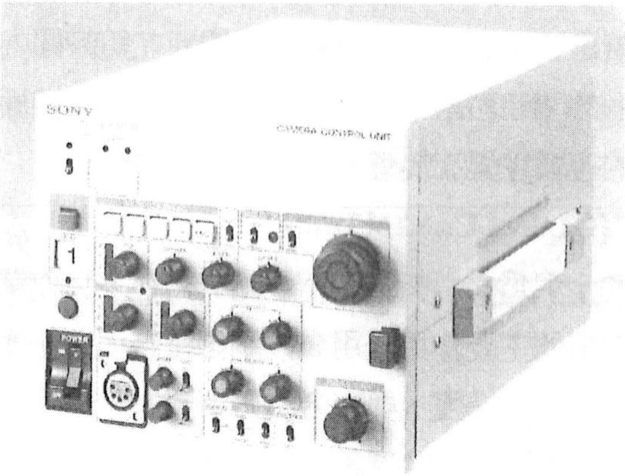

圖3-13　攝影機控制器

五、腳架 (Camera Mounting Device)

電視攝影機體積大，重量重並不易操作，尤其有時因畫面上的需要做攝影機運動時，更是不好控制。爲易於使用，於是使用腳架以爲輔助工具。在選用腳架時應先考量該節目的特性，是爲棚內或戶外作業、節目中使用何種構圖方式以及應考慮該腳架是否易於轉向、易於運動、易於操作等因素。電視攝影機有下列各種腳架可供使用：

1. 三腳架 (Tripod)

電視攝影機所用之三腳架與一般照相機所用之三腳架相似，是所有腳架中最簡單的一種。其與照相機所用者不同之處，在電視攝影機之三腳架較大，能承受攝影機之重量。且照相機之三腳架多無如攝影機三腳架下的輪子可供移動腳架。

三腳架較常見於棚外作業，因其體積較小，攜帶方便，且容易拆卸；但也有另一種較重型者使用於棚內作業中。三腳架下之輪子可卸下，裝上輪子者(稱爲Tripod Dolly)可用來做攝影機運動。在使用三腳架時，應確定腳架已確實架好，立點不會搖動，才架設攝影機拍設。如架於不平之地，應依情形調整各支點高度。如有必要還可使用三腳架撐開器(Spreader)，以控制腳架的平穩及避免因攝影機過重而使三腳架塌去。裝了輪子的三腳架，若不做攝影機運動時，應將輪子旁之固定開關關上或將控制運動方向的開關轉成三個輪子成120°，以避免滑動。

2. 昇降機座 (Pedestal)

昇降機座是一大型、重量大的攝影機腳架，常用於棚內作業。昇降機座易於操作、能平穩地移動、且攝影機之高度容易調整，適合於攝影機上下移動，是這種機座的最大優點。昇降機座下有輪子供移動用。唯因重量重，不易移動。

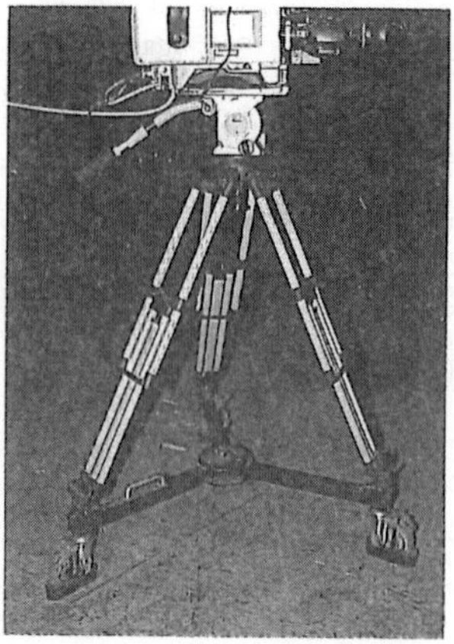

圖3-14　三腳架

昇降機座依其做升降運動的平衡方式可分：(1)重量抵消平衡式(Counterweighted Pedestal)；(2)氣壓式(Pneumatic Pedestal)。此外尚有一種體積較小、重量較輕之可攜式昇降機座(Portable Pedestal)，可用於棚外作業。

3. 昇降車(Crane)與機械迴旋手臂(Jib Arm)

昇降車與機械迴旋手臂在操作上比昇降機座更具彈性，因它們能提供較大範圍的攝影角度，亦能做攝影機的左右移動， 移動速度快，但畫面看來卻很平穩流暢。

(1) 昇降車

昇降車能迅速平穩流暢地在各種不同高度的位

置間變換拍攝，但一般較少使用昇降車拍攝。第一個原因是因爲使用昇降車需要有較大的空間，而如爲棚內作業，攝影棚還要有較高的挑高。第二個原因是使用昇降車需要有兩個人操作，一位攝影師在上面拍攝，一位昇降車駕駛人員(Dolly Operator)在下面操縱昇降車。有時因拍攝的需要，還是會使用到昇降車，如攝影位置太高時。使用昇降車的兩個操作人員都要有攝影機的監視器，且兩人要分工合作才能有效率地拍出理想的畫面出來。

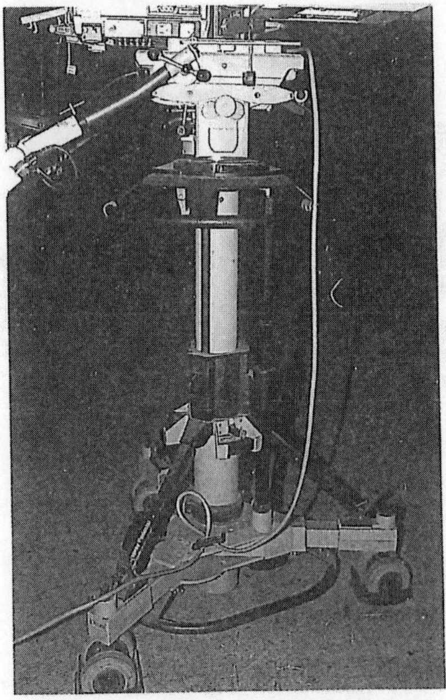

圖3-15　昇降機座，重量抵消平衡式、

氣壓式、可攜式昇降機座

(2) 機械迴旋手臂

機械迴旋手臂類似昇降車，其不同者在機械迴旋手臂只要一個操作人員，且操作人員的位置比攝影機低，操作人員與昇降車一樣都有監視器，也有其他攝影機的控制設備。機械迴旋手臂可作360度的Tongue運動及Tilt、Pan、Pedestal、Dolly、Truck 等。有的機械迴旋手臂可拆卸組合，以供外景作業使用。

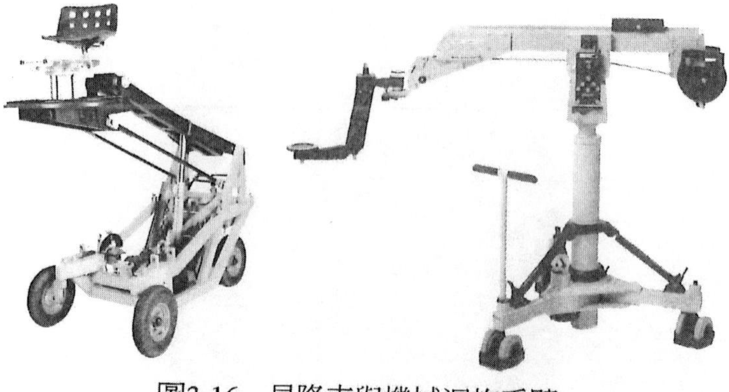

圖3-16　昇降車與機械迴旋手臂

4. 低角機座(Low Angle)

低角機座用於使用低角鏡頭的構圖(亦即仰角構圖)。它是將攝影機架設在低角度拍攝的裝置。此機座需二人操作，一人調整、移動機座，一人操做攝影機。

5. 攝影機穩定器(Steadicam)

Steadicam的裝備有一支T字型的橫把與一套帶墊的護甲(如下圖3-17所示)，在操作上只需要攝影師一人即可。攝影機架於T型橫把上面，而攝影師穿戴著護甲，手持著橫把，在護甲上有一根支臂連接著橫把，與攝影師持橫把的手平行，攝影師可藉此支臂以腰力撐住整個攝影機，並藉彈簧抵消在做攝影機運動時所產生的震動。如此攝影師可以很容易地做跟拍(Follow)及各種攝影機運動如Pan、Tilt、Arc等。Steadicam的優點是體積小，易於攜帶，且畫面穩定性高，操作方便。

圖3-17　Steadicam及攝影師使用Steadicam

第四節　攝影機的操作

對焦

透鏡到焦平面的距離稱爲內焦距(Focal Length)。內焦距的作用是調整焦平面上成像的清晰度。外部進入鏡頭的光線於攝影機上的成像位置形成一點時，即能準確對焦，得到清楚的成像。若不能形成一點，則成像位置上只能呈現一圓形球面，稱爲失焦面(Circle of Confusion)。如失焦面很小，人腦會將之解釋爲看起來仍然是清楚的，只是整體看來不若準確對焦者清晰；若失焦面太大，看來則模糊不清。

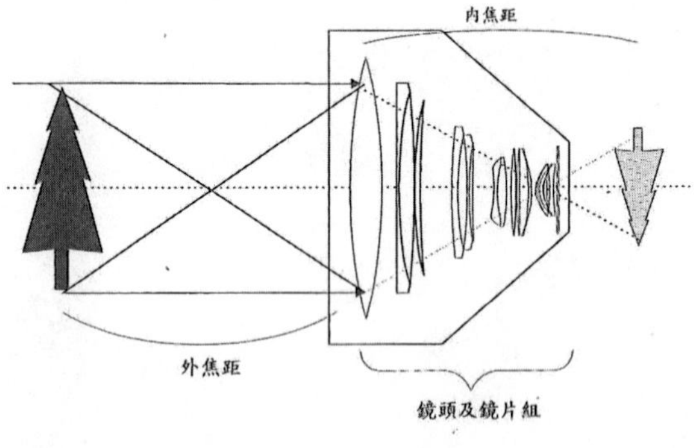

圖3-18　內焦距

鏡頭前方有一焦距環可調整外焦距，撥動焦距環以獲得清楚的成像稱爲對焦(Focus or Focus in)。焦距環上有一排數字，依鏡頭之不同數字亦各有不同。最小的數字代表該鏡頭所能清楚對焦的鏡頭與被攝物間之最小距離，而∞則代表無限大的距離。又鏡頭的種類不同，其焦距長短亦不同，即廣角鏡頭的焦距較短，而望遠鏡頭之焦距較長。

如畫面需要前景及後景(或主體有兩個以上)皆清楚的情況下，應如何對焦呢？控制畫面清晰的範圍，除了對焦之外，尚可用景深來調整。前景與後景如欲得到清楚的成像，應先將景深調整至前景與後景皆能包含在清楚成像的範圍内，將前景與後景之間的距離區分成三等分，然後在此距離之間距前景三分之一處對焦，如此就可大約得到前後景的清楚成像，而欲精確地求得對焦點，其計算方式如下。

一、步驟：

1. 先將景深調整至前景與後景皆能清楚成像的範圍内。
2. 對焦於C點上，A點至C點的距離爲A點至B點的三分之一。

二、結果：

前景(A點)與後景(B點)皆大約能清楚成像。

唯此種對焦方式清晰的程度不若單純直接對某一點對焦，因爲此前景與後景並沒有準確對焦，只是因失焦面極小，看起來仍然清楚。這樣的對焦方式常用在新聞攝影上，新聞攝影需要將新聞事件中不論主體或背景皆表現出來，以維持報導的客觀性；再者，在節目製作時，如須交待主體與背景間之關係，亦可使用這種方式。

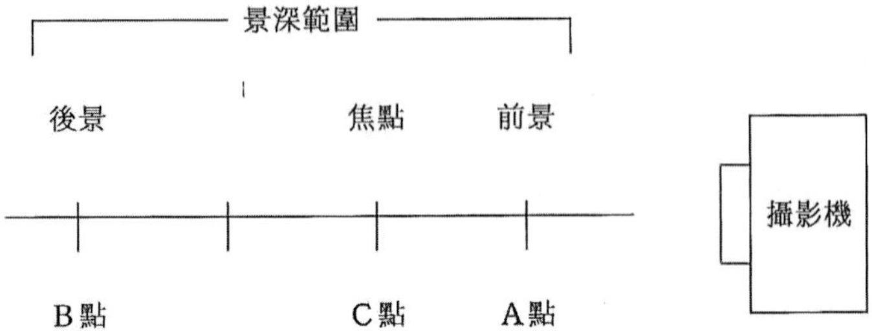

圖3-19　三分之一對焦

濾鏡 (Filter)

在攝影機鏡頭與機身相接處有一內藏濾鏡環裝置。在此裝置上有各種調整用的濾鏡及ND濾鏡等，可依需要使用。大體而言，濾鏡是用來修正進入鏡頭的光線以造成某種視覺效果，通常是用來修正畫面，使其更自然與正常，但也有用來製造某些特定的視覺效果。常用的各種濾鏡與及其用途如下：

一、ND濾鏡(Neutral Density Filter)

ND濾鏡的全名爲中性密度濾鏡，是用來減少進入鏡頭的光線用，如此就可減少曝光量而使光圈的運用更爲靈活及色彩更爲飽和，但它並不會影響到色溫。

ND濾鏡有下列幾種：(1) 0.1ND；(2) 0.3ND；(3) 0.6ND；(4) 1.2ND。其中0.1ND是減少1/3的曝光量；0.3ND是減少一檔曝光量；0.6ND是二檔；1.2ND則是四檔。

二、偏光鏡片

偏光鏡片通常於外景作業使用的情況較多。它可以減弱偏光，而用來修正某些物體表面上對光線的反射如水面及玻璃的反光。偏光鏡片還常被用於控制天空色調如加深或變淡，這是由於天空中有些地方有較多的偏振光，原理與前者同。偏光鏡片的使用並不會影響色溫，但因有些微減光的效果，會影響到曝光值，這是使用此鏡片應注意到的地方。

三、校正色溫用之濾色鏡

前面提到所有的色彩可由RGB三色加色或減色而成，故在拍攝作業時，如果色彩有了偏色的情形，同樣也可經此加色或減色的過程校正回來。唯通常如非必要，儘量以再對白一次爲宜。

室內拍攝所用的鎢絲燈泡是3200°K，通常室外大太陽下拍攝大約是5600°K，光線的不同造成了色溫的變化。用濾色鏡修正色溫的方法爲：1.色溫由3200°K轉變成5600°K時，可加藍色的濾色鏡；2.色溫由5600°K 轉變成3200°K 時，加琥珀色(類橘色)的濾色鏡；3.如於室外拍攝，非大太陽而係黃昏或早晨時，應用洋紅色濾鏡。唯此種方法只能大約得到正確的色溫而已，如欲得到正確的色溫應參考色溫表。較精確的校正色溫法頗爲複雜，運用修正偏色是利用加色及減色的過程。校正色溫用之濾色鏡可分有紅色、綠色、藍色、洋紅色、黃色、青色六種，而各種顏色間又有各式深淺不一的濾鏡。又此類濾色鏡只會影響到光的色溫，並不會影響到曝光值，而各濾鏡間應參考其色溫表使用。

四、UV(Ultra-Violet)鏡

UV鏡的中文名稱爲防紫外線鏡。攝影機能感受到光線的範圍較人眼所能感受到的範圍廣。進入鏡頭的紫外線會造成些許過度曝光的效果，而形成畫面的些許模糊。一般在照相機前多加此鏡頭當保護鏡頭就是因爲這個原因。

UV鏡只有擋去紫外線的作用，並不會對曝光及色溫產生影響。

五、低反差鏡

低反差鏡有降低反差的作用，而使顏色的反差差距減小，使整個畫面看來較爲柔和。

然而低反差鏡會使畫面中的色彩較不飽和，不過對曝光值的影響不大，並不需要調整。

六、柔焦鏡

柔焦鏡的作用是柔化線條與菱角，使得焦距看起來比較沒那麼銳利，而感覺起來比較緩和。使用柔焦鏡所捕捉到的影像

會有強光擴散的情形，且整個畫面看來會有朦朧的感覺。柔焦鏡並不會對曝光與色溫造成影響，且在無柔焦鏡時，在鏡頭前塗上一層凡士林或罩上一層絲襪也可得到相同的效果。

七、霧化鏡

使用霧化鏡在畫面上可產生自然霧出現的效果。霧化鏡對曝光及色溫不具影響，且依其模擬霧化效果的程度，可分有各種不同的級數。霧化鏡在使用上應注意在某些不適合的場景不宜使用，如在大太陽下的畫面使用霧化鏡就很不自然，因大太陽下通常不會起霧。

曝光 (Exposure)

曝光是指光線進入鏡頭至影像感知器的大小。攝影機捕捉到光線的大小(亦即曝光)，與畫面的亮度、清晰度等有關。正確的曝光可以得到良好或節目所需求的畫面。於製作節目時在通常的情況下需要適當的曝光值，此亦即使畫面亮度適中，畫面能清楚呈現於螢光幕前即可，但有時也可能會有需要較多或較少的曝光。如在戲劇節目中拍攝置身天堂的情形或欲拍攝出偶像人物的純潔無邪可能就需要較多的曝光，使畫面看起來稍為亮一點；而欲營造畫面中人物的失落感或孤獨的氣氛，可能就會需要較少的曝光。

能否攝得適當的曝光與下列各因素有關：1. 曝光的時間；2. 鏡頭的種類；3. 光圈的大小；4. 燈光的強度；5. 濾色鏡的

使用；6. 佈景的使用。綜言之，即會影響進入攝影機光線的大小、數量者皆與曝光有關，茲分述如下：

一、曝光的時間

在使用照相機拍照時，照相機上有一快門裝置可調整曝光的時間，藉以控制進入相機的光線量。唯於攝影機上，則無此功能。前已提及，現今的電視系統中，NTSC系統為每秒30個圖框，PAL系統為每秒25個圖框，SECAM系統上也為每秒25個圖框，但因電視皆採間插掃描方式，所以一個圖框應該以兩個圖場(Field)計算。換句話說，NTSC系統的快門為每秒1/60，PAL系統與SECAM系統為每秒1/50。也就是攝影機的快門是固定的，而依其系統的不同快門亦各有不同。然而，在CCD攝像板使用之後，一般電視攝影機便有所謂電子快門(Electronic Shutter)的裝置出現，此一電子快門速度愈高時，則在停格與慢動作效果時可得到較清晰的畫面。但是，使用較高速度的電子快門拍攝時，由於曝光時間短，必須在充足的光線配合下才可進行，於是在某些光線過量的情況下也可使用電子快門得到正確的曝光值。

二、鏡頭的種類

光線的大小與鏡頭的種類有關，使用廣角鏡頭因拍攝角度較大，進入鏡頭的光線較多；反之，望遠鏡頭因其拍攝角度較小，進入鏡頭的光線則較少。

三、光圈的大小

光圈的大小與曝光有關，光圈愈大，進入鏡頭的光線就愈多，反之，則愈少。

四、燈光的強度

打燈的方式會影響進入鏡頭光線的強度。

五、濾色鏡的使用

濾色鏡裝置於鏡頭之前或鏡頭與攝影機身之間，光線經鏡頭進入攝影機，自然也與濾色鏡有關。

六、佈景的使用

人眼能看見佈景乃因佈景會反射光線所致，佈景所使用之材質與顏色決定了其反射光線的大小與強弱。

其實攝影機上大多皆能自動控制曝光，只有在有特別需要時要以手動控制。在遇到過強之光線時，可以使用濾色鏡如ND鏡減光；如光線不足時，則可使用攝影機前之Video Boost(或Gain) 按鈕。它可以增加電流強度，而使訊號增強，如此畫面就更清晰。唯同時也會使畫面中的雜訊因訊號加強而增加。

光圈 (Aperture)

光圈是在鏡頭內的一組機械式葉片組合。它的作用與人眼中的瞳孔一樣，藉張大縮小的方式控制光線進出鏡頭的量，而光圈也就是指讓光線進出面積的大小。其運作方式如圖3-20所示。

由圖3-20可以看出光圈值愈大者，其光圈愈小；而光圈值愈小者，其光圈愈大。爲什麼會如此呢？因爲光圈值的訂定方

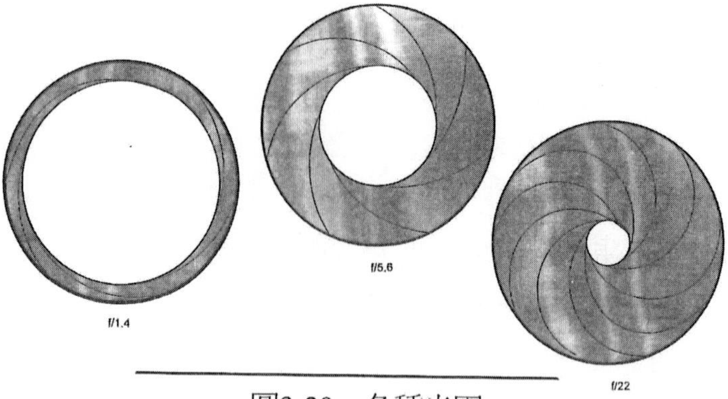

圖3-20　各種光圈

法是這樣的：

$$\frac{\text{光圈面積大小}}{\text{整個鏡頭面積大小}} = \frac{1}{\text{光圈值}}$$

即－＞ 光圈面積大小×光圈值＝整個鏡頭面積大小

這也就是光圈愈大者光圈值愈小的原因。在使用攝影機時可以發現大部份的攝影機光圈值的排列如下：

1.4　2　2.8　4　5.6　8　11　16　22　32

為何其排列順序如此及如何判斷何種情況使用何種光圈呢

？以上列光圈值爲例，光圈最大者爲1.4，同時間內進入鏡頭的光線量也最多；光圈最小，進入光線量最少者則爲32。這些光圈值間的差距我們稱爲一檔，每一檔之間光線進入的面積就相差一半。例如光圈值2同時間內的光線進入面積就比光圈1.4者少了一半，其餘類推。在拍攝時，如光線太亮或太暗，我們就可依此原則調整光圈，以得到適當的曝光量。唯現今攝影機均有自動調整光圈的功能，因此也可以自動光圈來進行拍攝。

白平衡 (White Balance)

因爲色溫的不同，在拍攝時可能會產生偏色的情形。最明顯者，如在室外大太陽之下的色溫與室內使用各種燈具的色溫就大不相同。

在每次拍攝之前，最好先調整白平衡，如此可避免因色溫的不同而造成偏色的情形。對白平衡的方法是將攝影機對著一個白色的物體如白紙、白牆等，使觀景器上的畫面完全皆是白色的，然後按下機身與鏡頭相接處左側之白平衡按鈕，即可自動對白。對白時應注意下列各點：

1. 對白時應順光源方向爲之，不可向著光源對白。
2. 調整白平衡用的白色物體於對白時不能有反光的情形。
3. 對白的光源條件太暗時，會導致無法對白(攝影機之觀景器上會顯示對白失敗)或對白不準確的情形。

4.如需使用濾鏡時，應先選擇好適當的濾色鏡再對白，因對白後再加上濾色鏡可能會產生偏色的情況。

5.對白後不要再加入其他不同色溫的光源。

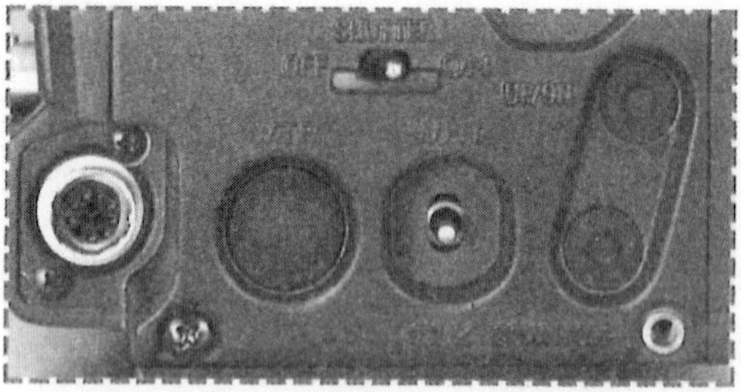

圖3-21　攝影機上白平衡裝置
攝影機上預設白平衡裝置

有的攝影機上有預設白平衡裝置(Preset White Balance)，可供在緊急或無時間等情況下使用，只要起動該功能並將濾色鏡放在預設（Preset）的位置即可。唯預設白平衡並不能得到很準確的對白效果。

如拍攝時發現有偏色的情形，有下列幾種方法可供補救：

1. 重新對白再拍攝，已偏色部份用下列第三種方法補救。
2. 若無法對白時如白平衡裝置故障或無白色物體可供對白時，可加上適當濾色鏡再拍攝。

第五節　高畫質電視的攝影

基於日本在HDTV的器材製造和節目製作上領先各國，早在1988年，SMPTE，ANS1及Advanced Television Systems Committee就已協議採納日本所提議60圖場和1125掃描線的製作標準。FCC雖然並不想對製作標準加以規範(事實上不管用什麼標準所製作的節目，都能利用轉換器而在別的系統裡的電視上播放，然而此標準在今天已實質成爲世界共用的製作標準。

現今高畫質電視最常用的攝影機爲SONY HDC 500。它幾乎可達到200萬(1.97 million)個影像元素，解析度極高。但因爲它的CCD必須精準到能校正其幾個特定適用鏡頭裡的誤差，所以可以搭配的鏡頭也就相對較少。如果硬要搭配其他鏡頭，則再好的CCD影像感知器也無法呈現高的解析度。現以三個方面來談高畫質電視有關攝影的部份：

HDTV攝影機

CCD攝影機的一般優點是它較三槍攝影機耐摔、用少量的電量(因電池較持久)、不會被強光所灼損、沒有殘影等等、不需要拍攝前採行Registration的程序以保持操作上各種訊號的平衡。但CCD與第三代的SONY HDC 500結合，事情就沒有這麼簡單。它的確沒有殘影，但仍需小心的呵護，避免曬傷。

另外，HDTV的攝影機永遠被一條光纖電纜所牽住，連接至中型貨車裡的CCU。好處是畫面裡的一切品質都可由CCU的工程師來控制，但缺點是攝影機操作員的創意及靈活度則大打折扣。

現今一般SONY HDC 500總重約4.8公斤。如果加上配置總重達5公斤，內焦距為12-84mm的R7X12A-HD2 Nikon伸縮鏡頭(18～32mm為其所謂的標準鏡頭的範圍)的話，總重量就共達十公斤左右。

HDTV的攝影方式

利用Telephoto Lens來捕捉遠處人物，讓背景模糊，可產生一種意味深長的朦朧氣氛。HD對這種氣氛具有解析能力。可以想像，如果利用它來拍巴黎落霧，HD定能顯像出空氣中的粒子，而表現出一種質感。NTSC電視就無法呈現出這種清晰的「模糊」。

SONY HDC 500的感光靈敏度也較NTSC大概高過十倍。但其景深卻未必較NTSC爲寬。因HD景深過淺，除非將光圈縮小(反正HD感光效率強)，否則無法保持物體前後區域銳利的對焦，以達到更高的解析能力。

就HDTV16：9的長寬比例而言，HD的寬螢幕是一個很有利的構圖系統。畫面中的場面調度，人物配置以及光度、色調等的整體設計均能產生許多的創意空間。

與電影攝影的比較

如果投射技術可再進一步突破，如LCD液晶式投影技術的再發展，使影像的亮度更充實，SONY HDC 500所拍出來的影像，即使在超過40吋的大螢幕上放映，也將「比美」35mm膠片。然而就兩者比較而言，現在一般人所謂「在大螢幕上，HD的畫面與電影一樣清楚」的說法，仍是一個商業與技術上的期待。至少現在，35mm彩色負片的解像力可達電腦換算後的2200條掃描線(一般用柯達ASA 400或富士ASA 500電影專用底片)。照明光度比例則達100至200比1的效果。亦即底片的曝光寬容度(Exposure Latitude)約達七檔(Stop)光圈左右。反觀本質仍爲Video的HD，雖然SONY 500的快感光度可達到ASA 500的地步，但對於反差大的環境，即使加上dB值，Noise比NTSC系統的電視畫面更爲細膩，但仍不及35mm膠片的寬容度。

因爲經35mm膠片所拍的電影資料，都可以運用柯達所研發的HDTV Telecine，以CCD Sensor將訊號轉換到所有的標準格式上。事實上，電影界正期待HD家用錄影系統的普及。這樣，一些以影片拍攝過的電視節目(主要是電視電影)，都能將負片調出，重新過成HD而繼續進入一個新的發行窗口。至於對電影的拍攝過程而言，由於現在這一代的拍攝器材機動性不足，配件難以尋找，電影界尚未予以採納。

HD在EFP的製作環境裡，用電影製作的心態(Mindset)，以單機一個鏡頭一個鏡頭的拍攝。這種趨勢越來越明顯。然而，HD仍然是Video。運用它時，過度將它想像成電影攝影也是錯誤的。例如一般NTSC在現場拍攝所關心的，在HD裡也同樣要予以考慮。更特別的是，在攝影時，攝影師與工程師密切的合作關係，也是電影攝影所不曾遇見的。

第六節　使用攝影機時應注意的事項

使用攝影機時應注意操作與保養，下列爲攝影機操作與保養的注意事項：

1. 需防止攝影機因震動而損壞。
2. 要常常擦拭鏡頭與機身，以保持攝影機之乾淨，而擦拭鏡頭時應注意不要將鏡頭刮傷。
3. 攝影機的放置處應保持乾燥，如在潮濕的地方拍攝，也要注意防潮。

4. 避免將攝影機暴露在太熱的地方。
5. 如拍攝的地方溫度較低，電池會較快用完。
6. 不要隨便拆卸攝影機之各部份。
7. 攝影機不要直接對著強光拍攝。
8. 裝備要帶齊，尤其要多準備電池與錄影帶。
9. 每次拍攝之前，應先對白，以避免偏色。

關鍵詞彙

視覺暫留	加色法
攝影機鏡頭	同步訊號產生器
攝影機控制器	攝影機腳架基座
對焦	光圈
白平衡	濾色鏡

參考文獻

一、中文部份：

王瑋、黃克義譯　(民81)，電影製作手冊。台北：遠流出版社。

張敬德　(民76)，電視工程實務。台北：合記圖書出版社。

陳清河　(民80)，ＥＮＧ攝錄影實務。台北：合記圖書出版社。

劉立行　(民82)，「高畫質電視的攝影」。高畫質電視節目製作培訓報告之一(頁54～頁P57)。台北：廣播電視事業發展基金會

趙耀　(民77)，圖框世界：電視導播的理念與實務。台北：志文出版社。

二、英文部份：

Fielding, K. (1990). Introduction to Television Production. New York: Longman.

Zettl, H. (1992). Television Production Handbook. Belment, CA: Wadsworth Publishing Company,Inc.

CHAPTER 4
構圖

本章摘要

本章將討論畫面如何的構圖與如何表現。第一節介紹基本的構圖方式，第二節則介紹攝影機運動。此外，於第三節中將討論到焦距與景深的運用方式及其意義。第四節則談到連續畫面構圖的一些原理原則。

影響構圖的因素

圖框內主體的構圖表現方式

依拍攝角度分類

依被攝景物於圖框內的大小分類

依畫面中人物的範圍分類

依演員人數分類

依主體於圖框中的位置分類

依主體在整個畫面所占比例分類

其他構圖方式

攝影機運動

焦距與景深

焦距的意義

景深的意義

連續畫面的構圖原則

構圖的方向性與一百八十度假想線

主觀與客觀角度

畫面的連續性

第一節　影響構圖的因素

電視攝影機的運鏡及構圖，除要求畫面的美感外，更重要的就是拍攝當中，隨時要注意被攝主體的方向、動線以及視覺慣性所產生的假想線(Imaginary Line)。

保持螢幕方向變或不變，應依照事實或情節需要而決定。然而由於人爲的疏忽，造成方向上的嚴重錯誤，所以身爲電視製作人員，應該要對攝影機的設定位置。被攝主體的視線觀點。出入鏡頭位置及佈景道具的設置等加以注意。

首先，討論一些影響構圖的因素。

拍攝角度

任何事物由各種不同的角度去看，可能會對該事物有不同的認知或感受。如由塑像底層往上看可能會覺得它很偉大，而從高樓上向下看可能會覺得這個塑像滿渺小的。

主體造形

主體的造形常會給人有不同的觀感。如一畫面中有一胖子，可能會覺得畫面很擁擠。相對的，只有一位瘦子，可能會覺得畫面很寬鬆。

環境對主體而言的強度

如環境太搶眼，會造成觀衆對主體的注意力減弱。如環境很協調地搭配主體，將可適當地強調主體。

明暗比例

明暗比例如調配得當，可創造出不同的視覺效果。如構圖內前後景物明暗度不同就會令人有三度空間的深度感。

物體大小

物體的大小會依據它與攝影機的距離遠近而有所不同。

空間對比

空間比例會因構圖的分割而顯示出它的對比，也會因單色面積而改變。

視覺變化

人眼與攝影機雖在理論上大致相同，但攝影鏡頭可透過多種因素的配合來改變人類視覺觀念。

動作的方向與動線

在一連串的鏡頭中，如何使鏡頭方向一致非常重要。此乃所謂的假想線。在學習構圖之前，應先瞭解各種構圖方式與作用並非絕對，而是相對的。在運用時應去思考何種構圖方式會造成何種作用。所需的效果須要使用何種構圖方式以及何種構圖方式可得到最佳效果等等。有些情況並不必太拘泥於各種構圖規則。能靈活運用各種構圖方式才能製作出最好的畫面效果。

第二節　圖框內主體的構圖表現方式

電視畫面依拍攝角度可分

一、齊眼鏡頭 (Eye Level Shot)

齊眼鏡頭又稱爲水平鏡頭(Horizontal Shot)，乃指攝影機以與人眼齊高，即視平面的高度拍攝。與日常生活中所見的視覺高度相當，所以拍攝出來的畫面最爲自然。但也因如此，畫面上的表現就不若它種拍攝高度，如高角及低角鏡頭，來得有趣味性及戲劇性。不過由於是視平面的高度，觀衆從螢幕上看來好像置身其中一般，故也最容易爲觀衆所認同。

二、低角鏡頭 (Low Angle Shot)

低角鏡頭也稱爲仰角鏡頭，是由低處向處於高處之主體拍攝的構圖方式。低角鏡頭有使主體看來感覺較大、主體速度加快的作用。例如拍攝一代偉人仰之彌高的感覺、及拍攝車輛經過會感覺速度很快等(在車行方向45度角仰拍時，速度感會更加明顯)。由於具有這些作用，低角鏡頭常被用來營造觀衆對主體的敬畏感、以及增加速度的衝擊力。

三、高角鏡頭 (High Angle Shot)

高角鏡頭又可稱爲俯瞰鏡頭，與低角鏡頭相反，是指由高處拍攝處於低處的主體。而其作用也恰巧相反，用高角鏡頭拍攝會使主體感覺較小、速度較慢。例如棒球比賽的轉播，使用高角鏡頭使球員看來小小的。而在球賽之中球員及飛出去的球其實速度都很快，但在螢幕前面看來皆不是很快。利用這個作用可以表現出主體的渺小與主體孤獨、淒涼及哀傷的感覺，並且造成壓迫感，以及在有些主體移動極快的情況下(如賽車)能更易於捕捉拍攝。

四、傾斜鏡頭

畫面中的水平線並不與人類視覺水平一致者稱爲傾斜鏡頭。傾斜鏡頭是一種特殊的構圖方式，其目的是爲表現畫面失去平衡，感覺起來有不安、災難、衝突、打鬥、或情緒失控等作用。例如劇中人物憤怒氣氛急劇升高，即將暴發之時，就可用此鏡頭表現。此種構圖方式極具戲劇性，爲主觀鏡頭的一種。目前甚多綜藝節目爲求得畫面視覺的誇張，也常使用傾斜鏡頭。特別是在場地不夠大的場景，此種鏡頭亦具有加深視覺感的用意。

五、側角鏡頭

側角鏡頭是在被攝主體的側部拍攝的構圖方式。由於在側部拍攝，能增加主體的立體感，又能交代或加入較多主體與背景間的訊息，使畫面更具視覺深度。唯在拍攝時應注意，調整角度，以免主體過分背向觀衆甚至穿梆的畫面。

依被攝景物於圖框內的大小分

一、極遠景 (Extreme Long Shot)、大遠景 (Very Long Shot)

大遠景中的主體很小，且包含了許多背景的訊息。畫面中的主體一看起來很小，但可以交代主體與主體、主體與大環境間的關聯性。大遠景通常使用之於開場或結尾，以使說明完整的場景內容。

二、遠景 (Long Shot)

遠景中的主體較大遠景爲大，但整個畫面上看來背景的訊息還是較多。而不論是大遠景或遠景，都常被用於確定鏡頭(Establishing shot)的拍攝，以說明與主體間的關係，包括方向與動向的確定。

三、中景 (Medium Shot)

中景之中主體的大小又較遠景爲大，主體與背景表現出的訊息有相近的比例，例如對人拍中景通常就是指全景而言。主體比遠景者看來較大。中景在視覺中所呈現的是忠實傳達與平穩節奏的意涵。中景是任何節目中使用最多的構圖，它能平實交待主體的動作與景物，用以銜接視覺的流暢性。

四、特寫 (Close Up)

特寫是指只拍攝某一景物來對該景物做特別描寫的一種構圖方式，但仍保留畫面中主體旁且與主體有關者之背景，唯背景訊息並不多。由於特寫的構圖通常配合長鏡頭與近距離的拍攝方式，因此焦點的清晰甚爲分明。也就是特寫會使景深縮短，主體才可突出，因此特寫又稱爲細節鏡頭(Detail Shot)。

五、大特寫 (Big Close Up)

大特寫爲只單純對一景物描寫的構圖方式，並不保留主體旁邊的背景。一般而言，大特寫更大、更爲清楚，但幾乎沒什麼背景的訊息。通常，大特寫的表現方式具有誇大情節的企圖。

如前所述構圖的分類，這樣的區別方法並非絕對的而是相對的，有時仍可視所欲呈現者之主體大小而有所不同。區別的目的在讓拍攝人員易於瞭解導演所構思的拍攝範圍，使拍攝作業更為順利。

依畫面中人物的範圍分

一、全景 (Full Shot)

全景是指畫面中將整個人物拍攝進去者。

二、膝上景 (Knee Shot)

膝上景是指畫面中將人物膝蓋以上的部份拍攝進去。

三、腿上景 (Thigh Shot)

腿上景是指大腿以上的部份皆被拍攝進圖框中。

四、腰上景 (Waist Shot)

腰上景圖框中只拍攝人物腰部以上者。

五、胸上景 (Bust Shot)

胸上景為被攝人物只有胸部以上的部份於畫面中。

六、肩上景 (Shoulder Shot)

肩上景乃指畫面中只出現被攝人物肩膀以上的部份。

七、特寫 (Close Up)

特寫為對人體中的某一部份拍攝，但仍保留該部份背景的一小部。如對眼睛做特寫可能就會拍到一些頭髮或額頭的一小部份、對嘴巴做特寫可能會拍到下巴或鼻子的一部份。

八、大特寫 (Big Close Up)

大特寫為只對人體中的某一部份拍攝，與特寫不同者為其幾乎不將背景攝入。以前例而言，眼睛或嘴巴的大特寫就只有單純的眼睛或嘴巴罷了，最多再加上眼睛或嘴巴週圍的皮膚而已。

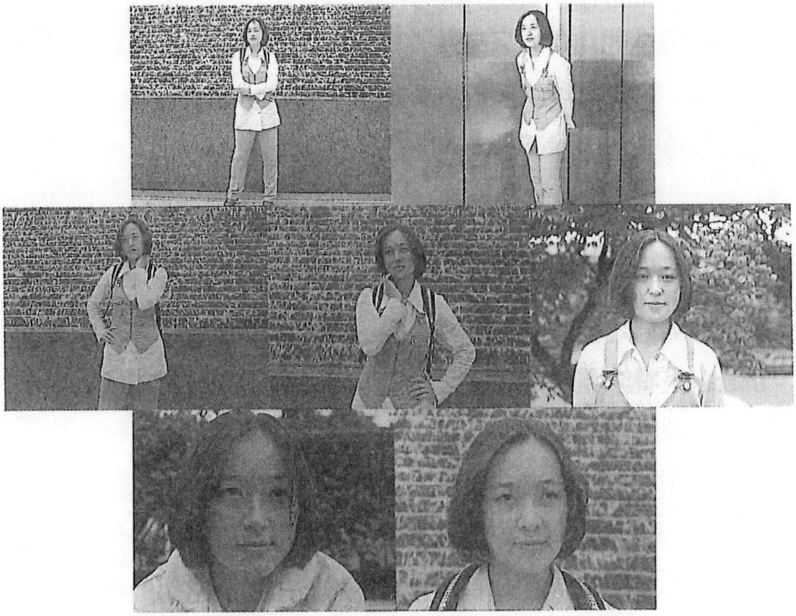

圖4-1　同一人之全景、膝上景、腿上景、腰上景、胸上景、肩上景、特寫

依演員人數分

在拍攝時，各個場景所需演員人數並不盡相同，故在構圖上，依演員人數的不同，而有下列分法：

1.一人景 (One Shot)

2.二人景 (Two Shot)

3.三至五人之團體景 (Group Shot)

4.六人以上之群眾景 (Mob Shot)

畫面中的演員如只有一人稱爲一人景(1 Shot)；有二人者則爲二人景(2 Shot)；三至五人爲團體景(Group Shot)；而六人以上者稱爲群衆景(Mob Shot)。

依主體於圖框中的位置分

此部分之區分法與前述「畫面中人物的範圍」不同。本區分是以主體於圖框中的位置而定。可分有下列幾種構圖方式：

一、主體居中 (Centering)

主體居中的構圖方式是指主體位於圖框中央。當電視圖框中出現某種訊息，因爲畫面的中央位置是最顯眼的位置。觀衆的視線通常會先向畫面中央看。主體居中是最常見的構圖方式。

二、頭上空間 (Headroom)

頭上空間是指主體頭上與圖框的上邊界之間的距離(即頭上空間)很小。主體位於這個位置，看起來就好像主體快要出框，但是卻又被壓抑下來的樣子。

三、黃金比例 (Rule of Thirds)

將畫面的長寬部分各區分爲三等分，直的等分線(共二條)與橫的等分線(共二條)相交形成四個交點，這四條等分線稱爲趣味線，而四個交點稱爲趣味點，主體重心居於趣位點上的構圖方式稱爲黃金比例的構圖方式。

觀衆看過太多的畫面居中鏡頭會覺得平淡無奇，甚至了無趣味，此時可更以黃金比例的構圖，將使畫面更具趣味性；於二個主體以上的畫面也可以將主體重心分別居於趣味點，唯應儘量避免在畫面上超過兩個以上的主體，以免造成觀衆視線分割、畫面雜亂的現象。

四、眼居三分之二線上 (Eyes in the Upper Third)

運用前述的趣味線概念，主體眼睛位於那兩條水平趣味線上面的某一條上，稱爲眼居三分之二線上的構圖方式。而不管是胸上景、肩上景或特寫等，即便是做景物大小的變換或切換(Take)動作，眼睛都要保持在該線上，此構圖方式茲舉例圖示如下：

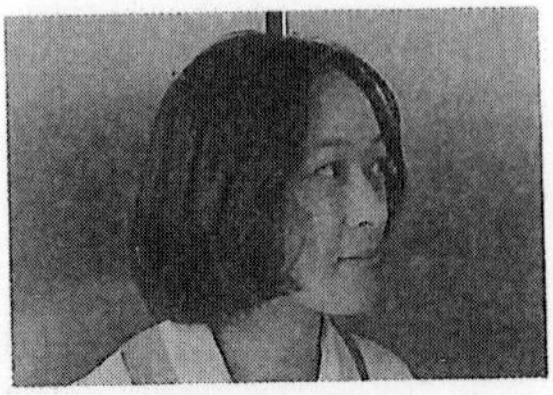

圖4-2　眼居三分之二線上

依主體在整個畫面所占比例分

一、寬鬆鏡頭 (Loose Shot)

寬鬆鏡頭是指主體於圖框中所占位置並不大，還留有許多空間，主體、空間與圖框的比例使整個畫面看來感覺很寬鬆，並不擁擠。茲圖示舉例如下：

二、緊縮鏡頭 (Tight Shot)

相對於寬鬆鏡頭，緊縮鏡頭則為主體所占圖框比例過大，致使整個畫面上看來很窄、很擁擠，如下圖所示，可明顯分別出兩者的不同。

圖4-3　寬鬆鏡頭圖於圖左，緊縮鏡頭圖於圖右

其他構圖方式

一、人物輪廓鏡頭 (Full Figure Shot)

此指將人物全身輪廓納入鏡頭內，與Full Shot 不同者，Full Shot 還要留一點背景，Full Figure只要攝入人身全部即可。

二、確定鏡頭 (Establishing Shot)

確定鏡頭是指在做開場或轉場時，交代後場時空背景，以避免後場的接入造成觀衆的突兀感。確定鏡頭通常在前一場完畢，後場接入之前。如畫面中某人從家中接到友人病危的電話通知，心急地奔出門口，再來直接接入拍攝醫院的全景畫面，然後再拍該某人進入病房的場景。而這個醫院的全景畫面即是交代地點的確定鏡頭。而如果有需要的話，認爲對時空的描述不夠詳細時，以後可以在適當時機再回過來接入確定鏡頭。此時再顯示出來的確定鏡頭稱爲再確定鏡頭。(Re-establishing Shot)

三、折射鏡頭 (Mirror Shot)

折射鏡頭是指鏡頭對著鏡子拍攝，利用鏡子反射的效果而拍攝到主體。折射鏡頭的運用可使畫面更加活潑且具創意，常用於主體面對鏡子時，例如劇中人物邊對著鏡子化妝邊與人對話，從鏡子中上拍攝該人物就是折射鏡頭。使用折射鏡頭時應注意攝影設備及劇中以外的人物不要出現在畫面中，以避免穿梆。

四、過肩鏡頭 (Over the Shoulder Shot)

過肩鏡頭是指畫面中有兩人以上，攝影機拍攝其中某一人的畫面時，是透過圖框內靠近攝影機的另一人肩膀旁拍攝而成。此種構圖方式是立於一個偷窺者、或客觀的角度來看鏡頭中的人物。

五、留下視線空間的鏡頭 (Look Space)

將圖框中的人置於圖框的一邊，而使該人的視線向圖框的另一邊看，就好像在看著畫面另一邊的空間一樣，所以稱為留下視線空間的鏡頭。

六、反應鏡頭 (Reaction Shot)

反應鏡頭是指拍攝主體對某個訊息或事件的表情反應，通常用於拍攝圖框中人物對話的反應。

七、前景表現 (Foreground)

被攝物體愈靠近攝影機在圖框上看起來就愈大。因此，在前景中加入一個為觀眾所熟悉大小的物體，就可以告知觀眾更多背景的訊息。又因物體於前後景呈現大小不一，前景有對照物體大小的參考依據，使得畫面更具立體感及視覺深度。

八、對比鏡頭

對比鏡頭是指對同類件事物或訊息，使用不同的構圖方式如主體大小、拍攝角度等來做對比，如以全景或特寫、高角鏡頭或低角鏡頭做對比，可代表主體之間的衝突情況。

九、複述鏡頭

複述鏡頭是對同一件事物或訊息，使用相同的構圖方式，連續拍攝不同的畫面，來對該意念做複述與強調。如在課堂上連續拍攝學生們疲倦的畫面以表示對老師上課內容的了無興趣。

前述各種構圖方式，專有名詞甚多。唯多不相互排斥，並可交叉綜合運用。這種情形因此也造成了名詞間混合形成新名詞的情況。然而名詞間的混合，並非沒有原則可循。茲將混合名詞例示並解釋如下：

如：M2S (Medium Two Shot)二人中景
等於 Medium Shot ＋ Two Shot
L3S (Long Three Shot)三人遠景
等於 Long Shot ＋ Three Shot
T2S (Tight Two Shot)二人緊縮鏡頭

第三節　攝影機運動

在拍攝時，除了時常會因畫面上的需要而移動攝影機拍攝之外，基於演員走位以及節奏感的建構，電視畫面動感的維持是不可避免的。攝影機運動的方式有下列幾種：

Pan

Pan之中文爲搖攝，指攝影機鏡頭原地水平左右移動，即從左拍到右或從右拍到左稱之；向左搖攝稱爲Pan left，向右搖攝則稱爲Pan right。搖攝通常使用在大景觀(如拍風景介紹節目)、告知觀衆關於拍攝主體背景的細節(如拍攝主體的胸上景再左右搖攝使觀衆知道地點位於某處)、或用於轉場之中(如綜藝節目中常用Swiss Pan，即快速搖攝轉場)。

搖攝的表現方式可分動態搖攝及靜態搖攝兩種，區別的標準在搖攝的速度。動態搖攝通常是對快速動作的主體拍攝，如百米賽跑、賽車等；而靜態搖攝多用於描寫細節部份。在搖攝時應注意保持攝影機的穩定，畫面之中要注意主體速度的均勻及主體的適當位置。

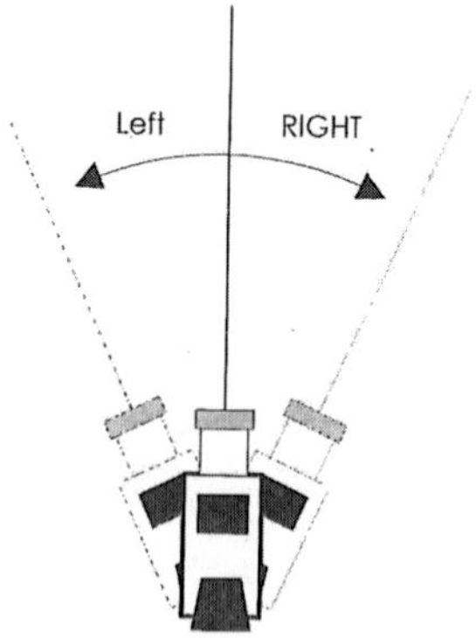

圖4-4　Pan

Tilt

Tilt的拍攝方式與Pan大致相同，兩者之不同者在Pan是攝影機原地做左右搖動，而Tilt則為上下垂直搖動。向上搖高稱為Tilt Up，Tilt Down則為向下搖。

Tilt通常使用在所欲表現的訊息，垂直訊息大於水平訊息

(Pan則相反)，且又想表現出細節部份的情況。例如拍攝高樓大廈的全景、在戲劇節目中，表現從頭到腳徹底打量一個人的視線等等均屬之。與Pan相同的，拍攝應保持攝影機的穩定及速度的均勻。

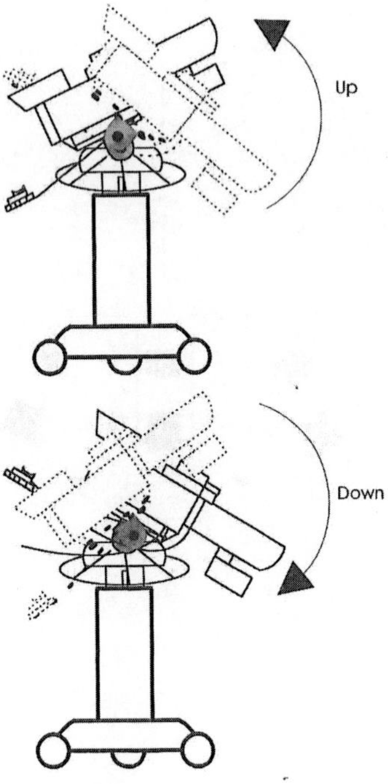

圖4-5　Tilt

Arc

Arc是攝影機以主體為中心，對主體做圓弧形移動的運動。Arc通常是用來對主體或主體後的背景做詳細的描述，或是改變拍攝主體的方向。在做Arc的時候，Arc right爲向右做Arc，Arc left則爲向左做Arc。其應注意者如打開腳架鎖住輪子的開關及要有足夠長的電纜長度，以避免攝影機傾倒。

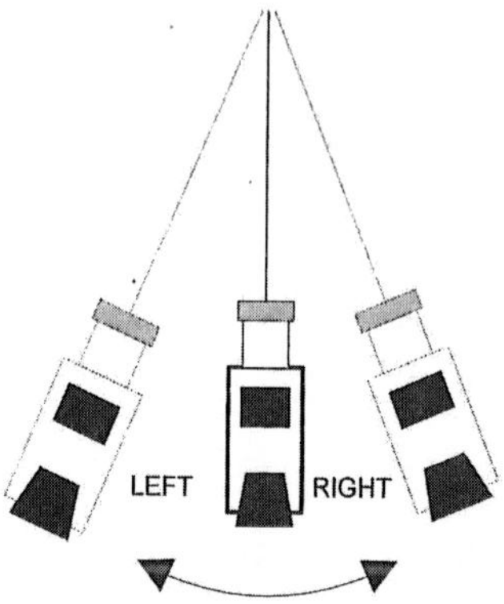

圖4-6　Arc

Track

Track是指攝影機鏡頭不動，但機身左右移動的拍攝方式。這種攝影機運動方式通常要靠腳架或台車來移動，如爲攝影師只扛攝影機而不使用其他輔助設備，則須注意畫面的穩定。

Track to right是向右移動，Track to left是向左移動。Track通常使用於跟著主體(Follow)動作來拍攝，如主體爲車輛或跑步中的人等。

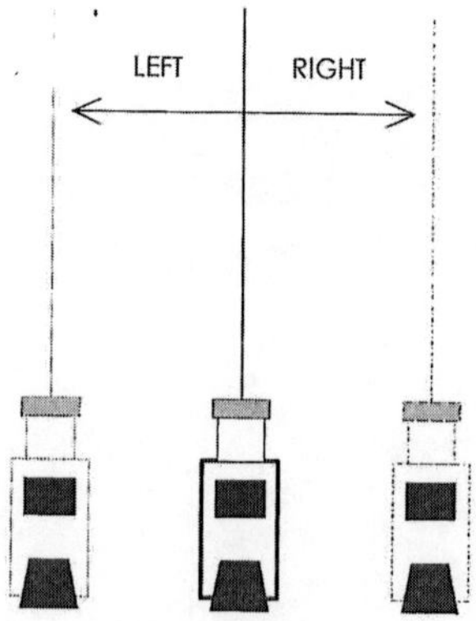

圖4-7　Track

Dolly

Dolly與Track相同，也是鏡頭不動，但機身移動的拍攝方式。但不同的在於Dolly爲腳架前後移動而非左右移動。而向前移動者稱爲Dolly in，向後移動者稱爲Dolly out。在做Track或Dolly之攝影機運動時，移動上除了可使用腳架外，常見者也有使用坐在鋪設軌道的台車上拍攝。如果有需要快速移動時，在外景作業的也有坐在車輛上拍攝的。做Dolly之攝影機運動時，如果與主體的距離改變，應隨時調整焦距環，以避免失焦的情況。

Dolly通常用於表現視野的變化、交待背景及劇情引述。如跟隨主體的移動而表現出圖框中的人物在探索某一環境的情形時，攝影機在前後移動須注意保持穩定、鏡頭不要忽上忽下、並應保持主體於畫面中央或保留視線空間。

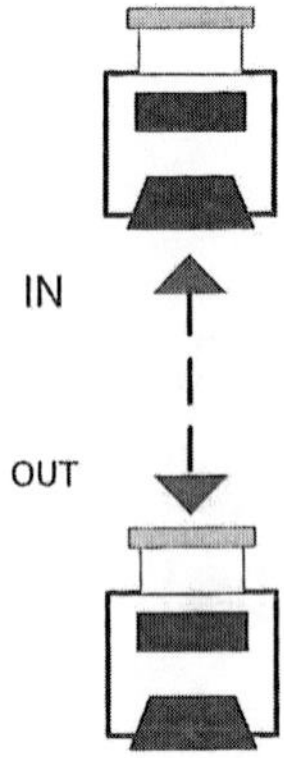

圖4-8　Dolly

Zoom

Zoom的運動方式須要伸縮鏡頭才能做到。Zoom是指由廣角鏡頭至望遠鏡頭間的相互切換，不論是內焦距(Focal Length)加大或減小皆是。畫面由廣角鏡頭變爲望遠鏡頭(內焦距變長)稱爲Zoom in；而從望遠鏡頭變爲廣角鏡頭(內焦距變短)稱爲Zoom out。

在攝影機前未至鏡頭處右邊有一控制開關可調整Zoom，向前按爲Zoom in，向後按爲Zoom out。此外，Zoom in 可轉移觀衆注意力、更換場景與主體、突顯主體、增加衝擊力等，具有加強戲劇效果的功能。如對一遠景中的女子做快速Zoom in，或慢速至肩上景，可將觀衆注意力立刻集中至該女子，並將之突顯出來，而極具戲劇效果。Zoom out則用在說明主體與背景之關係，及緩和緊張氣氛等。如前例中，如果該女子置身深山中，且一開始出現是肩上景，然後再Zoom out成遠景，觀衆就會知道該女子是處於山中；而在戲劇節目的衝突快要結束之時，Zoom out出來就可緩和氣氛，易於結束衝突。

在做Zoom時，要注意動作要一次完成，否則畫面會不自然，觀衆也會感覺出在做Zoom的動作；又因內焦距改變，應同時對焦。再者應注意畫面中的構圖，不要讓主體出框或偏斜。

Zoom與Dolly 有下列不同之處：

一、Zoom是鏡頭藉改變內焦距的方式來控制景物於圖框中的範圍；Dolly則是用攝影機機身前後運動來控制。

二、Zoom具有廣角鏡頭及望遠鏡頭的構圖特性，如誇張前景、加大或縮小距離感等；Dolly一般皆使用標準鏡頭，除使用廣角鏡頭或望遠鏡頭在構圖上會具有該鏡頭所具特性外，畫面較爲自然。

三、Dolly的畫面感覺較Zoom更具影像張力。

Pedestal

Pedestal爲使用油壓昇降機座(腳架之一種，英文名稱亦爲Pedestal)，使整個攝影機原地上下移動者稱之。其中整個水平不變，向上移動稱爲Pedestal up，向下移動稱爲Pedestal down。此一攝影動作在視覺的改變要比Tilt來得大，因此特別適合用之於物體的垂直描述之運作。

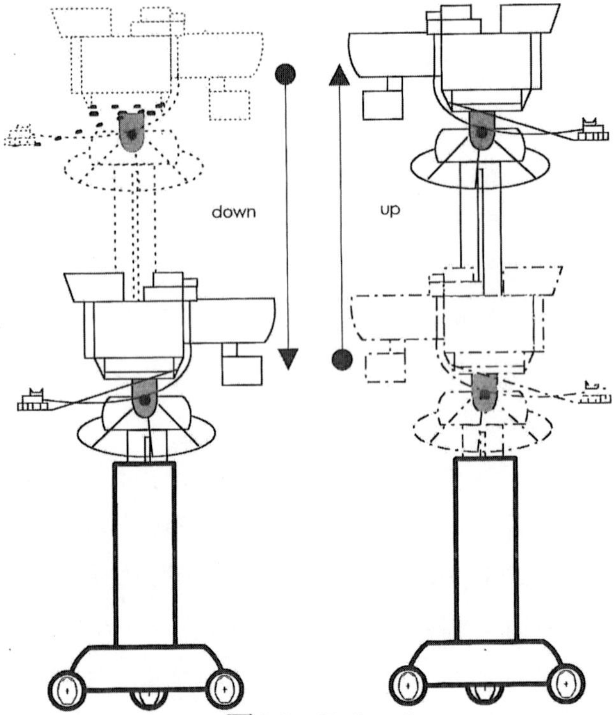

圖4-9　Pedestal

Crane

Crane是使用昇降車機，主要可用以做攝影機的上下移動，Crane腳架可分爲小型及大型Crane，其高度及弧長各有不同。在電視棚內或轉播現場時，使用Crane可使拍攝的空間加大，構圖的視野亦可做較大延伸。如配合其他之運鏡動作，則更能充分發揮畫面之可看性。

Tongue爲Crane之一種，亦是使用昇降車(Crane)，但與Crane的不同之處在於其是使整個攝影機做左右間的圓弧形運動。也有人將以Crane做上下或左右移動的動作，皆泛稱爲Crane。Tongue與Arc主要的不同在所繞弧形的圓心方向不一致，Arc的圓心在攝影機前面，Tongue的圓心在伸降車上，即在攝影機後面。

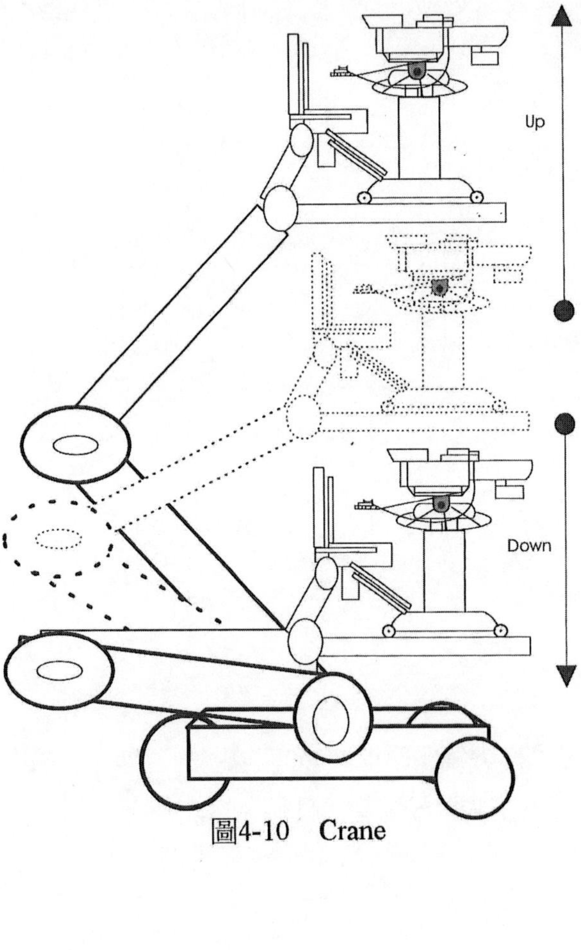

圖4-10　Crane

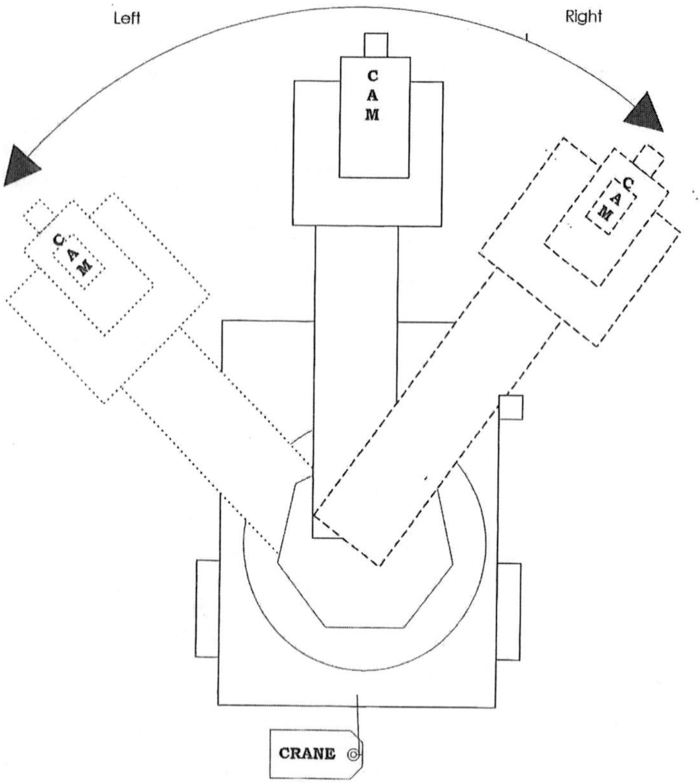

4-11　Tongue

Roll

Roll是攝影機鏡頭原地做360度繞圈的運動。在拍攝現場觀衆或是主體的主觀鏡頭時皆可使用。

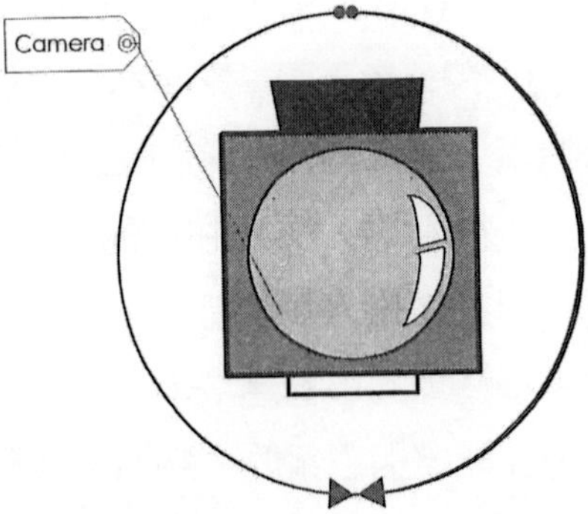

圖4-12　Roll

第四節　焦距與景深

焦距的意義

鏡頭前方有一焦距環可調整焦距，焦距的調整亦會產生構圖上的意義。通常於節目製作中，大多需要對被攝主體做清楚的對焦，但有時也會有需要畫面模糊不清，即失焦(Out Focus)的效果，譬如常見於描寫夢幻與現實的轉場之中、酒醉或吸毒之後的視覺。失焦(Defocus or Focus out)的調整方式，爲依所需失焦的程度而調整適當的外焦距。而失焦除了會使畫面模糊外，尚有使強光拓展的作用。

關於對焦的運用，除了前述對焦與失焦之外，還有跟焦

(Follow Focus)與焦距轉移(Focus Shift or Focus Change or Selective Focus)。跟焦是指主體移動，而攝影機亦隨著移動而對焦，使用於特寫至近景拍攝。焦距轉移亦稱焦距投射(Throw Focus)，乃指對前景及後景先後對焦，使其由模糊而清楚，再清楚而模糊。如此拍攝的作用在模擬人類眼睛，因人眼只能看清楚他們注意的事物，對於不注意的事物通常是看不到或是模糊的；再者，使用焦距投射還能導引觀衆的注意力至導演希望他們注意的地方。焦距投射常用於距攝影機遠近的兩個人物對話，對說話中的人物對焦，而使他者失焦。使用焦距轉移有幾點應注意事項：

1. 前景與後景之間應保持一定的距離，如太接近，則失焦部份會不夠模糊。
2. 使用望遠鏡頭拍攝。一來強調主體，二來壓縮前景與後景間的距離感，如此可使觀衆視線焦點更集中於對焦的部份。
3. 前景與攝影機不宜距離太遠。
4. 應盡量使用大光圈，這樣可使景深較小，更易強調主體。
5. 搭配良好的打燈方式將能表現得更出色。

景深的意義

景深意指畫面中景物清楚成像的範圍。在準確對焦那一點的前後，成像位置上會是一個圓形球面，這個圓形球面如較小，在一定的範圍內，看起來仍然是清楚的。而這個能使景物清楚成像的範圍稱爲景深。影響景深的因素有：一、光圈；二、鏡頭焦距的種類；三、攝影機與被攝主體間的距離，茲詳述如下：

一、光圈

光圈愈大(光圈值愈小)，景深愈小；反之，光圈愈小(光圈值愈大)，景深愈大。這是因爲光圈愈小，準確對焦點前後仍能清楚的圓形球面範圍加大的緣故。

如欲得到較大的景深應縮小光圈。唯光圈愈小，在控制曝光上受限愈大，只能從影響曝光的其它因素來得到補償，例如強化燈光照明。

二、鏡頭焦距的種類

廣角鏡頭的景深較望遠鏡頭爲大。這是因爲廣角鏡頭的拍攝角度較大，能捕捉到的光線範圍較多，角度也較廣，故景深較大；而望遠鏡頭由於拍攝的角度較窄，捕捉到的光線較少，故景深較小。但如果距離不夠大時，此種作用則不明顯。

三、攝影機與被攝主體間的距離

攝影機與被攝主體間的距離愈長則景深愈大，距離愈短則景深愈小。這是由於攝影機與被攝主體間的距離愈長，準確對焦點前後仍能清楚的圓形球面範圍就愈大。

於「對焦」一節中所述之前後兩景皆清楚成像的對焦方式，並非真的對前後兩景同時對焦，而是利用景深的原理，使前後兩景基本上在圖框裡皆能清楚成像。然後在前後兩景內決定一適當焦距，致前後兩景能得到最理想的成像結果。之所以要將前後兩景都納入景深範圍內，也就是這個原因。

景深可用來調整視覺深度，景深愈大，視覺深度就愈大。較大的景深常用於拍攝新聞節目、或是提供主體與背景或主體間的關係等。例如戲劇節目中畫面裡的主體爲人，其後遠處背景爲懸崖，懸崖上適巧有一岩石墜落或有一人持槍欲將其謀殺，就應加大景深將背景攝入。較小的景深則用於強調主體、淡化背景或主體與背景間的關係。如兩人談話的反應鏡頭，若不必交待背景，使用較小的景深會是很理想的表達方式。

第五節　連續畫面的構圖原則

構圖的方向性

在拍攝時應注意構圖的方向性與一百八十度假想線，否則會造成上下兩段鏡頭無法剪輯，而必須重拍的結果。現將兩者分述如下：

一、構圖的方向性

構圖的方向性是畫面上所呈現左右方向的規則。譬如圖框中一部剛從家中駛出的汽車，由畫面左邊向畫面右邊移動。如果接下來的是右邊向左邊移動的畫面，則會使觀衆造成該部車輛將駛回家中的感覺。而造成這種感覺的原因在於動作方向性的緣故。

依內容的需要不同，方向性的運用方法也不相同。方向性的運用方法有：1.固定方向；2.相對方向兩者。

1. 固定方向

固定方向爲一個或一個以上的主體，其移動的方向或視向相同。如劇情中有個人要從甲地到乙地，由畫面中左邊向右邊移動，出發的過程中就是單純的左向右；或龜兔賽跑，如亦由畫面左邊向右邊移動，那麼不管畫面中是兩者之一或兩者皆在畫面中，其方向仍爲由左向右。

固定方向的運用如圖4-13所示。

2. 相對方向

相對方向是主體間(二主體以上)的方向相反，如此相反的方向會相集合在一起，則表示主體間交會時會發生某個在節目內容上有意義的事件，但也可以營造主體間衝突感、對立感的建立。如劇情中男女主角約會，約會處爲此相反方向集合的地方，而男女主角赴約的方向則應不相同。如果方向相同，則表示此男女不會集合在一起；又拍攝戰爭場面，兩軍行進方向自然相反，此時的相反方向也暗示了重大衝突的發生。

相反的方向也可以不集合在一起。不集合在一起的相對方向通常是主體間先集合在同一處才開始移動，可表示主體間的遠離、營造主體間的差異感、及暗示事件的結束，且相距愈遠，此種感覺愈重。相對方向的運用如圖4-14所示。

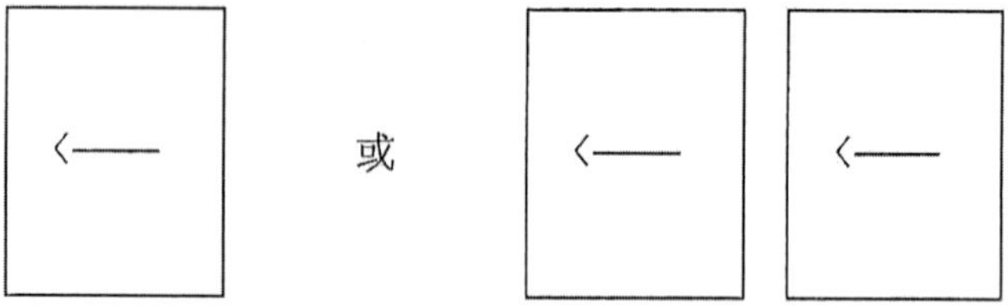

圖4-13　固定方向的運用

二、一百八十度假想線 (Imaginary Line)

一百八十度假想線是指拍攝時攝影機只能於主體的一邊拍攝，而此時於主體上似乎有一條假想的直線分開主體的左右兩邊，該直線稱爲一百八十度假想線，攝影機不能逾越該線而拍攝。

一百八十度假想線的概念與構圖的方向性相似，如逾越假想線或動作方向錯誤，會造成觀衆對畫面的安排感到突兀或得到相反的戲劇效果。譬如畫面中的主體由左向右移動，逾越方向線拍攝會造成主體從右向左移動，造成的結果是方向性的錯誤，觀衆會感覺很奇怪，且會造成畫面中人物好像要回去了的感覺。

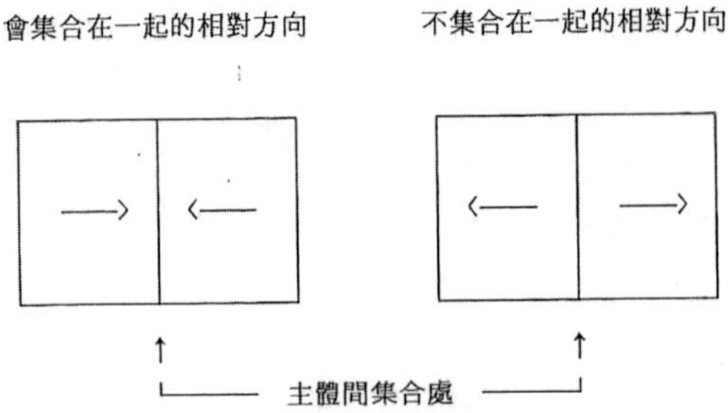

圖4-14　相對方向的運用圖示

而突破畫面方向性或一百八十度假想線的限制之方法如下

1. 固定方向的不同方向鏡頭間或假想線兩邊的鏡頭間加入一中性鏡頭。而中性鏡頭(Neutral Shot or Buffer Shot)意指與畫面中的方向性無關，而對於畫面中的方向性而言是沒有方向性的鏡頭。一般而言，在假想線上拍攝的鏡頭即為中性鏡頭。中性鏡頭可緩和不同方向間的衝擊性，使方向的轉變合理化，觀衆便不會感到突兀。中性鏡頭的加入如圖4-15所示。
2. 對不同方向或假想線不同的場景先做描寫。常用的方式是用確定鏡頭或再確定鏡頭(Re-establishing Shot)，然後再讓主體出現在該場景中。此時主體於該場景的運動方向或假想線即可改變。如畫面中的主角由左向右走去醫院，接下來接醫院內部的確定鏡頭，主角出現在醫院內就可以從右向左走，但卻又保持了運動方向的流暢。

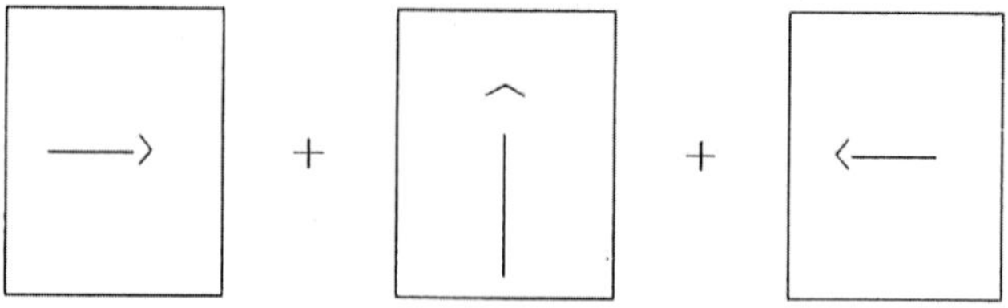

圖4-15　中性鏡頭的加入

3. 攝影機對主體做越過假想線的Arc運動。如此可充分描寫出主體與背景環境間的關係。此時即便更改運動方向，觀眾也會覺得很自然且很合理。
4. 節目內容的暗示，如劇情中有此需要，就可藉此突破假想線。舉例而言，如在車輛上(如火車、汽車)的某甲看著窗外遠方的某乙。攝影機拍攝某甲之視線後，車輛行進越過假想線，觀眾也不會覺得奇怪。
5. 利用場景中的彎道使主體很自然地改變方向。常見者如拍攝爬山時，道路彎彎曲曲一迴又一迴，主體如人或車輛在畫面上改變方向看來就很自然。
6. 對主體及背景之關係做整體詳細地描述。如此，觀眾對主體與背景已很熟悉，即使橫越一百八十度假想線，觀眾對整個主體及背景之關係仍很清楚，因爲他們可以從背景的變化來解釋並合理化主體所在的位置。故橫越一百八十度假想線雖可能會引起他們的注意，但並不會造成突兀的感覺。

主觀與客觀角度

觀眾於電視上所看到的畫面是由攝影機拍攝而來。節目攝製時是將所欲表現的意念，呈現在攝影機前，藉以使觀眾看見所表現者。故將攝影機當做觀眾的眼睛應無不當之處。而角度與運動，則是希望觀眾用什麼樣的方式，去看到或觀察到那個意念以得到某種的觀念及視覺效果。

根據前述概念，所謂主觀角度是指做爲事件當事人對該事物的視覺觀點，也就是攝影機所拍攝者爲畫面中某一人物的視線，而給觀眾一個當事人的觀點。而客觀角度是指如一般事件局外人看某件事物的觀點，即攝影機代替觀眾而居於一個窺視者角色的視線。主觀角度易於將觀眾溶入劇情中，而使觀眾有較高的參與感；客觀角度雖給與觀眾較低的參與感，但因在一旁看見整個事件的發展，易於以一個較客觀理解的觀點瞭解整個事件，兩者作用適巧相反。譬如劇中某一人乘坐雲宵飛車，以主觀角度來拍攝，觀眾看到畫面就會感受到很大的衝擊與震撼，很快地就溶入劇情中；而若以客觀角度來拍攝，觀眾看了只覺得是單純的主角乘坐雲宵飛車而已。又同上例，客觀角度拍攝的畫面，觀眾一看就知道是坐雲宵飛車。若是主觀角度，可能要等到畫面中出現雲宵飛車軌道，或其在下面的兒童樂園背景時才會知道。

主觀鏡頭有時會與客觀鏡頭的畫面一致，那是拍攝與事件並無太大關係的事物時才會發生。例如主觀鏡頭是某人看背景的畫面如屋內的擺設、牆上的裝飾品等，與居於一個偷窺者地位的客觀鏡頭看來並無不同。這一般是指這兩個鏡頭皆使用觀衆自然的視線來看才會如此。如果主觀角度使用超廣角鏡頭來扭曲前景，或對焦不清晰，畫面雖是一樣的景物，觀衆就會認爲那是劇中某一喝醉酒人的視線。準此，只要不是一般人類自然視線所見者，多屬主觀鏡頭，如傾斜鏡頭、前景扭曲等；但也有例外者，如高角或低角鏡頭就不一定是主觀鏡頭。

即便是在同一個場景之中，主觀角度與客觀角度也是可以互換的。如果是由主觀鏡頭換到客觀鏡頭，接主觀鏡頭的那個客觀鏡頭中要有原來所替代視線的人物出現於圖框內，如此觀衆才會瞭解畫面上的視線已不再是原來的那個視線角度了。不然，觀衆認爲畫面上所見者爲某人的視線，又某人竟又入鏡於其中，會產生突兀的感覺。

如爲客觀鏡頭轉變成主觀鏡頭，接主觀鏡頭前的那個客觀鏡頭應表現出某人正看見什麼樣的視線範圍，再接主觀鏡頭，這樣可以讓觀衆很快地聯想到此爲某人視線的鏡頭，而不會感到不自然。

在拍攝客觀鏡頭時應注意不要讓演員視線正對著攝影機。因爲客觀鏡頭是立於一個偷窺者的觀點，畫面中的人物應不能察覺才是。其次，在判斷何者爲主、客觀鏡頭之依據，如攝影機拍攝劇中某一人物偷窺某一場景的視線，則該鏡頭仍爲主觀鏡頭；再者，新聞節目中的主播、廣告中面向觀衆做訴求的人物、及綜藝節目中的演員等直接對著鏡頭講話等，該攝影機並非立於一個偷窺者的觀點，故應視主觀角度，但新聞節目中的新聞影片多爲客觀鏡頭。

畫面的連續性 (Continuity)

影響畫面連續性的因素大致可歸納如下：

一、構圖方向性

構圖方向性會影響畫面連續性，此亦與一百八十度假想線有關，

二、各種構圖方式

畫面間的連接，如前後有相當的相同條件時，前後畫面需要一致的構圖方式，也就是畫面中主體大小、攝影角度等不能任意變換。而所謂前後畫面有相當的相同條件，就是在一般沒有特殊需要的情況下，通常一般人眼視線會給與相同視覺條件(如注意力或範圍等)者。在畫面中主體大小方面而言，譬如對走在路上的兩人拍攝其對話情形，第一個說話的人如是全景，如無特殊需求，就不能接上第二人的大特寫；又由攝影角度而言，如本來劇中是用高角俯拍鏡頭營造劇中人物的可憐處境與悲淒的情感，若欲維持此種氣氛就不能直接接上低角仰拍的鏡頭。

三、確定鏡頭與再確定鏡頭

不同場景間的轉換多依賴確定鏡頭與再確定鏡頭，如果此兩種鏡頭處理不當將破壞畫面的連續性。此部份於本節中已提及，請參閱該部份。

四、相同的攝影條件

相同的攝影條件，意指前後景間其攝影條件如光線亮度、顏色、色溫、佈景材質等需相同，如前後景間打燈的方式不一致，可能會造成畫面各部分亮度的不同；前後景所用佈景材質不一樣，對其打燈會造成不同的反射光。造成此種條件的不連續多發生於對同一場景分做前後兩次以上拍攝，而前後拍攝的條件並未予以保持，故前後拍攝間應保持場景、燈光設備、各種攝影器材的不變，以避免此種情形的發生。

五、主體與背景的一致

主體與背景的一致包括了前景與後景主體、背景的相同，及主體與背景間關係的一致。前後景主體的相同，如主體本身要相同、主體身上的服裝、化妝、造型等要相同等；而前後景背景的相同，如佈景、地點、環境色調等要相同；主體與背景間關係的一致所指者，如主體與背景的距離、主體的走位、對何者對焦、背景居前或居後等。

六、主觀鏡頭與客觀鏡頭

主觀鏡頭與客觀鏡頭如切換不當，會引起觀眾觀點的錯亂，而破壞畫面的連續性。此部份已於前面提及，不再贅述。

關鍵詞彙

假想線
低角鏡頭
細節鏡頭
過肩鏡頭
內焦距
焦距轉移
相對方向
中性鏡頭
客觀鏡頭
齊眼鏡頭
確定鏡頭
黃金比例
反應鏡頭
景深
固定方向
180度假想線
主觀鏡頭

參考文獻

一、中文部份：

陳清河　(民80)，ENG攝錄影實務。台北：合記圖書出版社。

趙　耀　(民77)，圖框世界：電視導播的理念與實務。台北：志文出版社。

廖祥雄譯　(民78)，映像藝術：電影電視的應用美學。台北：志文出版社。

二、英文部份：

Fielding, K. (1990). Introduction to Television Production. New York: Longman.

CHAPTER 5
照明的功能與器材

本章摘要

電視節目製作所使用之燈光，基本上包含技術與藝術兩個層次。在技術層次上，除提供攝影機拾取清晰畫面以及高解像度的條件外，更必須注意到創造立體、三度空間的效果，以呈現最佳的畫面。基此，本章將對電視照明器材、功能以及打光的原則、技巧等，向讀者作詳細之解說。

主要的電視照明器材

燈光的種類

燈光的性質

照明輔助設備的種類

照明的功能

敘述性功能

表現觸覺的功能

表現時間的功能

創造與提示的功能

提示劇情的功能

表現空間的功能

照明的技巧與原則

棚內照明

光源的方向

照明的調性

打光的技巧

色彩與電視照明

色彩的特性

色溫

重視攝影機的色溫調整

第一節　主要的電視照明器材

照明的器材主要可以分爲燈泡及其輔助器材。以照明用燈泡而言大致可分之爲聚光燈、散光燈以及特殊效果專用的燈具。

一般電視攝影專用的照明發展，是從 1879 年 Edison 的碳精燈泡到 1908 年美國 W.D Collidge 所發明的白熾燈(Tungsten)，一直到 1959 年美國 GE 公司 F.A.Mosby 發明了一種比白熾燈更具效率的鹵素燈，即我們所稱的石英燈(Halogen)，它的光源特性是色溫的變化甚少。接下來在 1974 年德國開發了拍攝外景時專用，高亮度且接近日光光源色溫度之燈具 HMI 燈。時至今日，電視製作中所使用的照明，可以明顯的分爲兩大類，一種是爲攝影棚專用石英燈或白熱燈，另一種爲戶外專用的光源 HMI 燈。

燈光的種類

一、白熱燈或稱白熾燈(Tungsten lamp)：

雖然燈泡不斷的發展，特性亦一再改進，但是目前在攝影棚內所使用的光源仍以白熾燈所佔的比例最多。白熱燈燈泡是以燈絲方式，在眞空中注入不活性氣體，於電流流過之後產生熱量而發光。

1879年美國Edison發明炭棒燈絲的炭棒燈泡，其後發展爲金屬化炭素燈泡。由於此種燈泡是以燈絲白熱化後發出光源，溫度愈高則燈絲所產生之亮度愈高。但是，高溫時燈絲產生強烈的燃燒與蒸發現象，因而易使燈泡內的鎢絲黑化而壽命減短以及色溫降低的缺失。

由於燈絲溫度愈高，爲了壓抑燈絲分子的蒸發現象應儘可能加壓力。因此，使用時氣體於高溫情況下發生變形極易損壞，此種燈泡如高溫狀況碰上水氣就會爆開。所以在使用此類燈光時，應特別注意。

影響白熾燈壽命的主要原因有，電燈泡本身的品質，注入內部的氣體以及壓力、使用狀態、空氣調節不佳、環境溫度太高或有無受到震動等等重要因素。如遭水蒸氣或水分滲入，燈泡之壽命必然減短，或是經常重覆的開關電源壽命亦減低2～8%。這些現象在較大瓦特數的燈泡更容易產生。

白熾燈之特點是在可視光線亦稱可見光之波長內，爲一持續光波特性良好的攝影用光源，對其色溫度之計算及測光值較能確認，尤其對物體之鮮艷度質感表現甚爲理想。其缺點是燈泡之黑化現象，對光之吸收，因而分光波長亦受影響。在3200°K之情況，有效壽命約100小時。但於連續使用4小時之後則光量會有減半現象，色溫度降爲2400°K～2600°K。

二、碳精式弧光燈(Carbon-arc Lamp)：

碳精式弧光燈是以碳精棒之電極由陽極向陰極之電流於空氣中放電時電弧現象。發光時陽極溫度能量之85%、陰極10%、亮度佔5%。

碳精棒本身之色溫度約在3780°K。目前所使用之弧光燈可分爲兩種，黃色的弧光燈是在3400°K，而另一種高感度用弧光燈爲全色性弧光燈，色溫度在5800°K的連續光譜，在紫外線領域時與家庭用日光燈相同會有強烈的輝線光譜混合現象。

弧光燈可使用交流、直流電源，由於使用交流電源時安定性較差所以甚少使用，一般皆爲直流。使用弧光燈時陽極與陰極的位置必須有適當的間隔，如果間隔不當則光源之發光情況即起變化，正確的色溫將無法產生。而且，弧光燈於濕氣太重的場所亦會使光源色溫度受到影響。

由於弧光燈是一種強力照明用燈，爲了產生強烈陰影或是聚光的情況，皆可利用弧光燈，尤其試圖製作閃電之閃光效果或代替增強日光時最常使用。

三、鹵素燈(石英燈)：

1959年美國GE公司(General Electric Company)所開發，與Tungsten燈泡方式相同，於管燈注入不活性氣體，以延長其使用壽命。但石英燈管所注入之氣體爲鹵素化合物，此種沃素(Iodide)氣體的主要作用在使燈管不會有白熾燈之黑化現象產生，鹵素燈管(石英燈管)所產生之光源可以自始至終保持其高效率特性。更重要的是燈管可爲小型且仍具高光度，體積小自然重量輕，攜帶甚爲方便。

石英燈之缺點是使用時溫度高，燈管必須水平方式點燈，而且燈絲受震動之耐力低。但是近年來，石英燈的方式已有另外的發展，乃以原來之鹵素循環作用，並運用沃素及溴素(Brom)，已可多方面使用。目前使用之石英燈管形狀如圖5-1 所示。

圖 5-1　鹵素燈（Halogen Lamp）通稱石英燈

四、HMI燈(Hydrargyram Medium Iodide)

於1974年開發到1978年由德國正式生產之外景用燈光，目前英國生產之MSI、德國Arri-Day-light、美國生產之Brite Arc、日本生產之Brite Beam皆屬此類。為了使此燈泡弧光放電特性容易，所以將水銀、氬氣注入燈管，使得光源之光譜能保持高能率而且演色性甚為良好，其色溫度約在5600°K與日光相近，使用於戶外拍攝的場合甚為方便。

HMI 燈所使用之燈管與石英管類似，小型輕便易於攜帶，亦可做戶外拍攝之電瓶燈使用。

HMI 燈對於電壓之穩定性甚為重要電壓失常時會產生光源閃動(即波形變動)。特別是在燈光打開時，發出的光源會有藍光現象，關掉燈源後超過十五分鐘以上開燈，須經三分鐘左右才可恢復正常，如僅數分鐘約在一分鐘便可恢復，另於關燈一分鐘再開燈則在30秒左右便可恢復。但此種燈光最好於開燈之後三分鐘以內不要關燈，以免影響燈泡之壽命。

圖5-2　HMI燈

照明輔助設備的種類

以分類而言，攝影用照明器具可分為聚光用、散光用以及特殊效果用等三大種類。

一、聚光用燈具：

燈泡本身並無所謂純聚光燈泡，一般僅是在燈泡內部塗上一層鋁質薄膜，使發出之光源產生反射作用。真正使光源產生聚光作用是以燈具結構上三種原理而得到聚光效果。一則利用燈泡後面之反射板(一般亦使用鋁質材料)，調整燈泡與反射板之距離，藉以得到光源之焦距變化作用。其二乃以燈具之鏡面。此種鏡面可分為兩種方式，一種是純聚光鏡式，其原理有如放大鏡之聚光作用，以打出圓形或橢圓形或點光源。此方式常用於舞台照明效果，但用之於電視照明卻顯得過於聚光。

另外一種攝影照明燈具之聚光鏡片為法國物理學家A. J. Fresnel於1918年發明，故通稱之為佛瑞式Fresnel鏡片。其原理是使散射的光源以一定的平行方向射出光束現象。另則，是以燈具外加遮光板的方式，利用各種形式之遮光板(Barn Door，有2葉形、4葉形以及蝶葉形)使光源照射區限制於局部區域，產生聚光效果。

1. 天光燈(Sunspot light)

此種光源之燈泡於燈具內向前後移動，可使光源產生焦點位置的改變。為高光束光量的燈具，大多為瓦特數高的大型燈，電視攝影用有三千瓦、二千瓦、一千瓦等。因其光量強在外景拍攝時可代替太陽光的主光。此光源是以燈具內之反射鏡聚光，容易使被攝體產生陰影。另則光量較低之部位會有色溫度下降的情況，使用時應加以注意。

2. 太陽聚光燈(Solar Spot light)

與天光燈甚為類似，但光量比例稍低。此光源之燈具通常於前面附有Fresnel佛瑞式鏡片使光源產生聚光作用。至於聚光的程度亦可以移動燈泡與反射鏡之距離，使之有所改變。

太陽聚光燈以一千瓦以下的聚光燈爲主。在三～五千瓦的聚光燈便屬較軟調光質的主光，而不會有不均勻光源的照明。尤其此種燈具於調整焦距時與所呈現的投影現象，更充份展現此種燈具之特色。

一～三千瓦的中型聚光燈泡，在電視攝製時主要用之於補助光。在500w的小型燈時燈具前之鏡片就不採用佛式鏡片而採一般之聚光鏡片，其聚光的範圍亦可以調整燈泡與反射鏡的距離。做較小面積的主光或補助光使用，但操作時應注意，避免過熱現象以免聚光鏡片破裂。

此種型式之聚光燈，目前已漸使用石英燈管方式。此組合之燈具重量可大爲減輕，運作方便，而且色溫亦不易改變。

二、散光用燈具：

散光型光源比較不易使主體產生不均勻的現象，燈泡在燈具內固定位置，內部之反射鏡面皆加上燻膜處理以使照射光源角度擴散。

1. 天幕燈(Horizontal Light、Cyclorama Light)

此光源又稱爲邊界燈(Border Light)，主要用於場景中的背景，又稱爲均勻式照明。爲了防止主體與背景之間有不均勻的現象，皆不直接由正面打光，而改以橫或縱的方式由上或下方打出。燈具中通常裝上2～4個燈泡，燈具內部並以全反射方式設計。目前於攝影棚使用之天幕燈亦漸使用石英燈管方式。天幕燈之燈具前方，有時爲了配合場景效果亦可加上有色的濾色紙，使天幕產生多樣化的變化。

2. 天空光反射燈(Sky light)

最常用之於天空之直接照射的光源，並且儘可能使打出之光源，不因其直接照射而產生陰影。因此Sky Light的燈泡之下半部塗上反射物質形成反射作用，即爲四具一千瓦的燈泡所組合之天空光反射燈。

3. 杓燈(Scoop Light)

杓燈之功用與特性和天空光反射燈甚爲類似，祇是電視攝影用之杓燈是由橫方向打出，其光線甚爲柔和，燈具內部亦是爲全反射之結構，因此散光角度甚廣而且照射區域不會有不均勻的現象。

三、特殊效果用燈具：

特殊效果用的燈光在電視攝影的場合皆以強調畫面的效果燈爲主。

1. 捕捉主體表情用燈光(Catch Light)

專用之於人物主體之特寫，做爲效果光或補光燈用，使得主體之眼睛具光輝感，表現主體之神情。因爲此種燈光使用時皆爲接近主體，所以瓦特數皆不高大多爲150w的Catch light。

2. 跟焦聚光燈(Follow Spot Light)

爲長焦點之特殊效果燈，常見於舞台及電視綜藝節目之照明。此燈之燈具內有特殊聚光鏡片及反射鏡，使光源之光量增加，燈具之前更設有類似光圈作用之光量調節鈕。運用此燈光使主體在場景中浮現，在無聲電影時代此種光源甚常使用。如於燈具之前加上圖形亦可投射於天幕上同時利用調節鈕使其產生大小之變化。

濾色片與打光用之附屬用具

前面已提過色溫度對攝影畫面之影響性，尤其光源本身所發出的光有色溫偏差現象時必須加以修正。如果光源經過修正使得以統一。理論上，電視攝影機就不用再加濾色片進行拍攝，不過，目前的電視攝影機不論棚內或棚外皆內藏濾色片。

光源用濾色片可分爲兩大系列，一爲降低色溫之A(Amber紅橘色)系列，另一爲提高色溫之 B(Blue藍色)系列。

但是在使用自然光與室內光源混用的場合，有時並不一定加濾色片於光源之上，亦有改以濾色紙貼之於窗戶上以改變戶外自然光之光源的方式。

如果欲使場景有特殊的變化，可加上其它色彩之色紙使用。有如黃昏、月明等場景即屬之。

其次，爲使光源擴散作用，可加上類似描圖紙的散光用濾色片，則打出之光源可得均勻的照明，尤其在彩色攝影甚常使用。黑白攝影可用白紗、黑紗遮於燈具之前，但彩色攝影爲避免色溫度之改變應儘少採用。

燈具之配件有遮光板，及濾色片之片夾。遮光板乃使不必要的區域避免打到光時使用，尤其逆光或測光的情況，常用之以遮住可能射入攝影鏡頭之光。如燈具之片窗(Shutter)，裝置於燈具之前，對於光源之強弱、軟硬等之調整甚爲方便。

反光板 (Reflector)

此一器具並非照明之附屬配件，於甚多拍攝場合甚可做爲補光使用。如果使用反射率強之反光板，如鏡片亦可用以改變主光的位置。平常使用之反光板爲平面上貼以銀紙，如於貼於紙板之前將銀紙皺摺其反光情況會有擴散感，可作柔光反射補光使用。

於外景拍攝時使用反光板應注意其固定性，以免畫面之主體反光閃動，感覺不自然。通常可用金屬架板組合操作較爲簡易。

一、拉板或拉筒

攝影時，有可能拍攝到的地方，均應控制好光源的色溫與強度，而通常燈座兩旁前方會有2～4片活動式的拉板，而拉板的主要作用，是可以完全打開使照明區域非常寬廣，也可以適當的關閉以遮蔽住不須要照明的地方，使照明區域窄小，同時，也可加上拉筒做光線聚集的功能。

二、旗板 (Flag)

是一種長方形的金屬框，表面有黑布，通常可以連結攝影機鏡頭前方或遮光斗上，可以避免不當射入鏡頭的光線。遮擋光線時可使用黑色紗網多層合用製造出各種柔和的光影效果。拍攝時爲防止光線溢漏所產生的擾人光暈(Halation)現象，亦可用旗板或黑布遮去。

三、雕花葉片或稱剪影片 (Cookie)

是置於燈前，爲製造各種不同光影效果的物件，可依據需求，用各種形狀表現出所需的效果。最常見的是利用雕花葉片放在燈前製造出百葉窗影。而雕花葉片靠近光源，則亮區與暗區相接處越明顯，利用不同距離，不同角度將各種形狀的剪影置於鏡頭前(或燈光前)可以產生不同的效果。

四、鐵紗網 (Scrim)

是用金屬編成的網狀物，放置於燈泡與葉片之間，功用是可以降低光線強度。鐵紗網通常可分爲兩種，一種是可將照度減少一倍的雙層網，另一種是用於控制燈光角度的半邊網(Half Scrim)。

五、調光控制器 (Dimmer)

可用來調整燈光的明暗，但使用調光器時而當光線減弱，色溫也會受到影響，會逐漸偏向紅色系。雖然非常方便用於場景中調整整個場景的光源強弱，但是使用時應注意雜音干擾以及色溫偏差的問題。

第二節　照明的功能

在介紹光的一些特性和一些燈具之後，本節敘述運用照明的工具以及如何用照明的功能來創作自己的作品。

照明的主要目的，首先當然是在照亮主體，使攝影機有足夠的照度，但因現在的電視攝影機對光的感應力甚強，所以這方面的要求也就逐漸減低，而反而要求美學的質感。以下就分幾項重點加以介紹。

敘述性的功能

照明使我們看出來物體的形狀凹凸、樣子，是圓的還是方的，主體與環境間的關係位置、大小、它的表面是否粗糙。正確地說物體的形狀並非由光凸顯出來，而是由陰影來表現，因此，打光時有關陰影的呈現成爲必須注意的因素。通常，投射陰影可以幫助我們瞭解物體與環境的關係；陰影也幫助我們瞭解光源的方向。

另外一個重要的因素爲明暗度。明暗度變換可讓我們知覺物體表面的結構，或用變換速度或區域來瞭解光的硬性或柔性。

表現觸覺的功能

可以利用陰影而凸顯表現出物體的表面結構。爲了強調結構，可用硬性的聚光燈打出顯著的投射陰影，而可用散光燈減少結構性。而物體表面結構的光滑或皺紋，就好比觸摸的感覺一樣。

表現時間的功能

簡單的說，白晝的照明要亮一點，而夜晚的照明要暗一點。在內景中，背景光是專門用在一些牆上或道具上由背景光的色調與傾斜度可以判定光源的時間特性。我們必須確定所有顯著的投射陰影與附著陰影方向是一致的。如果光源來自右邊，那麼附著陰影與投射陰影的方向必在相反的一邊。由於照明時所用到的燈具非常多盞，我們應用足夠的補光將明顯錯誤的陰影補掉以免誤導整體場景的時間指示功能。

創造與提示的功能

除了以上所述的幾種功能之外，照明對於劇情的表現也會使人心中的感覺，有重要的影響，舉例來說：不同的燈光調性可以塑造不同的氣氛、情調光可以帶給我們的心靈許多的感受，不同的照明會牽引觀衆不同的情緒反應。一般而言暗調照明可以表現低沈、神秘。而明調有高昂活潑的感覺。不同氣氛的節目，往往也需要不同的照明方式。例如新聞播報，強調的是客觀、公正與權威的感覺，因此需要穩定、明亮的明調照明。而鬼怪片則通常使用灰色、詭異的暗調照明。

另外從角度而言，由上而下的光源令我們感到較爲自然。而由下而上的光源則較爲奇異、不平常。

創造劇情的功能

燈光也可以暗示或提示我們劇情中可能會發生何事或讓人感到有一種畫面以外的事即將發生。假設光源由明轉暗，從歡樂氣氛變成一種神祕的氣氛，或由高角度照明突然變成低角度照明，就似乎預示有不尋常、幽靈般的事要發生。因此，可以，善用各種燈光及器材使產生濃厚的戲劇效果，如由門口入射的光源，感覺脅迫危機、不可捉摸。主體光光源的一明一滅又令人感到緊張、徘徊且無助。霓紅燈的閃爍、舞廳中的旋轉燈，又帶給了人一種熱鬧、複雜的心情。

表現空間的功能

利用照明的光線、色彩與陰影可以幫助顯示空間的更爲眞實與立體，充分表現出二度空間上的表面產生深度幻影。有一種立體式照明即在強調物體的空間感。攝影機使用的光學鏡頭，可以表現高度、寬度，甚至深度亦即除了X軸、Y軸以外，尚能表現出Z 軸的運動。

而X、Y軸受螢幕比例的限制，與Z軸的無限延伸，是攝影可以善加運用的。觀衆可以經由螢幕上人物的大小來判斷其遠近，也可以瞭解由遠方向攝影鏡頭奔馳的跑者會逐漸變大到有壓迫感。Z軸上的運動表現也因爲使用廣角或窄角鏡頭而有很大的差異。廣角鏡頭中，可以誇張物體前進的速度，因爲大小會有很大的差異。而窄角鏡頭中，會降低速度，感覺要很久才接近目標，顯示進行過程的漫長與挫折。

歸納來說，從畫面中辨別前後的方法有：

一、由經驗的判斷，可以瞭解到物體與環境的大小比例，由此前後關係可輕易猜出。

二、前面的物體會擋住後面的物體。

三、愈遠的物體通常在畫面範圍的愈高處。

四、從景物的鮮明度來看，由於氣層中有塵埃，因此越遠的物體，鮮明度就越低。

第三節　照明的技巧與原則

棚內照明

棚內攝影，最重要的光源是人工光源。攝影機的打光是動態的，因此須考慮到的地方較多。所有可能攝影機會移動到的地方，燈光的方向都不能有錯，效果也不該差太多，且明顯的陰影也應該注意到。拍攝不同的節目，所要求的打燈方式也不盡相同，但都應該注意到下列的打光步驟：

一、瞭解場景中人物的活動範圍。

所有電視攝影機 可能帶到的地方，均應該有正確的光源。最好先根據劇本與導演研究該節目，需要打出什麼樣的主風格，每場、與每景的變化，都該做到事先的規劃。

最好設計配合場景與劇本的燈光腳本。對於燈光的擺設位置、方向及數量(瓦特數)做好事先的估計與討論，節目錄製時才不會手忙腳亂。

對於事前應瞭解的工作，如拍攝內容及場地的狀況，要拍的是室內或室外、以及是日景或夜景，根據節目性質選用適合的燈具、數量，強調拍攝出的畫質與色調。

器材的檢查，對於有可能用到的燈具的好壞，燈具配件，如反光板、燈架、延長線、燈光紙是否會漏光、木夾子、麻布手套(防止燈泡的高熱燙手)、黑布、控制燈光的桿子(有些燈架設很高，需用桿子調整方向)等等東西都應該慎重的檢查。

二、現場的準備

、　在設計好燈光腳本之後，到了現場，真的要打光的時候，就祇要一些因應場景的修正與調配工作。諸如燈光人員不僅要注意到場地的電容量大小的問題，善加調配架設燈光，且注意到燈光及延長線不能夠入鏡造成穿梆鏡頭。於此也提供以下一些基本的打光方式與注意原則以供參考：

首先可以先確定基本的三點式打光方式，即場景或被攝主體，至少受主光、輔光及背光(或側光)的照明。三盞燈打上去，至少能呈現畫面的三度空間感。再考慮到攝影機的運鏡方向而加上第二盞的主光或輔光，但仍應注意方向性。這種四點式的打光方式，就是改良式的打光。

第二，尚須顧及場景中個體光、立體光和整體光的表現。個體光著重在主體個性上的表現，如此可使主體突出與背景分離，有更明顯的表現。立體光是爲了分別主要光區與次要光區的明暗層次與對襯感，可以增加構圖的景深與層次；整體光重點在加強基本照度求得整體環境的均衡，且避免不需要的反光及陰影。

第三，在設計燈光時，可以先打好個體光，再打好整體光，再將全部的燈打開，做一番修正。如此打出的光不但照度夠又能表現出主體效果。

第四，燈光設計搭設完後，要讓工作人員，如導演、場記、演員及攝影師瞭解，排演時，燈光人員亦應注意到：

1. 人員走位是否有光源照度不夠或不當陰影的產生。
2. 全場基本照明是否顧及到最大演員活動範圍，或鏡頭可能帶到的所有位置是否能夠曝光。
3. 是否符合攝影機的基本照度，光的區位是否會影響到景深與畫質的好壞。
4. 整體的燈光氣氛營造是否合於劇情。
5. 各主要光源與陰影的方向是否合理。

光源的方向

在主體與背景的拍攝時，我們均須注意到應如何搭設燈光，以及各種方向的燈光可達成何種效果等問題。以下就燈光照明的方向與燈燈光之用途做一番詳細的分類與介紹。

一、按方向分有順光、側光、逆光、頂光、地光五種

1. 順光(Front Light)

與攝影機同方向呈45度廣角範圍內投射主體的光源，以表現主體位置及整體光源之方位。順光最好從較高的角度打下來。

2. 側光(Side Light)

與攝影機及被攝體呈90度廣角，目的使被攝主體之輪廓突出，不宜兩邊同時使用。

3. 逆光(Rear Light, Back Light)

在主體背後的光源，可以強調被攝物的外形，使被攝物與背景分離，且切記光源不可直接或折射入鏡頭，否則容易傷害到光電板管。

4. 頂光(Top Light)

從主體的正上方照射下來，此種光源容易形成臉部較爲濃密的陰影，尤其正午時的陽光。

5. 地光(Underground Lihgt)

從被攝體之正下方投射，違反常態，也不夠自然，但如加上適當的補光，或打上柔光，再輔以反光板抖動反射，則可以造成好像圍在螢火旁邊的溫暖感覺。

二、按用途分的則有主光、背光、輔光、基本光、景光以及效果光等六種。

1. 主光(Key Light or Main Light)

場景中投射在被攝體上的主要光源稱爲主光。主光通常多使用聚光燈在被攝物前方30～40度順光打向主體。主光也決定了整個節目的調性。一般分成軟調(Soft Key，可用柔光燈，柔和)、硬調(Hard Key用聚光燈強調陰影及明亮區)、明調(High Key整個場景明亮度高)、暗調(Low Key整體感覺亮度較低)。主光角度宜採 45度角投射，注意主光位置應使演員所有移動位置都保持均衡。主光除了須表現出劇情的整體調性外，也應該代表出時間與氣氛。

2. 背光(Back Light)

背光多位於被攝體後方30～40度角位置，多與主光相對。其功用在於使被攝主體的輪廓明顯，且清楚與背景分離，增強立體的感覺。背光亦使主光產生的不當陰影消失。背光多使用聚光燈，但注意背光的強度不宜大於主光且不應使主體前方造成陰影。

3. 輔助光(Fill Light)

輔光多於主體前方30～45度角左右，與主光對襯，輔光的主要功能在於消除主光對主體所造成的不良陰影，因此，輔助光又稱爲補光或陰光，可減少反差，進而使畫面的品質提高。通常使用散光燈或運用燈光反射或反光板做補光照明。投射角度最好和主體同高，宜接近鏡頭，使捕捉到的畫面階層更為豐富，輔光的亮(照)度約為主光之一半。

4. 背景光(**Background Light**)

顧名思義，即為照射背景或佈景的光源，面對背景及佈景投射。佈景光多使用一種均勻擴散的燈光。搭設背景光要注意到主光的整體光源方向是否為景物中已有的發光體，如燈光或陽光。總之，背景光不可任意變換光源方向。

5. 基本燈光(**Base Light**)

基本燈光的使用，在使全場有均勻的亮度。其照射應平均照明，避免過分集中於主體，產生背景明暗不均的情形。其擺設位置應低於主光。

6. 效果光(**Effect Light**)

包括打特殊氣氛及特殊效果的製造，如閃電、霓虹燈以及配合光特性皆屬之。此種效果在一些靈異節目常用。

因為劇情需要，我們可以靈活的運用照明。但是一般拍攝時機會因為器材不足，或電力供應的關係，無法照書中所介紹一一打光。此時可以天花板或利用反光板，等等各種變通方式來進行創作。熟讀劇本，表現出自己的風格，表現出不失真，適切的搭配劇情需要達到完美，就是良好的照明。

照明的調性

一、硬調照明 (Hard Key)

此方式之照明在畫面內應儘量避免使輔助光線加之於陰影部份，並使高輝度的基本調中之中間調部非常之少。如此明暗對比增大、強、硬調便自然產生。通常日光直射下或是恐怖的照明場合皆適合使用。

二、軟調照明 (Soft Key)

使用較為散光方式的主光光源或是加強輔助光源並使陰影減少出現等等條件配合之主體軟化照明。亦即使得畫面之對比度減少，顯現一片柔和感的照明。

三、明調照明 (High Key，又稱高調照明)

為了造成畫面的輕快感，尤其是喜劇的場合，使用高輝度為基準的照明，儘量使用中間調以上的照明。

四、暗調照明 (Low Key，又稱低調照明)

以暗部為基本調，並多使用中間調以下之明度，表現出厚重的暗部畫面，以表現心理的反應效果。由於使用暗調照明且又要使細節得以描寫出來，因此顯影時應以軟調方式。

五、照明之比例

照明比例一般是以主光源與輔助光之比例而言。也就是在何種照明比例下，可使現場的影像忠實顯現。此種比例範圍在人類的視覺而言可達1000:1、黑白影片達100:1、彩色影片在40:1、電視畫面僅在30:1左右。

打光的技巧

良好的處理陰影與反光，可以使得構圖更有意思及層次感。不良的陰影卻會影響畫面的美感、產生穿梆或破壞戲劇的氣氛。

打光時在平滑的表面或反射率高的物體上都極易產生反光的現象。良好的反光可以表現出物體亮麗的色澤，而不佳的反光會有不當的光暈產生。燈光人員應注意到如何運用陰影與反光的消除。以下就針對陰影及反光的處理，做一番說明：

一、處理陰影的方法

1. 使陰影顯的合理，方向一致，具有意義。
2. 可以運用輔光補去不當的陰影。
3. 適當的遮光，使陰影落到拍不到的地方。
4. 採用散光或加減光濾紙照射主體，使其不致有強烈的反光。
5. 對雙重光源的角度或光源反射的角度可以用改變攝影機的角度或縮小構圖來避免拍攝到有陰影的部份。
6. 移動攝影機和本身，以不拍到陰影爲準；或移動被攝體使陰影變小。

二、處理反光的方法

1. 可以改變攝影機的角度，或物體的角度，使反光不會直接射入鏡頭。

2. 改變燈光角度位置或距離，不要直接打到反射較強的物體上。
3. 使用間接式的打光，如用反光板打光或將光打到天花板上。
4. 在燈光前加上描圖紙或白紗，使用擴散性的燈光。

在拍攝過程中，良好的照明能夠讓觀衆看清楚畫面中的景物並且引導觀衆的注意力，能有效的表現出各種喜、怒、哀、樂的情緒，帶給觀衆不同的感受。攝影師都應該知道如何運用照明使作品擁有不同的面貌。

第四節　色彩與電視照明

經由光的反射，使我們知覺到各種的色彩。色彩的豐富使人感到新鮮、舒適、活潑、快樂的感覺。從光的吸收特性中又瞭解到，人們能看到的是反射光，但紅色的球與黃色球本身並不具備這些色彩，它們只是把無法吸收的光反射出來，成爲色彩的特性。

在我們觀看分辨不同的色彩時，可以發現三種基本的色彩，即色相、彩度、明度。(又稱色彩屬性)

一、色相

就是色彩本身，如紅色、黃色、藍色。

二、彩度

即其具有某種色彩的濃度。如淺黃、鵝黃、深黃、青綠、墨綠等。

三、明度

色彩的明度決定在色彩黑或白的程度。其明度的高低，視色彩所反射的光來決定。越暗表示明度越低，越亮越接近白色則明度越高。通常在地圖上，明度越高(即顏色越淺)顯示較高的山丘，反之越深(低)，越黑(暗)，則爲窪地。

除了以上三種「色彩屬性」之外，色彩具備另外幾種特性，例如恆久性。把一顆紅色的蘋果，從左邊拿到右邊，從亮處移到暗處，它的顏色並不會因此而改變。但有可能因爲其它顏色光的影響，而使電視攝影機拍攝出不同的顏色出來。

色彩顏色的不同，亦可能影響視覺上情感的認知。在習慣上，認爲紅色較爲溫暖，藍色較爲冷淡。而在色彩對於空間、時間與重量的關係上，則以爲紅色有大空間，較近，長時間與重、濃的感覺。而藍色則相反。

顏色的對比，通常可以讓人產生美感。如黑白配、紅配綠、這些都是影響視覺與構圖色彩美感的要素。

色彩的混合

各種豐富、美麗的色彩，主要是用兩種混合方式從基本的三原色加上色彩三屬性，在一般電腦螢幕上，甚至可以變化到全彩的1677萬色，而這二種混合色彩的方式，主要是1.加性混合，2.減性混合，詳述如下：

一、加色法（加性混合）

主要利用不同程度紅光(Red)、綠光(Green)、藍光(Blue)加在一起，而創造出各種不同的顏色。相同的電視攝影機或彩色電視，也是利用螢光幕上的很多點，經由紅、綠、藍的排列，讓觀衆知覺到各種不同的顏色。加色混合中，是越加越亮，因爲當紅、綠、藍三種光混合會呈現白光。

二、減色法（減性混合）

減色法是以紅、綠、藍三種光源混合，產生其它的色光。例如紅光加綠光可得黃光，黃光加藍光又得到白光。按此混合產生白光之色光有相互補色作用。洋紅與綠，天空藍與紅色皆屬之。循此可知紅、綠、藍加色法三原色，黃(Yellow)，洋紅(Magenta)，天空藍(Cyan)爲減色法三原色。

減色法之減色，在光源透過上述濾片之後將使光線的強度減少，一直到得到灰色或黑色，其組合與加色法頗爲類似，只是做法相反而已。

Y+M+C=黑

Y+M=R → R+C=黑

Y+C=G → G+M=黑

M+C=B　　B+Y=黑

由上列公式了解(黃)Y，(洋紅)M，(天空藍)C三種原色在處理光之透過時具有分別吸收B(藍)，G(綠)，R(紅)之作用。。如能了解此種光波吸收的作用，可使拍攝影像層次的掌握更加方便。

色溫

在研究色彩時，色溫的瞭解與控制變成十分的重要。人類的眼睛對於這種光譜的變化，能夠靈活的自動調整。但是以一般電視攝影機的分光系統，卻因色光組成比例的不同，而有很忠實的表達，因而也顯示出偏色或失眞的感覺。

一八九五年英國光學物理學家凱爾文(W.T.Kelvin)，提出「色溫」(Color Temperature)的理論。此理論主要目的在研究運用何種方式才能解決彩色攝影的過程中對不同光源的不同光譜組合。凱爾文用一塊黑合金的鐵塊在火中加熱，在旁放置高溫使用的溫度計，且用一組分光儀器觀察。加熱到某程度之後，黑合金反應出紅色，溫度逐漸升高，紅色漸呈白熱狀，而呈藍色。由此實驗得到不同顏色的光具有不同色溫的結論。而不同色溫的光源，自然也會影響到光體本身所反射出光的顏色。

此實驗中的溫度，是一種絕對溫度(Absolute Temprature)。絕對溫度是將零度，下降273℃。如燭光是黑合金加熱至1500℃所發出的色光，則其色溫爲1500℃+273℃=1773°K取整數爲1800°K，而一般的電視攝像管，測試得知在3200°K時,可以有最好的呈現。而因爲高於3200°K的色光有偏藍現象，低於3200°K則有偏紅的現象，因此3200°K，又稱爲「標準色溫」。

當拍攝的影像產生偏色，就可由偏藍或偏紅，判斷其色溫過高或過低。此時可運用光源(燈光)或濾色片來調色。

一、色溫的調整

在電視攝影機的攝影中，攝像管是以3200°K爲標準。高或低於此標準都必須修正。攝影師須具備對於一般燈光或光源色溫狀況的瞭解，才能拍出最正確的顏色，有關光源之色溫呈現，請參考下表：

	光源種類	色溫值
人工光源	蠟燭光	約1900°K
	家庭用鎢絲燈(100w)	約2800°K
	攝影用強光燈或石英燈	約3200°K
	一般日光燈	約5000°K
	高壓水銀燈	約5600°K
	電視螢光幕	約6000°K
	HMI燈光	約5600°K

	光源種類	色溫值
	日出後與日落前2小時	約4300°K
自	日出後與日落前2小時	約3800°K
然	平常白天(09:-15:30)	約5600°K
光	晴天之正午	約6000°K
源	陰雨或陰處	約6500°K
	高山雪地	約7000°K
	藍天無雲之晴空	約9000°K

從上表得知各種光源皆有其標準色溫，乃因光源內在與外在條件變化而異。拍攝現場環境之背景顏色，拍攝角度等因素都是最直接的影響。另外，使用燈泡的新舊，供電電壓的變化，電視攝像板對紅色靈敏度低，對遠處感光弱的特性，以及室內燈光調節器(Lighting Dimmer)使用等，都會直接影響到色溫的條件。

在濾色片使用於光源修正時，對於光源能量分佈不均勻的情況，事實上皆有此問題產生，所以縱使使用色溫錶對著這些光源測試，也無法得出眞正的色溫值。所謂均勻分佈特性的光源，以白熾燈(Tungsten)與戶外日光(Daylight)最爲標準，所以一般也較使用此兩種特性良好的光源，爲主要拍攝光源。

除了對於各種光源的色溫做概括性的瞭解之外，更重要的是如何避免雙色溫(Double Color Temperature)的產生。其實在棚內攝影中，要對燈具的使用加以控制，儘量使用相同色溫的燈具。若因爲光源不足，須使用到不同色溫的燈具，可以加上燈光紙來調整成相同的色溫，而在拍攝時儘量關去容易閃爍且色溫不穩定的日光燈。在統一光源上對白燈管或窗戶照射進來的陽光，可加上琥珀色燈光紙，來調整使色溫使之接近3200°K。

一、電視攝影機的色溫調整

在拍攝時，以人眼或色溫表確定主要光源之後，其餘光源則依據主要光源來調整其色溫。在確定場景中單一色溫之後，調整電視攝影機上的濾色鏡盤(Color Filter Wheel)，通常有3200°K、5600°K與5600° +25%ND的色溫補償鏡片(Color Balancing Filter)可供選擇。而誤差可使用自動平衡電路(Automatic White/ Black Balance Circuit)來修正，即對白或對黑。

二、對白的方法：

1. 將攝影鏡頭對向白色物質(白紙或白牆壁)，使觀景器出現滿框之白色畫面。爲避免亮度太強傷及攝像板，焦距應調爲模糊(Focus Out)，此時光圈自動控制便可。按下自動白平衡裝置3～5秒鐘。黑平衡的調整時，只要按下Auto Black Balance，攝影機就會自動關光圈進行黑平衡動作。
2. 亦可利用攝影機控制器調整。在任何電視拍攝場合，當燈光完成設定開始之前，一定要先行白平衡與黑平衡的校正。而電視攝影棚內作業時，這些工作皆由副控室內的攝影機控制器(C.C.U)處理，其調整過程非常容易。

拍攝電視節目時燈光的注意事項：

一、 注意到棚內的電力瓦數電視攝影需要很強的光源，一般少則五百瓦，一千瓦甚至五千瓦。使用時，因此至少應估計棚內的電源。一旦超過負荷、跳電，勢必十分麻煩。因此在估計可以接多少燈具之外，延長線最好使用有保險絲的延長線，即使燒掉，也只需更換保險絲即可。

二、 使用濾紙時，應注意到避免漏光，而產生雙色溫的情形。濾紙放的太近或太遠均不合適，太近容易燒掉，太遠容易漏光。可使用鐵絲和木夾子固定濾紙。

三、 拍攝時，要注意到是否連戲，而光源的記錄就十分重要，除了場記需標明燈光的使用及擺設位置以外，也可在地上貼膠帶，避免常常更動燈光，而忘記了燈光的擺設位置。

關鍵詞彙

白熾燈	石英燈
HMI燈	杓燈

遮光板　　反光板
旗板　　雕花葉片
鐵紗網　　調光控制器
燈光的敘述性功能　　創造與提示的功能
表現空間的功能　　打光的步驟
主光　　背光
補光　　背景光
硬調照明　　較調照明
高調照明　　低調照明
照明比例　　處理反光的方法
基本燈光　　色溫
光的基本特性

參考文獻

一、中文部份：

王瑋、黃克義譯　(民81)，電影製作手冊。台北：遠流出版社。

陳清河　(民80)，ＥＮＧ攝錄影實務。台北：合記圖書出版社。

陳清河　(民76)，電視電影技術研究。台北：合記圖書出版社。

陳清河譯　(民76)，電影製作概論。台北：合記圖書出版社。

張敬德　(民76)，電視工程實務。台北：合記圖書出版社。

廖祥雄譯　(民78)，映像藝術：電影電視的應用美學。台北：志文出版社。

二、英文部份：

Zettl, H. (1992). Television Production Handbook. Belment, CA: Wadsworth Publishing Company,Inc.

CHAPTER 6

音效製作

本章摘要

本章主要向讀者介紹電視節目製作的成音部份。成音部份之所以重要，正如同人類依靠聽覺來感知外在的世界，假若聽覺不佳，則人類無法感受到聲音的奇妙。如果電視節目內容欠缺良好的成音，則電視節目的效果勢必大打折扣。期望讀者閱讀本章後能對成音製作有所瞭解。

音效製作概說

音效製作的意義與重要性

音效製作的發展過程

音效製作的原理

成音系統的限制

電視節目音效製作的流程

拾音與錄音

麥克風的種類

訊號轉接頭

監聽設備與音量表

使用麥克風拾音之原則

減少拾得雜音的方法

棚外作業時使用麥克風的應注意事項

電子合成音效之製作

MIDI

電子合成器

電腦的應用

聲音的美學藝術

聲音的要素

音樂的配音方法

第一節　音效製作概說

音效製作的意義與重要性

音效製作的意義有廣義與狹義之分。廣義的音效乃泛指電視節目上除了不必要的雜音外之所有聲音。這些聲音來自於音樂(Music)、聲音效果(Sound Effects)、對白(Dialogue)三者。而狹義的音效乃專指聲音效果而言。如製作時所用的風聲、汽笛聲、人聲以增加畫面熱鬧的感覺。本章所稱之「音效製作」之「音效」是採廣義的定義，如指狹義的音效時，則稱之爲“聲音效果”。

音樂是指節目中的音樂部分，可能是選擇樂曲播放也可能是自製音樂；而聲音效果是聲音中的效果部分，如車聲、風雨聲、市場中喧嘩的人聲等。聲音效果可以是現場拾得的，也可以選用特殊效果音樂帶，或者以電子合成樂器等樂器製作。而音效製作的意義，除前面所提到的音樂、聲音效果、對白之外，尚包括錄音的工作皆屬之。廣義的錄音工作是指現場收音及事後再將所拾得的聲音作剪輯錄製的程序。而狹義的錄音則單指現場收音的過程。拾音乃是指用聲音拾取設備(Sound Pick-up Device）拾取聲音的過程，最常使用者乃經由麥克風收音。

大多數人對電視的印象只是電視的視覺效果(Visual Effects)，而忽略了聽覺的效果(Audial Effects)，認爲電視上的聲音僅做輔助畫面之用。這理由是畫面中必然會產生某種聲音，聲音的出現是理所當然的。其實，聲音可以補充並加強視覺效果而使畫面上的訊息更加地完整。所以聲音與畫面應是同等重要，在製作上的要求應不宜有所偏廢。

音效製作的發展過程

早期的音效製作幾乎只是專指錄製畫面中人物所說的話或對白而已。其主要的原因之一，乃由於當時電視節目的構圖方式，大多只是拍攝主體的半身景而已。如拍攝議會議事情形、演講、或訪問節目等，其聲音部份就眞的只是單純的說話而已，觀衆對這樣的表現方式似乎並不感興趣。單純說話的聲音表現方式在某些觀衆主動關心畫面上人物所說的話的情況較爲適用。如新聞事件中的受訪人、總統除夕談話、或某公衆人物談他的心路歷程等。且此時畫面中的訊息不宜太多或太搶眼，以避免轉移觀衆的注意力，忘了去聽人物在說些什麼。

其次，傳統的觀念認爲，電視畫面上的表現遠比聲音上的表現來得重要。因爲對於同一意念，從畫面上就比從聲音上表現容易的多，也就是新聞學上所說畫面的可讀性(Readable)高於聲音，畫面較聲音容易表達且易於爲人所接受及使人感到興趣。

再者，早期音效製作設備的效果較差，尤其是麥克風，只能以很靠近音源的收音方式來拾得清楚而雜音小的聲音。

但麥克風靠近主體又很容易不當地出現在畫面中，所以聲音常因畫面的考量且被犧牲。其次則因電視製造廠商並不注重電視機喇叭效果，廠商們認爲電視機喇叭只要單純地能播放出聲音就已經足夠。此一現象也造成了電視節目製作對聲音的不重視，因節目中的聲音製作得再好，電視機喇叭也播放不出來。

直到一九八〇年代以來，音樂節目(Music Video)與MTV (Music Television)的發展，造就了聲音的重要性與畫面的並駕齊驅，甚至凌駕其上，居於一個支配整個電視節目成功與否的重要關鍵地位。由於音樂節目與MTV非常重視效果與感覺的表現，而這個注重音效的趨勢也帶動了其他節目對音效的重視。加以構圖方式的日益活潑與多元化、電視機喇叭也因電視節目重視音效的趨勢而得到良好的改善。如此良性反應之下，電視節目的聲音必然漸受重視。逐漸地，在電視節目的製作上對聲音與畫面已給予同等重視。即使是音樂節目或MTV，若聲音能夠成功的配合畫面表現，將更能表達出歌曲的意境。

由前述音效製作的發展過程可知，電視節目製作應充分利用影像與聲音的個別特性，並加以適當結合，才能完全地表達意念與訊息。只偏執於某一邊，將不能充份發揮電視媒體的特性。畢竟只有聲光兼具的節目效果才能引起觀衆的興趣。唯聲光兼具的節目，乃指適度將影像與聲音特性加以組合者，並非一般所見令人眼花瞭亂地賣弄聲光效果。

音效製作的原理

音效製作涉及兩項重要元素，一爲麥克風，一爲喇叭，以下分別將其原理介紹之。

一、麥克風

麥克風之於聲音，一如攝影機之於影像，唯其所捕捉者，一爲聲音，一爲影像。麥克風的成音原理與人耳相似，皆是因爲空氣的震動而產生。人耳內有耳膜，耳膜感受到空氣震動所產生的音波亦隨之震動，並將此震動傳遞到腦中而形成了我們所聽見的聲音；而麥克風亦然，麥克風內有一震動膜(Diaphragm)，震動膜感受到音波而震動後產生了電流能量。震動的程度有大有小，因此也造成了不同強度的電流。這些電流能量可以爲電視製作設備所使用，如再生或剪輯，也可以記錄在錄影磁帶上以供儲存。

二、喇叭

喇叭亦稱揚聲器，麥克風將音波轉爲電能或再經轉換變爲磁能儲存後，如欲再生(Reproduce)還原，則必須藉喇叭才能原音重現。喇叭再生聲音的過程恰與麥克風相反，喇叭內有磁鐵形成磁場，磁場內有線圈，線圈旁邊有震動膜，當電子訊號通過時，線圈即能感應電流的方向與大小而運動，線圈運動連帶地使得震動膜亦隨之運動。此時空氣受震動膜的震動而發聲，於是人們便能聽到所拾得或錄製下來的聲音。

綜前所述，聲音是由於空氣的震動而產生，麥克風將音波轉變成電能，如欲儲存於磁帶上則再轉變成磁能，而這也是拾音(Sound Pickup)的過程；喇叭將電能轉換成音波而發聲，例如再生磁帶上所記錄的內容，則先經磁頭將磁能轉變成電能。其過程如圖6- 1 如下：

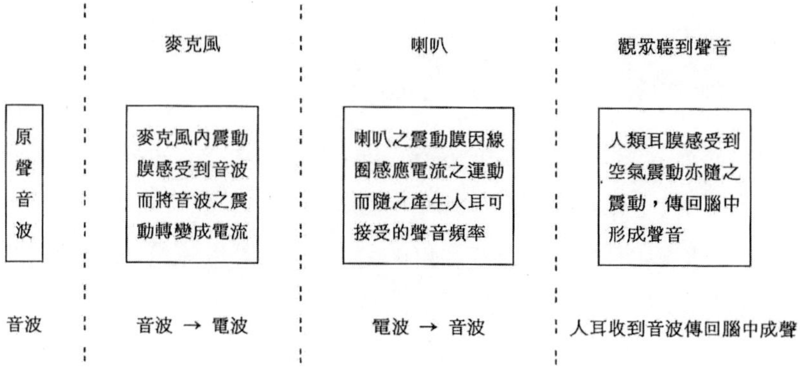
麥克風
喇叭
觀眾聽到聲音
原聲音波
麥克風內震動膜感受到音波而將音波之震動轉變成電流
喇叭之震動膜因線圈感應電流之運動而隨之產生人耳可接受的聲音頻率
人類耳膜感受到空氣震動亦隨之震動，傳回腦中形成聲音
音波
音波 → 電波
電波 → 音波
人耳收到音波傳回腦中成聲

圖6-1　音效錄製的原理過程

成音系統的限制

現在的成音技術已經能達到再生與原音頻率範圍非常相似的聲音效果。相較於影像系統，因爲成音系統所涉及之層面較簡單，所受到的限制亦較少。如使用靈敏度非常高的麥克風與高傳眞的喇叭，雖然在音波轉換成電子訊號再還原的

過程，或多或少地會有一些失眞，但仍能產生非常接近於原音的聲音。依前所述，以前的電視機製造廠商並未重視喇叭的品質，也許這應該是過去成音系統所受到最大的限制。但隨著電子科技的發展，現在電視機喇叭的品質已不再是一個瓶頸；再者，數位化錄音設備的逐漸採用，將使聲音與電子訊號互相轉換的過程不會受到失眞的影響。

電視節目音效製作之流程

音效製作之流程可粗分爲三階段，以下分別敘述之：

一、音效前期製作 (Pre-production)

音效前期製作的主要目的是使製作人員瞭解節目預期之整體表現，並預做規劃，其工作項目包括：

1. 了解節目內容與節目所欲表現之意念
2. 構思節目中各部份之聲音（音樂、效果、及製作中所錄之聲音）如何表現
3. 現成音樂及效果音之蒐集
4. 收音現場的實地勘景
5. 播錄音工作人員之確定。

二、音效製作期 (Production)

音效製作期間主要的工作包括編製樂曲、演出及現場收音(Sound Pickup)等。

三、音效後期製作 (Post-production)

音效後期製作主要的工作包括剪輯、過音、效果合成等

等。

第二節　拾音與錄音

麥克風的種類

考量音源特性及拾音現場狀況之不同，麥克風設計有許多不同的種類，製作時則可視個別狀況或特性的需要，而分別採用。麥克風的分類方式有：1. 以電能轉換材料分類；2. 以阻抗大小分類；3. 以指向性分類；4. 以輸出感度分類；5. 以麥克風與主體的位置關係分類。分點敘述如後：

一、 以電能轉換方式可區分有：1.碳精式麥克風；2.晶體式麥克風；3.電容式麥克風；4.動圈式麥克風；5.鋁帶式麥克風。玆分述如下：

1. 碳精式麥克風 (Carbon Mic)

碳精式麥克風的原理是音波對其內部碳素成分施加壓力，以使電阻發生變化而將音波轉為電子訊號。其輸出力強，但失真率大，穩定性差，普通電話機之傳聲系統即為此類，在一般棚內外作業中皆早已不使用此種麥克風。

2. 晶體式麥克風 (Crystal Mic)

晶體式麥克風也有稱之為壓電式麥克風，具有輸出力強、體積小、價格低的優點；其缺點爲對高溫與濕度特別敏感而易於損壞，尤其在潮濕的天氣時。此種麥克風除了使用於內部通話系統外，目前電視節目製作過程，通常也已不使用。

3. 電容式麥克風 (Condenser Mic)

電容式麥克風的原理爲震動膜因音波振動使內部二電極之間的距離發生變動，而靜電容量亦隨之變化，產生了電子訊號。在使用電容式麥克風前須先加一級放大電力的裝置及加裝電池供電。此種麥克風的優點爲對聲音靈敏度高、高音域清晰度、透明感及低音域分解效果很好； 其缺點爲因內部結構的接點多，而易於拾得擦過音如風聲等之雜音。此麥克風爲專業用麥克風的一種，亦常爲外景作業所使用。目前所見之小蜜蜂及指向或超指向麥克風等皆屬電容式麥克風。

4. 動圈式麥克風 （Dynamic Mic or Moving Coil Mic）

動圈式麥克風是利用磁場變動而產生電流的原理拾音，爲專業用麥克風的一種。其優點爲音質好、輸出力強、失眞度低、雜音少、機動性高、不會受到氣候的影響，常用於棚外作業之中。但比較上，靈敏度並不比電容式理想。

5. 鋁帶式麥克風 (Ribbon Mic or Velocity Mic)

鋁帶式麥克風的原理與動圈式麥克風大致相同，此種麥克風傳眞度佳、音質清脆、對頻率的反應特性良好，爲專業用麥克風之一種。但因其體積大、對風甚爲敏感且不能受太大震動，常用於棚內作業之中。在使用此種麥克風時，因其輸出力弱、產生磁力線數少、電壓低，故須配合變壓器使用。

二、以阻抗大小可區分有：1.高阻抗式麥克風；2.低阻抗式麥克風。而所謂阻抗(Impedance)，係指回路所加電壓與內部電流比，而不論是高阻抗或低阻抗式麥克風，在使用上皆應注意其錄音設備是配合哪一種麥克風而設計的。茲將此兩種分類分述如下：

1. 高阻抗式麥克風

阻抗過1000Ω者稱之。阻抗愈高，輸出愈大，靈敏度好，但易拾得雜音，且對於高頻率或對低頻率反應不佳， 亦即此種麥克風頻率之反應較窄。通常來說，頻率之反應愈寬愈好。又因阻抗高，不能使用太長的延長線，否則容易有雜音，且高音的音量會較弱。在使用時以近距離收音效果較好。

2. 低阻抗式麥克風

阻抗在50Ω～400Ω之間者稱之。此類麥克風因阻抗低，故能很隨意地使用延長線，拾得雜音很少，爲專業用麥克風之一種，唯其輸出小，需經前級放大才可使用。

三、以指向性(Directionality)區分有：1.無指向性麥克風；2.單指向性麥克風；3.雙指向性麥克風；4.超指向性麥克風。所謂指向性是指麥克風是否具有對某個特定方向拾音效果較好的特性，換句話說，也就是麥克風是否對某個方向有較大的拾音範圍。茲將前述麥克風分述如下：

1. 無指向性麥克風 (Omni-directional Mic)

無指向性麥克風並沒有特定的拾音方向，只要是該麥克風的一定距離以內，都可以拾取到。也就是由於沒有特定的拾音方向，麥克風周圍不論主要音源或雜音都會被拾取到，所以在雜音極大的環境下及室內錄音時並不適合使用，但此種情形卻適合於記錄片的拾音。此麥克風不易收到呼吸聲及風聲，且外景現場的整體感較好，適合外景作業用。

2. 單指向性麥克風 (Uni-directional Mic)

單指向性麥克風的拾音僅可收到麥克風所指的方向。也因為只能收到單一方向的音源，故對於主要音源的收音較清晰、且失眞度小、雜音少、還可避免混響現象，適合用於吵雜的環境。又此類麥克風所拾得的聲音與人耳相近，拾音範圍類似心形狀，又稱心式麥克風(Cardioid Mic)，是專業人員最常使用的麥克風之一。在使用時應注意近距離收音時避免讓風直接吹入，且應加上遮風罩(Windscreen)。其次，遠距離收音時，低音的衰減會較高音明顯。再者，如能使用附加低音衰減(Low Cut Off)將可加大麥克風指向性與麥克風的使用特性。

3. 雙指向性麥克風 (Bi-directional Mic)

雙指向性麥克風的拾音範圍在前後兩端。由於此一作用並不大且使用的情況也很少，多用於錄製對話性質的訪問節目使用。雙指向式麥克風較大的好處是可免雙向音源不均的情況。

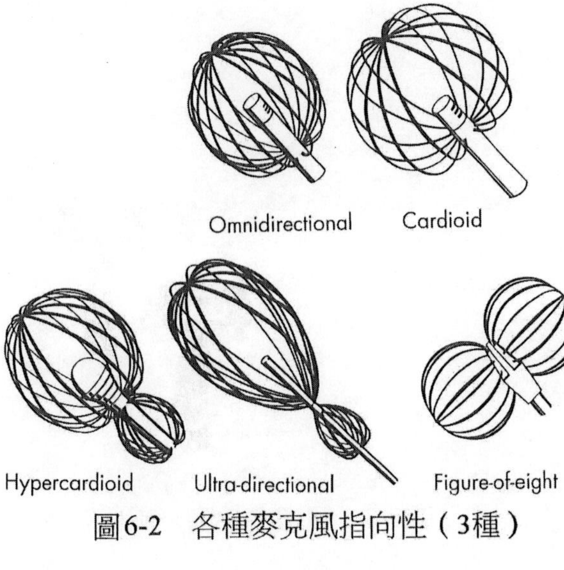

圖6-2　各種麥克風指向性（3種）

4. 超指向性麥克 (Ultra-cardioid Mic)

超指向性麥克風的拾音範圍爲麥克風所指方向，與單指向性麥克風同。其不同者在超指向性麥克風前方的拾音範圍較遠，且對左右周圍的拾音範圍較小，拾音角度很窄，請參閱下圖即可一目了然。唯因拾音角度窄，如音源稍有移動則常有收不到聲音的情況，控制不易。故應隨時監聽聲音，特別在主體移動時麥克風也要跟著做調整。超指向性麥克風由於拾音範圍的特性，對其正面及正面遠處的拾音效果很好、雜音小、能拾得很清晰的聲音。使

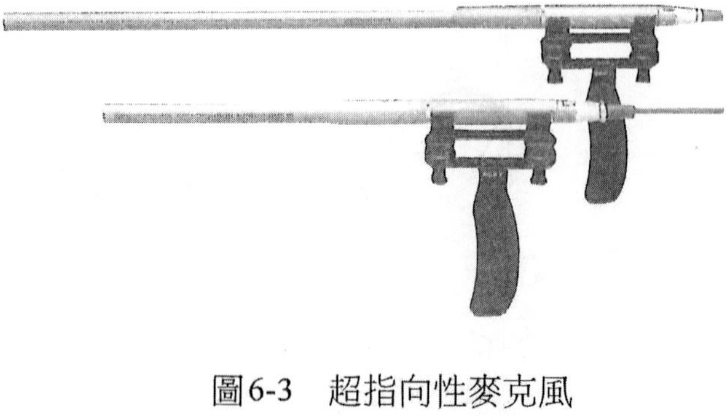

圖6-3　超指向性麥克風

用超指向性麥克風拾音，感覺起來很像手持著槍一樣，所以也有將超指向性麥克風稱為槍式麥克風的(Gun Mic or Shotgun Mic)。此種麥克極為靈敏，因此，收音時經常收到風聲及受訪者的聲音所以必須使用遮風罩。

四、以麥克風的使用方式區分，在電視製作時的實際使用上，為了錄製過程之方便，將麥克風以各種方式裝設，調整麥克風與主體的位置關係，以便利拾音作業及拾得到更好的聲音。而依此種麥克風的使用方式區分類，可分為下列各種：

1. 吊桿式麥克風 (Boom Mic)

將麥克風裝設在吊桿(Fishpole)上的，稱為吊桿式麥克風。吊桿式麥克風易於跟隨音源移動，且容易控制麥克風位置，以得到最好的拾音效果。也就是由於活動方便、控制靈活，可防止麥克風出現於畫面中。不過有時候因音源太遠，可能也會造成吊桿式麥克風出現於圖框中的情形。因此，如音量過小或聲音的深度控制不適用時，可能就要改用其他種類的麥克風。一般多使用單指向性麥克風裝置為吊桿式麥克風，而使用單指向性麥克風為吊桿式麥克風者，其拾音的最佳位置為距離主體約四呎遠，三呎高，且麥克風直指音源主體位置，如圖6-4所示。

圖6-4　吊桿式麥克風圖及適當的收音位置

2. 手握式麥克風

可供音源主體以手握的方式來收音者稱之，一般家用唱卡拉OK的麥克風就是手握式麥克風。手握式麥克風可以是有線的，也可以是無線的，主體可手握著移位，故方便於移動的收音狀況。常見使用於歌唱節目、綜藝節目、及訪問節目等。

3. 桌上型麥克風

桌上型麥克風，是指將麥克風架於桌上之小型支架上者，但由於設計上本身是用於桌上的，故移動不便，且架於不平坦的桌面上可能會有容易晃動的情形。不過，此一情形可以在桌上加墊布的方式來克服。此類麥克風多用於新聞節目及訪問節目。

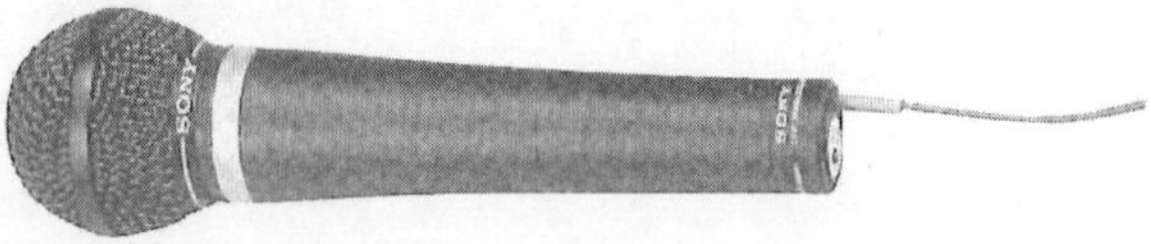

圖6-5　手握式麥克風

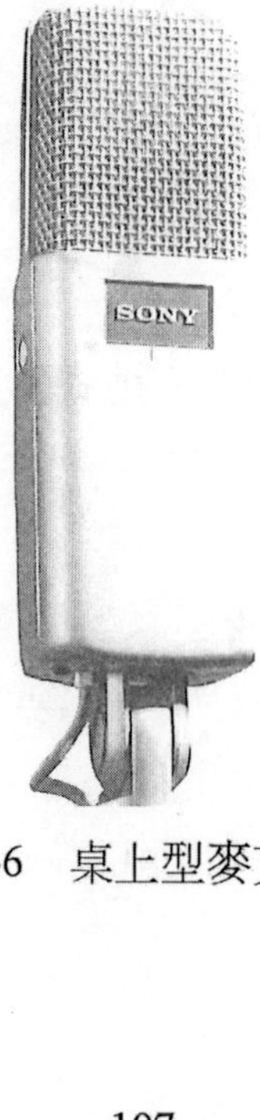

圖6-6　桌上型麥克風

4. 立地式麥克風 (Stand Mic)

立地式麥克風即是麥克風架設於一立地支架上者，常用之於現場演講歌唱節目、綜藝節目。立地式麥克風由於體積大不易移動，且容易被觀衆所看見，不適合必須隱藏時使用的場合。

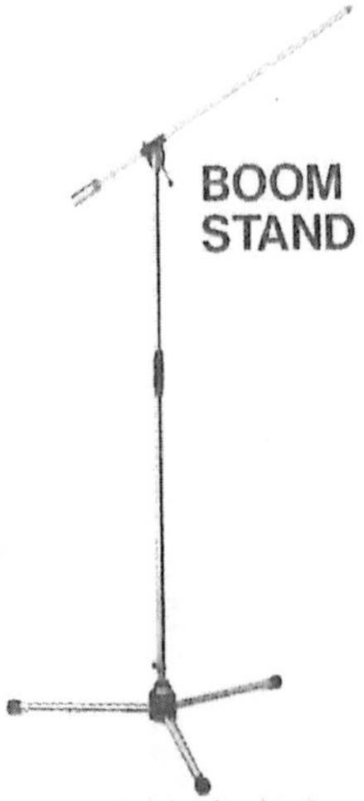

圖6-7　立地式麥克風

5. 配掛式麥克風

音源主體配掛一有線的小形麥克風者稱之，一般於新聞節目、訪問節目、及綜藝節目等均常見主持人配帶此種麥克風。

圖 6-8　無線式麥克風

6. 無線式麥克風 (Wireless Mic)

只要是不必用音源連接線與錄音設備連接之麥克風均爲無線式麥克風。它主要是爲無線電訊號傳送音源訊號主機，再由主機擴大分配至錄控設備。無線式麥克風可分兩種，一爲頸掛式或夾掛式麥克風(Lavaliere)，二爲其他手持無線麥克風。頸掛式麥克風可戴於音源主體衣領及領帶，體積很小，易於隱藏，觀衆不容易察覺此種麥克風，也就是這個緣故，常用於戲劇節目中。頸掛式麥克風應放在人物嘴前十五至廿公分處，使用時須注意可能會收到衣服磨擦的聲音。此時應再調整或黏貼麥克風的位置，且主體應避免有過大幅度的動作。頸掛式麥克風只能清楚收到該佩戴者的聲音，所以在很多音源主體時，各主體應佩戴一支頸掛式麥克風。除非在音源主體間皆很接近的情況下，否則一支頸掛式麥克風無法收到條件相同的聲音。頸掛式麥克風以外的麥克風，只要是無線的均爲此所指之其它之無線麥克風，如前所提及之無線手握或直立吊掛式麥克風皆是。

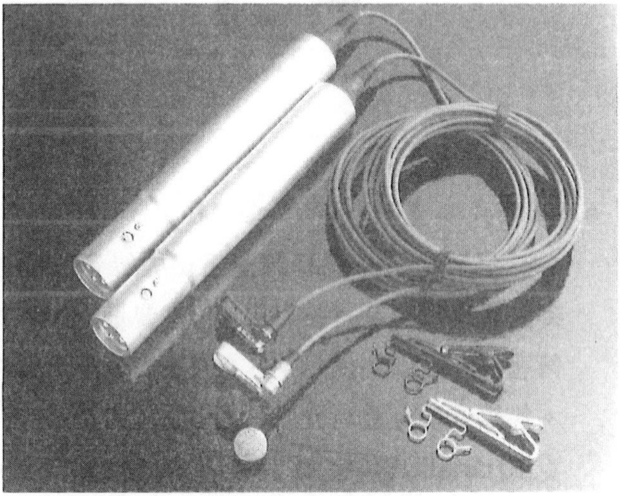

圖6-9　頸掛式麥克風圖

7. 隱藏式麥克風 (Hidden Mic)

麥克風隱藏起來收音者稱之。隱藏式麥克風使用時應注意，如麥克風的放置位置周圍放有會移動的物體，或麥克風放置於移動的物體之中，如此可能拾得移動而產生的雜音。又麥克風放置處旁應盡可能清除所有會製造雜音的物體。隱藏式麥克風本身並不能移動，所以拾音範圍並不大，如有演員走位的情形應使用頸掛式麥克風，或其他能佩戴在演員身上的麥克風。假使不能將麥克風佩戴在身上，應放置數支麥克風拾音，如演員由A點移動至B點，但只在A、B兩點上說話，則此時應放置兩個隱藏式麥克風於A B兩點上。

訊號轉接頭 (Connector)

轉接頭是各種設備之間連接的橋樑，位於線路的端點之處。各式接頭均有公有母，兩者銜接線路就可接通。有的線路的兩端接頭的種類並不一致，有的線路一端可能並不只有一個接頭，此類線路可用做轉換線用。

一、XLR接頭

一般麥克風的接頭多為此類，該接頭有三個端點，其下的兩個端點為負載聲音轉變的電子訊號用，另一個端點為接地用的保護裝置。而所有的接頭中只有此類接頭是兩條負載聲音訊號的線加上一條接地線，

二、RCA接頭

有稱RCA接頭為針形接頭、蓮花或梅花接頭的。一般家用電視機後面接錄放影機、音響等就是用此種接頭。

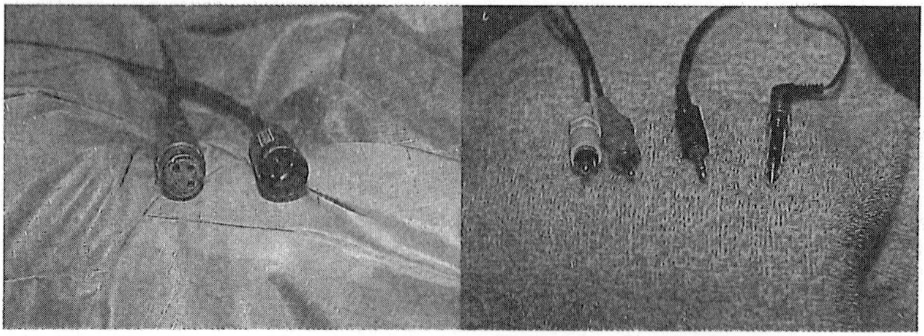

圖6-10　XLR接頭，RCA接頭，Phone接頭

三、Phone接頭

一般麥克風的接頭除爲XLR接頭外，也有很多種是用Phone接頭的。Phone接頭有單聲道(Mono)也有臨場感的立體聲用(Stereo)；立體聲的接頭上較單聲道的多了一圈，由於單聲道的聲音較不具眞實感，現在已經很少。Phone 接頭依大小還有分大中小三種，其中小型的也有人稱之爲Mini Plug。

、監聽設備與音量表

在音效製作中，不論是前製作、製作或後期製作皆要時時刻刻地對所拾取或所錄製的聲音予以監聽，如此才能拾得或錄製出理想的聲音。常用的監聽設備有耳機及喇叭兩種。此外，音量表也是決定音量大小的重要參考依據，以避免錄製時音量過大。

一、耳機 (Headphone)

使用耳機監聽將不會干擾拾音過程的進行，且耳機由於貼緊耳朵，所放出的聲音不會受到環境的影響如環境雜音或受他人所製造的雜音干擾。選用耳機時除了音質方面的要求外，還要使用能充分隔絕外部聲音，且長時間戴起來也不會有壓迫感的。在外景作業時大多使用耳機監聽，其原因除上述優點外，事實上由於電源供應不易，也很難使用喇叭監聽。

二、喇叭 (Speaker)

電視節目製作時所使用之喇叭由於可以任意調整聲音條件如音量、立體聲、回音(Echo)等。使用前必須先將各種聲音條件的調整鈕調回原位，否則並無法確定所聽到者與實際上所錄到者相同。喇叭的優點是輸出大，易於分辨出較小或較柔弱的聲音，如欲製作出效果較好的聲音，自然以喇叭監聽較爲方便。在使用喇叭監聽時應注意不要干擾到拾音過程的進行。

三、音量表 (Volume Unit Meter，VU Meter)

由於耳機與喇叭的音量大小可調整，錄製時常會因不能準確地知道音量，而造成錄出來的聲音與監聽到的聲音大小不同。傳統上，音量表分有兩類，一種是指針式的，另一種是燈式的。隨著音量的大小不同，音量表上指針所指示的位置也不同。另外，音量表亦有高科技產品的設計如液晶音量表。指針式音量表上的刻度有兩種，上面是以分貝(dB， decibels)爲單位，下面則是以百分比爲單位；燈式音量表上的刻度單位，左邊是PPM ，右邊是分貝。一般而言較適合的音量大小爲-10 dB～0 dB，即25%至30%之間到 100%及+2至+12PPM。超過0dB、100 %或+12PPM 的聲音(即到紅線上或紅燈的前一個位置)則會因音量太高可能會失眞；而不滿刻度的最低點即-20 dB、0 %或+0PPM，則音量太低。

如何使用麥克風拾音之原則

使用麥克風拾音前應先做好計畫，即選擇要拾取哪一種聲音(Sound Selection)，如麥克風應擺在什麼地方收音、是否現場使用混音器、使用幾隻麥克風收音及決定最後播出的聲音應是如何等。其次，應決定聲音的音源數量及音質，以做爲拾音方式的依據。如欲拾取多少音源、是否應將之混音、各種音源之音量大小、音調與音色等。下列將以各種拾音方式來說明應如何使用麥克風拾音。

一、對話 (Dialogue)

對話的拾音，最常使用者爲指向式麥克風，這是因爲該麥克風能清楚拾得對話聲且雜音又少的緣故。但如果音源特性要的話，也可採用其他型式的麥克風，如須要較大範圍或較多環境雜音時，就可使用無指向性麥克風；而又如畫面上對音源主體拍攝遠景，則可使用超指向性麥克風。錄製對話所使用的麥克風，就麥克風的電子材料來說，一般常用電容式麥克風與動圈式麥克風，電容式麥克風的傳眞性較佳，而動圈式麥克風的低音頻率範圍較大。再以阻抗高低來說，低阻抗麥克風能接較長的延長線，主體活動範圍大，易於拾音。此外，就麥克風與主體的位置關係來說，常用吊桿式麥克風及無線麥克風，因爲這兩種麥克風易於移動及隱藏的緣故。錄影帶上大多有兩個以上的聲音軌道(Audio Channels)。我們可以利用此兩個軌道，分別錄製兩種不同麥克風所拾取的聲音。雖然要多架設一支麥克風比較複雜且耗時，但如此在後製作時對聲音的選擇將更有彈性。

在錄製對話時通常使用兩支以上的麥克風。如果只有使用一支麥克風的話，就要常常移動麥克風來對不同的主體收音。但如此並不容易確認是否在相同的收音位置收音，也就是容易造成先前對某一個人拾音的麥克風位置，與之後對相同一人拾音的麥克風位置並不一樣的情形。而且只用一支麥克風操作不太容易，對於不同主體的聲音音量大小不一致或音調不同的情況下，就不易拾得較好的聲音。聲音大小不一致可在事前調整麥克風的位置，在兩者間取得一平衡位置。也就是以距離音量大的主體較遠，距離音量小的主體較近的方式，來折衷決定出最適當的拾音位置。在音調不同方面，只能儘量要求主體在說話時，音調較雄厚者說話較柔弱些，而較柔弱者說話較雄厚些，此外，別無其它方法可言，所以最好還是使用兩支以上的麥克風進行收音較爲理想。使用兩支以上的麥克風將使拾音作業更爲方便，且可直接配合前級放大器或混音器使用。配合前級放大器或混音器可直接將各種音源做不同條件(如音量大小或遠近距離)的混合而直接錄在一個Channel上。在外景作業時，也常見有使用攜帶式混音器者。但最好的方式還是將各個麥克風所拾得的聲音分別錄下，在後製作時再決定最後播出的聲音。這種方式，由於在後製作時具有較多時間做對音源條件的選擇，而在製作上較具彈性，故爲一般最常使用的錄音方式。

外景作業時，在某些背景十分吵雜的情況下很難錄製人物的對話聲。如劇情中男主角下直昇機與女主角相遇，由於直昇機螺旋槳及引擎運轉的聲音極大，如果眞的拾取男女主角當場的說話聲，錄下來的聲音可能會很不清楚，甚至根本聽不出來他們在說什麼。這種情況的拾音方式通常是在事前用對嘴(Lips Sync)的方法來錄製。演員先將其對話錄下，音效人員再將對話與直昇機的聲音混合錄下就可以了，不必眞的錄下演出時的聲音。唯在實地拍攝時，要先將錄好的對話做一個提示軌(Cue Track)，放給演員聽，如此演員就可以聽已錄好的對話對嘴演出。

二、旁白敘述 (Voice-Over)

旁白敘述是用來解釋畫面所經常使用的手法，可輔助做爲畫面鏡頭內容之說明，亦可以複雜的程序，指示畫面中的某人正在想什麼，或再次表現出某人的沉默。敘述的拾音方式較爲簡單，因爲錄製敘述的那個人並不出現在圖框中，所以沒有如對話的收音或對嘴的問題，只要將麥克風保持在畫面之外通常用單指向性麥克風來錄製旁白敘述，就麥克風與主體的位置關係來說，以桌上型、立地型、或吊桿式麥克風爲佳。如果說話的那個人不必拿稿，手握式麥克風也是很好的選擇。

敘述的錄製可以在攝影棚內錄音方式也可以在攝影棚外，在棚內拾得的聲音較清楚，但感覺較不眞實，因聲音很單純地就只有敘述聲音而已，並沒有環境雜音。而外景錄製的敘述，雖感覺眞實但雜音卻比較大。如實地到菜市場去錄敘述就比棚內錄來的眞實，但雜音卻較大。一般還是較多於棚內錄製，還要到菜市場收環境雜音，在後製作時再混合剪輯出理想效果的聲音，而這也是比較理想的製作方式。

在錄製旁白敘述時應注意小心拿稿，以免收到稿紙翻頁的聲音，尤其是在棚外錄製時，稿紙最易受風吹而擺動。稿紙不能黏在一起，因爲翻頁也會造成雜音，錄製敘述的演員必須小心地將唸完的稿紙鬆開，然後拿起稿紙放到另一邊，再拿另一張稿紙來唸。而最好的方法是將稿紙放入塑膠封套內，這樣就不會產生雜音。此外，唸稿時應注意不能將稿紙擋在麥克風前，且唸稿者的嘴巴與麥克風的距離應保持一定，不能因爲要看稿而轉頭，以致於嘴巴未正對麥克風。稿紙最後的句子必須是完整句子，以免發生唸稿來不及或拿稿太快而引起雜音。

三、音樂 (Music)

音樂有營造與烘托氣氛、加強動作、交代場景之時間與地點、掩飾及補充內容、轉場等作用。節目中配製的音樂，可能是使用現成的音樂來播放，也有可能是自行製作播放的。如採用現成的音樂，在配樂時應注意音樂與畫面旋律及節奏的配合。而使用各式錄音機直接 於後製時剪輯上去的話，要算準音樂播放的時間是否與畫面同步，如果是錄於錄影帶上的，可先以預看(Preview)來確定是否找到正確的 in、out 點。最好的方式是使用時碼剪輯(Time Code Editing)，則可更確定與畫面的同步。

自製音樂的錄製方式可以在現場直接混音錄下，也可以分別錄下各種音源再於後製作時剪輯，與對話及敘述相同。而如果具有足夠的預算、以及後製設備時，爲追求較好的效果，應採用後製作的方式。直接混音錄下者，錄完後不易校正，且事前須做較完善的前製作業，如此各種聲音條件才能得到良好的混合比例。而事後剪輯方式，因聲音是個別錄下，前製準備工作只要確定各該聲音是否清晰即可，播出的聲音應是如何則於後製時慢慢推敲，以得到最佳的聲音。有些大型的音樂製作如管弦樂團，因注重聲音品質，所以大多使用後製剪輯方式。但因爲使用了太多的麥克風，混音器或前級放大器上可能輸入(Input)分路不夠，如使用太少的麥克風，卻可能又只收到打擊樂器及銅管樂器的聲音或一些重點式的樂器，缺少整個樂團的感覺。此時只能增加混音器或前級放大器或者是擇重點使用麥克風。

不論是何種錄音方式，在拾音時可將錄影帶的兩個聲音軌道，依不同音源間的兩種不同比例的聲音條件或其一加入環境雜音來製造出立體聲(Stereo)的感覺，如此將使聲音更具有臨場感。

四、聲音效果 (Sound Effects)

效果具有加強戲劇效果、引導及刺激心理反應、交代背景、暗示、及轉場的作用。效果依內容需要而來，最常見者如某東西出現會有某種聲音，及某種情緒的加強反應等。效果常會遇到同步的問題，不同的對象同步處理的難易也不同。如車子發動的音效，雖然不是眞的該車輛所發出的，但觀衆並不可能發覺，只要車子一發動，能很適時地出現發動聲就可以了。而困難者加入之音效必須顧及與畫面同步，如畫面上某人在湖邊打水漂，石頭觸水時就要出現擊水聲。這些聲音的同步並不好處理，最好是在拍攝時現場就拾得該音效， 或以前項述及之時碼剪輯等方式使其同步;否則就只好能重拍或以相似的音效來配。另則，音效因製作當時的限制或因音源特性並無法直接錄下，只能事後再配的，如在錄對話時就不太容易同時將畫面上某物如風鈴等同時清楚地錄下來。

五、環境雜音 (Ambient Sound)

環境雜音是指身處何種場景，則該場景或多或少會有一些環境上的雜音，以增加眞實性。在某些情況下，電視節目製作並會拾取環境雜音， 但在大多數的錄製現場，還是會考慮加入拾取環境雜音較具臨場感。一般來說環境雜音，可替代性大，並不一定要於現場拾取，也可用相似的環境雜音代替。唯應注意者，事後如有再次拾取環境雜音的情形則應保持前次作業時的場景，否則聲音會不一樣而產生不連續的情形；再者則是要注意畫面及同步的問題，如該場景有路過的動物啼叫，則環境雜音就要同步出現該動物叫聲。而拾音方式如是現場作業同時拾取環境雜音者，可以混音器或前級放大器直接混音；若為後製作業則最後才混入環境雜音進去及如前述可以他者替代而混音。

環境雜音有下列三種：

1. 室內音調(Room Tone)

   室內音調是指拾取對話時所出現的環境雜音。如對話時室內風鈴搖動，則至少應出現風鈴聲以為環境雜音。

2. 周圍聲音(Atmosphere Sound)

   周圍聲音是指對於某一個特定的場景產生一種特定的聲音及感覺。如拍攝街景就需要車輛的聲音以為環境雜音。

3. 人群講話聲(Walla Walla)

   配音作業中有一種Walla Walla 是指畫面中不重要的人物假裝講話，但事實上並沒有，且甚至也沒有麥克風對著他們拾音，只有對重要人物拾音而已。如畫面中教室門口有兩位老師在談話，老師身後的教室裡有很多學生在聊天，只要錄下老師的聲音就好，因為他們是主要演員；而扮演學生的演員只要假裝說話，因爲麥克風並不對他們拾音。衹要在演完之後，音效人員再實地去教室錄環境雜音即可。

上述三者只是大致區別，也有的環境雜音並無法以此分類區別的，如體育館内的聲音可以是室內音調，也可以是周圍聲音，又如觀衆交談，也可以是Walla Walla。區別的主要目的是爲了易於分辨，以便做出如何拾音的判斷。

通常，環境雜音以無方向性麥克風拾取較佳，且麥克風並沒有一特定放置位置之規定。

綜合上述的探討，在使用麥克風拾音時須注意下列各項：

1. 使用麥克風拾音時應注意聲音與畫面的整體感覺，故除某些觀衆不會覺得突兀的情況下，麥克風及其陰影應注意不能出現於圖框中，如出現，則應改變麥克風位置及以打燈方式修去陰影。
2. 在選用麥克風上，應依拾音對象、特性、構圖、場景等狀況選擇，如拾取四重唱的歌聲就可用鋁帶式麥克風，因爲該麥克風比較靈敏且頻率範圍大；而拾取搖滾樂團的音樂就可用動圈式麥克風，因爲該麥克風對大音量的聲音仍有很好的頻率反應。如有可能的話，應使某一人物使用某一特定麥克風，甚至可以指定選用某一品牌的麥克風，因爲品牌不同其音色也可能不同。
3. 如何將所拾得的各種音源混音是決定播出聲音特性

的重要因素。

成功的混音與畫面

配合將能成功地營造出整體的深度感。如主體間對話時背後有車輛呼嘯而過，車輛聲由遠而近慢慢變大(淡入，Fade in)再由近而遠慢慢變小(淡出，Fade out)，但車輛聲卻不蓋過對話聲，感覺起來就很具深度感。

拾音前應先監聽麥克風，以將麥克風調整到最佳的拾音位置，這個拾音位置可能是各種條件下折衷的結果，並不一定是單就聲音而言最好的位置拾音，電視錄製作業中，往往會以構圖及設備的條件，因此不必拘泥於一般所謂拾音最佳位置。不過，爲了取得良好的音質，拾音時也應常常注意監聽，如有不理想的情況或出差錯就應再調整或重錄。

減少拾得雜音的方法

一、在拾音方面

在拍攝時，可能會收到的雜音大約有下列幾種：

1. 風聲

在外景錄音作業時常常可能會將嘶嘶的風聲收到麥克風裡。起風時，人的耳朵並不會聽到風聲，但在麥克風裡，由於振動膜受風吹而持續震動，故會產聲嘶嘶的風聲。減少風聲的解決之道，其一是在麥克風上加上遮風罩，如超指向性麥克風就一定要加上遮風罩，否則會拾取太大的雜音。

其二爲換麥克風，有些麥克風如無指向性麥克風的拾音方式對風聲較無反應；其三是如風實在太大，可考慮對麥克風加上多一層的擋風設備。

2. 搬運攝影設備及佈景的雜音

收音時常會因不小心而將搬運攝影設備及佈景的雜音錄下，故收音時應注意將麥克風移近人物，而盡可能地遠離攝影設備及欲移動的佈景；或者如無必要，收音時應停止一切搬動攝影設備及佈景的活動。

3. 音源周圍事物引起的雜音

製作之時常會因周圍事物而引起困擾，如好奇的路人在旁議論紛紛、拍攝現場周圍的車聲等。而避免此類雜音的方法是事先於前製作業時勘景，以使在拍攝當時架設防止雜音的設備，如軟質布料覆蓋於板子上隔音；有可能的話，也可以圍出一錄製區域，請路人甚至車輛不要進入。

4. 日光燈所發出的雜音

一般日光燈在使用時會發出吱吱的聲音，故在拍攝之處有日光燈時可能也會將該吱吱聲收入。解決之道是將麥克風盡可能地遠離日光燈，或不使用日光燈而代以其他光源。

5. 電視攝影機本身電子回路(Circuits)的聲音

有的電視攝影機在運作時，其電子回路會發出微小，尚可以聽到的雜音。如有此情形，應將麥克風移遠攝影機。如拍攝物體離攝影機很近，則應使用單指向性麥克風或超指向性麥克風，或以遠離該物體使用望遠鏡頭的方式拍攝。

綜前所述，音效人員在現場拾音的時候必須注意傾聽有無雜音出現。若有，則應按前述各種解決之道消除之。如果雜音大到會損害所表現的整體感覺或聲音無法校正時，則應立即重錄，以免後製混聲作業時產生困擾。

二、等化器 (Equalizer)的運用

等化器常用來消除一些不必要的雜音。它是以一定頻率爲基準，而將麥克風所拾取聲音中頻率過高或過低的部分除去的原理以消除雜音。它常於後製作時使用，因收音當時使用等化器會使錄下的聲音更不易修正；如於後製作時使用，可任意決定錄下來的聲音使用等化器與否，而使聲音的校正更具彈性。前述等化器能將麥克風所拾取聲音中頻率過高或過低的部份消去，如拾取的聲音是一位女高音在公路旁的歌聲，等化器就能將公路旁低沉隆隆的車聲消去；但反過來說，由於該名女高音歌聲頻率過高，如有需要的話也可以將歌聲消去而留下車聲。而問題是，如果所要錄的聲音與雜音的頻率恰好相近時應如何處理？通常的解決方式是使用指向性麥克風，單純地對所要的音源收音；其次，在前製作的勘景

與措施。

外景作業時使用麥克風的應注意事項

1. 拾音時先確定各接頭已妥善連接，且所有調整聲音條件的開關均應調回原始狀態，與欲拾音源有關的才做調整。
2. 應先觀察視使用對象、收音環境及音源特性等決定使用何種麥克風。而應注意者爲如使用高阻抗麥克風，其線路不能太長，且也要配該錄音設備使用。
3. 最好錄下環境雜音，即使是畫面上並沒有音源也要錄下，否則會造成突兀感，而此與忠實的及連續的聲音要素有關。
4. 如有必要時可設定一製作範圍以避免外在干擾。
5. 錄製前應先監聽，拾得良好的聲音才錄。如雜音太大或主要音源拾得不理想應馬上作調整，因事後對聲音的校正非常不容易。
6. 作業時應多準備幾支麥克風，一來使用方便，二來避免如麥克風壞掉造成製作停擺的情形。若只有一支麥克風，其作業方式如直接錄製爲播出聲音者，則只能在各音源之間取得一個妥協的位置錄製，以求得各音源相近的聲音條件；如要經後製作業，則可以先後錄製的方式再剪輯，如先錄對話後錄環境雜音。
7. 記得帶遮風罩，如果麥克風或其他製作設備需要電池

7. 記得帶遮風罩，如果麥克風或其他製作設備需要電池的也要記得多帶。如無遮風罩時可用相近材料的布或絲襪代替。
8. 如所拾得的聲音太小可開增益裝置加強聲音的電子訊號，唯此種方式同時也會將雜音加大；如欲消除太高或太低的聲音，最理想的方式乃使用等化器。

第三節 電子合成樂器音效之製作

各種樂器及錄製設備等，可分爲數位式與類比式二種。數位式的原理是各種樂器或各種聲音，可將之取樣而由數位設備將原音之音色模擬出來，而使原音再現。所謂取樣，是對某種聲音，做某個等分的聲音特質取樣，如振幅、音色等，而將之轉換成 0 與 1 的數位符號記錄下來。所以取樣越密，就愈接近原音。

由於數位式爲二進位 0 與 1 的記錄，故各種數位設備是能夠互通的。但互通的關鍵，在於該各種數位設備 0 與 1 的記錄方式格式是否相同，即是否擁有相同的通訊協定；正如電腦中某一套軟體所儲存的資料，可能不能被它種軟體呼叫出來使用。雖然電腦所儲存的資料一定都是數位式的，但由於格式的不同，而不能互通。

MIDI

MIDI(Musical Instrument Digital Interface)之中文全名稱翻譯爲數位音樂設備介面。它並不是一種樂器，而是各種數位樂器設備間的一種通訊協定。所謂介面，意指各種設備之間的連接橋樑。由於數位化的結果，使得各種設備的互通變的可能，而MIDI是這些數位設備中的一種定型化、有一定規格的通訊方式。這種通訊方式是記錄聲音的電子訊號，並非是由音波經拾取設備轉成的電子訊號，故MIDI本身並不是樂器或聲音拾取設備。 而有了相同的通訊協定，各種數位設備於是能互通，故稱之介面。具有MIDI的設備在其後必有MIDI插座，常見者如電子合成樂器、編曲機(Sequencer)、混音器、電腦鼓(Drum Machine)、電子鼓(Power Drum Set)、鼓板(Drum Pad)、吉他(Guitar)等，如其後有MIDI插座者，則爲數位樂器設備。

電子合成樂器

電子合成樂器(Synthesizer)，俗稱魔音琴，外表看來只有一排琴鍵及一堆控制開關的鍵盤(Keyboard)。一般電子合成樂器有大約一百種或以上的音色可供選擇，且有多種預設節奏。其上還內建有立體聲喇叭，較高級者還具有簡單的編曲功能、自動演奏及伴奏等。使用者可利用前述的各種不同功能隨心所欲地做出各種效果。

電子合成樂器的成音方式有兩種：一爲合成(Synthesize)；另一爲取樣(Sample)。在合成方面又有分類比式與數位式，唯類比式已逐漸被淘汰；而取樣者，意指將各種聲音取樣，再將錄下的聲音樣本分布到鍵盤上，便可模擬出各種聲音。而取樣的成音方式也是未來的發展趨勢。目前市面上較好的電子琴大部份也能做出與電子合成樂器相同的功能來。唯一般而言，電子琴的功能還是較電子合成樂器爲少，如較少的音色選擇、没有編曲功能、不能自組音色等。但事實上電子琴與電子合成樂器並没有一定的區別標準。

電腦的應用

隨著電腦多媒體電腦的應用，聲光極具的效果勢爲未來發展之趨勢。而在聲音方面，最重要的就是MIDI。而各種音效設備如果是數位的，就可以運用電腦強大的聲音處理能力做出各種需要的聲音。電視製作設備包括影像與聲音，而在聲音方面，自然也有前述各種系統。利用電腦來作音效製作也可做出前述各種系統的功能，如可利用電腦來錄音、直接在電腦上寫譜使其直接演奏、將音樂檔案儲存於各式磁碟機，如硬碟(Hard Disk)及軟碟(Floppy)等、在電腦上直接對某個音波波形做修正或訊號剪輯等等。一般而言，使用電腦做音效製作所需之硬體設備通常由所使用的軟體所決定，而各種軟體也會隨著硬體的發展而一再提高硬體需求。各種音效軟體普通的硬體需求多要求一定水準以上的中央處理器

(Central Process Unit，簡稱CPU)，一定容量以上的隨機讀取記憶體(Random Access Memory，簡稱RAM)、各式音效卡或聲霸卡等(Sound Card)。如欲接各式具MIDI設備還要有MIDI介面卡。

有了MIDI這個橋樑，數位電子設備間便有互接的可能。我們可以將兩個以上的電子合成樂器組合在一起，也可以將電子合成樂器搭配電腦組合。其連接方式需先選出一台電子合成樂器或是一台電腦爲主機(Master)，而其它的皆爲副機(Slave)。

第四節　淺談聲音的美學藝術

聲音的要素

一個電視節目，它所傳達的訊息或所表現的意念包括了視覺部份與聽覺部份。在聽覺部份，除了表達內容外尚須注意兩者間表現的一致。麥克風的拾音方式決定了聲音的品質與用途，而聲音的錄製，決定了聲音條件與各種音源的比例。拾音與錄音有著共同的要素要遵守，使若現場拾音及聲音錄製未注意到這些表現上的要素，將使所收到的聲音無法使用，而須重新拾音或接受聲音部份表現失敗的事實。而各種錄音內容，如對話、口白、音樂、音效等，在錄製時皆應依循下列幾項規則。

一、忠實聲音的原則

忠實的聲音原則，意指聲音相對於畫面的眞實性。在什麼樣的場景產生什麼樣的聲音。是忠實的聲音要素的要點。舉例來說，在戶外聽到的聲音與在室內的就會不一樣，觀衆對畫面上所見的場景存有某種預期，也就是他們會先對該場景有預期的聲音。若電視上出現的聲音與他們預期的聲音不符合，就會有奇怪、不眞實的感覺。

忠實聲音的重點在如何控制反射聲音的大小，及雜音的大小。在戶外所收到的聲音，雜音聽起來應較室內或棚內所收到者爲多；而在大房間內所收到的聲音，其內含的反射聲音也會比小房間內所收到者爲多。而影響這些聲音大小的原因有下列各種：

1. 空間的大小

   空間愈大，聲音的反射情形愈嚴重。在大的房間內如體育場、地下停車場等地方說話，就會有聲音反射的情形，觀眾看到場景是個大空間，如預期到演員在那裡說話的聲音，就應該是具有這類空間的聲音。在實際作業的時候，有時我們會發現聲音反射得太嚴重，甚至連當場說話的聲音都聽不清楚。此時我們仍應將主體及反射的聲音分別清楚地錄下來，再後製作時在予適當的比例錄製。雖現場的反射聲音很嚴重，呈現在觀眾前的聲音仍應以聽得清楚爲主。

2. 空間牆壁或隔間材質

在空間牆壁或隔間材質來說，材質愈堅硬的，反射聲音就愈強。同樣地，觀衆看到該牆壁或隔間所用的材質，也會有預期的聲音。譬如在水泥牆旁的聲音就應與三合板製之木板牆旁的不同。牆壁或隔間的材質通常不易改變，如果需改變現場的聲音，我們可以用布幕覆蓋其上來控制聲音。

3. 場景或佈景的材質

場景或佈景的材質如果愈柔軟，吸收反射聲音的作用就愈明顯。如掛了窗簾、布幕及鋪設地毯的房間與空空蕩蕩、四面徒壁的房間相較，反射聲音的大小就會有很大的不同。前面述及我們可以將布幕覆蓋在堅應的表面上，如此聲音就會被布幕所吸收而不會被堅硬的表面所反射。同理，如欲減少反射聲，我們可在場景中多使用窗簾、地毯、桌巾一類的布景，甚至我們也可以把布幕、毛毯掛在牆上來吸收音波或在堅硬的木質桌面上覆蓋柔軟的桌巾；而如欲增加反射聲音以造成空間感，在場景中則須多使用堅硬表面之材料。

4. 麥克風的種類及音源與麥克風的距離

因麥克風指向性的不同，所拾得的聲音亦不同，此與音源有關。如果指向性範圍只是單純地收到主體說話的聲音，那麼所拾得的反射聲就會較少；再者，如麥克風距離音源愈近，則所收的聲音也就愈清楚，雜音如反射聲音也就愈小。

反射聲音可分爲兩種，只反射一次音源的聲音稱爲「回音」，而反射一次以上的稱爲「回聲」。兩者所造成的效果雖然相同，但定義上卻有所不同。再者，直線行進沒有經過反射的聲音是不具有回聲或回音的效果的，也就是聽起來沒有空間感。

綜上所述，控制反射聲音大小的因素有：(1)空間的大小；(2)空間牆壁或隔間材質；(3)場景或佈景的材質；(4)麥克風的種類及音源與麥克風的距離。唯在整體表現上應注意到配合構圖，如麥克風距離太近可能會出現在圖框上、掛過多的毛毯在牆上可能會被拍攝到等；其次，應注意與內容配合，如劇情中的主角是清寒人家，那他們家中的場景可能就不會有毛毯或窗簾；再者，應注意到觀衆對場景的反應，即什麼樣材質的場景觀衆會預期有什麼樣的聲音。

二、配合構圖的收音

麥克風配合構圖的收音要素與距離有關。它是指音源在畫面上看來有多少距離，它就該具有多大的聲音。如畫面上拍攝某人，若是特寫則聲音就會比較大，若是遠景，聲音就會比較小；又如遠方的車聲就會比眼前的車聲來的小，由於如此，聲音才具有距離感。

聲音具有距離感的原因於前者相似。同樣地，如距離愈大聲音卻沒有愈小，觀衆聽起來會覺得很奇怪。因爲一般與人交談時，距離愈大聲音自然愈小；再者，如此的配音方式可幫助營造視覺深度感，如在畫面上兩個不同距離的人對話。除了畫面上的表現之外，聲音的大小不同更是呼應了視覺的表現方式，觀衆看來，因與一般日常生活所接觸者同，會有自然而眞實的感覺。

再者，主體在畫面上的距離也會影響到反射聲音的大小。主體如在畫面上看來距離很近，則反射聲音較小；如距離看來很遠，則反射聲音較大。這是因爲人類日常生活經驗即是如此。所以同樣的，觀衆也會對這樣的構圖產生期待；其次原因也就是前項述及的空間的大小及麥克風的距離有關。因距離愈遠，空間愈大。

而觀衆對聲音的期待，將音源音量逐漸減小就會給人主體疏遠的感覺。相反的，音量逐漸變大就會有人接近的感覺。如火車聲音由無變有，音量大到一定程度再逐漸縮小到完全沒有，就會有火車由遠方來，再漸漸遠離的感覺。

在收音時，最常用吊桿式麥克風來拾取配合畫面的聲音。吊桿式麥克風的收音方式是錄音人員拿著具有長長桿子的吊桿式麥克風(Boom Mic)在音源週圍拾取主體的聲音，如欲較小的聲音就把桿子移遠一點，較大的聲音則移近桿子。唯在收音時應注意與構圖相配合，不要出現在圖框內，如無法如此，可能要就採取其它方式收音。

使用小蜜蜂或無線麥克風收音即爲可以考慮的方式，由於小蜜蜂型麥克風(Bug Mic)的體積很小，可別在主體身上收音而不易爲觀衆所察覺。如此，不論主體走到那裡都能清楚的收音，而不會有主體遠離的感覺。唯缺點是此麥克風不能遠離主體。

另一種配合構圖收音的拾音方式是桌上麥克風的使用。桌上麥克風可隱藏在桌上，如放在桌下或桌上的裝飾後。使用此種麥克風通常桌子都放在前景，如此不論人物的遠離或靠近都能收到很自然的聲音，唯此麥克風的缺點是不能移動。

上述配合構圖的收音的方法應作整體考量後再決定採用何者，應注意者體的協調性，如做作Zoom in or out的攝影機運動就不適合用夾掛式麥克風收音、拍遠景時就不適合用吊桿式麥克風。

三、聲音的平衡

平衡的聲音要素是指不同音源之間聲音大小的關連性，即重要的音源音量應大於不重要的音源音量。如一般於吵雜的環境中與人談事情，雜音雖然很大，甚至大於談話的聲音，但因爲集中注意力在談話上，就能將談話聽得很清楚，甚至因對雜音的不注意，談話聲聽來就會比雜音大聲。

人腦能對耳朵所接收到的音波予以選擇性的認知，但麥克風所拾得的聲音並沒有，在製作上就要依所表現的內容做出同樣的此等效果。由於這個緣故，是麥克風具有方向性的主因之一，如心形麥克風所拾得的聲音聽起來就像是人耳所聽見的一樣。此外，最常見平衡式聲音的拾取方式是將各種音源分別錄製下來，在後製作時再做各種相關聲音的音量大小。如製作在菜市場上談話的聲音，除了用單指向性麥克風單純的錄下談話的聲音外，還要使用無指向性麥克風將市場上的喧嘩聲錄下，然後在後製作時將其混合。在談話中，主體的講話聲要比市場喧嘩聲大到一個可以清楚辨識的地步。但如談話後面的內容不重要而欲轉場時，也可以將喧嘩聲逐漸變大、講話聲逐漸變小，然後再整個聲音逐漸淡出

四、聲音的連續性

聲音的連續性是指每一個景與景間的相同性，以形成整個節目的連續性。譬如拍攝兩人對話的情形，先拍攝講話者，再跳接至另一人的反應鏡頭，然後再跳回到講話者。此時這兩個拍講話者的畫面應有相當程度的相同性，以造成畫面很自然而流暢地連續。在聽覺部分，如前後兩個講話者畫面的聲音空間感應相同、講話聲音與反射聲音的比例也應一致。如不一致，則會破壞畫面的流暢，使觀衆有突兀的感覺。

由於畫面上的人物、背景一致使得觀衆對整個節目的視覺部份有跡可循是聲音連續性的原因。如前講話者之例，只是同一人的聲音連續，事實上，雖然不同主體間的畫面相同性無同一人者高，但只要是相同的聽覺背景，連續的聲音要素仍然是適用的。前講話者之例，如他們在交談時窗外下著稀哩嘩啦的淒風苦雨，講話者有雨聲背景，但另一人反應鏡頭的聽覺部份竟然沒有背景的雨聲，那麼聲音就不連續。又如在電視節目上常見有某句話錄壞了，而在後製作再錄，或

有演出人員不會講國語或台語，而再請人事後配音，就常會造成這種現象，因兩者之反射聲音並不一致。

而從前面的例子也可以看出，聲音的平衡性會影響到前述各種聲音要素，牽一髮而動全身，在音效作業時應要多加注意。再者，在節目作業告一段落時，如果可能的話，應儘量保持場景的不變，如此可避免拍攝的條件不一致造成不連續。而對主體的收音，同一個場景應保持相同的麥克風距離。且同一人應儘量使用同一個麥克風，不然也要用相同頻率及動態感應範圍或音質屬性相似的麥克風，如此收到聲音聽起來才會相似，不會破壞連續性。

音樂的配音方法

音效製作可分爲音樂、音效、對白、與錄音。電視上所出現的聲音爲音樂、音效、及對白，錄音只是單純地指錄製或剪輯的過程，它並不是聲音。所謂配音，係指將已錄製好的畫面做聲音部份的搭配。廣義的配音包括將拍攝時錄下的聲音，與非拍攝時錄下的聲音，如非拍攝當時錄下的環境雜音，與畫面做同步搭配；而狹義的配音係單指配非拍攝時錄下的聲音而言，而本部份所討論的係狹義的配音。

一、音樂 (Music)

1. 主旋律配法

節目中選擇一旋律，旋律可以是單純的音樂也可以是音樂歌曲，在劇情中高潮、感人之處，播放該節目之主旋律。常見者如各個戲劇節目的主題曲，或者是將主題歌曲改編為單純的音樂旋律播放。主旋律配法，明顯者如日劇東京愛情故事、美劇霹靂遊俠等即是。也就是由於劇情起伏之處幾乎必見主旋律的出現，觀衆聽到該旋律就會想到該節目。

2. 對位配法

所播放的音樂與節目內容具有不同情感，但卻同時出現者稱之。如此可深刻地描寫及烘托出節目內容的情緒。例如畫面中一對恩愛戀人因誤會而爭吵，女主角憤而自殺，正當男主角一片哀淒之情時，窗外卻剛好有結婚迎娶隊伍經過，滿是熱鬧與歡娛之聲。此時劇情與聲音的情緒相反，卻加強了哀傷的感覺。

3. 主觀配法

主觀配法是指以導播及音效人員對整個節目氣氛的情緒、觀點來做配樂者稱之。導播及音效人員依其所欲營造、以及引導觀衆的感覺而決定如何配樂。如畫面上拍攝一座寺廟，如放著偏悲傷的音樂可能是一個悲劇的開始，放恐怖、懸疑的音樂可能是一個鬼故事的開始。

4. 客觀配法

客觀配法相對於主觀配法，導播及音效人員不能主觀的對節目加入音樂這是為了讓觀衆自己對節目內容感覺，所以音樂愈少愈好。但是該有的聲音效果還是要有，此方式常用在記錄片與新聞片中。

二、聲音效果 (Sound Effects)

1. 客觀的的效果

客觀的音效配法意指畫面上或節目內容中出現某種東西就該有某種聲音。音效與畫面須完全一致，如下雨就會出現雨聲、打雷就會出現雷聲等。唯在配音時應注意忠實的聲音要素要求，且該出現什麼聲音就該即時出現。

2. 主觀的效果

主觀的音效配法與音樂的主觀配法一樣，是指以導播及音效人員對整個節目的觀點來做音效。

3. 幻想的效果

在節目內容中有時會出現現實生活中並不存在的聲音，而該畫面上的東西通常是不存在的。此種聲音只是純粹由音效人員幻想製作而成，常以電子合成樂器做出該聲音效果。幻想的配音方式常用於科幻片之中，如某種不存在的動物叫聲、或是某種異象所發出的聲音。

三、對白

在畫面拍攝完成後，事後在對畫面上人物對白予以配音者，稱爲對白配製。對白配製通常會造成聲音與畫面同步的困難，所以應儘量在拍攝之時即同時將對白錄好。對白配製常見於將外語片的對白重新以中文錄製的時候，或節目中的某一演員不會講中文，而於拍攝後對該演員的對白以中文重錄的情形。對白配製最重要的是要儘量與畫面上的人物對嘴，即使是外語片，也是如此。外語片的對嘴較爲困難，在翻譯者寫對白之時，就應注意原文的發音與翻譯的中文的發音是否相似，即原文的意義如可翻譯成數種中文說法，應儘量選擇與中文發音相近者。其次，配音人員於配對白時應看準畫面中演員的發音時機，如稿中對白顯然與原文發音方式不一致時，亦應在不影響節目氣氛的情況下，以接近原文發音的口語方式或聲調而爲中文之發音。

在對白配製時應瞭解劇情，且應試著去揣摩導演所要表現的是什麼，依此可以推論出每一個場景的情緒與氣氛，再依該場景的情緒與氣氛而去配音。如在推理劇情中的緊張部份就不能以平坦的語氣來配對白，而在某個溫馨感人的場景中就不能配上具懸疑感與恐怖感的對白。

在錄製對白中最常發生的情況是事後配的對白，與原來錄好的對白，發生環境雜音不一致的情形。這種情況最常發生在劇中有一演員不會說中文的時候。因爲通常配音人員在攝影棚內做配音，錄出來的聲音都很純淨，沒什麼雜音可言，與原來拍攝時拾得的聲音顯然不一致。觀衆聽到的聲音本來都合於對該場景的期待，或已習慣於原來的聲音條件，但突然接入一環境雜音完全不同的聲音，會有突兀的感覺，而聲音也就不具有連續性。

此時，解決的方法是將對白配製人員的聲音，混入一個與原來聲音相似的環境雜音，否則，在配製對白的錄音室內放相似的環境雜音也可。如無環境雜音，也可使用無方向性麥克風配對白，且配音人員應與麥克風距離遠一些。

對白可分有三種，即：1.人物的說話聲；2.人物內心世界的聲音；3.其它聲音，分述如下：

1. 人物的說話聲

   即指畫面中人物與畫面中之他人的說話聲。

2. 人物內心世界的聲音

   畫面中人物不是在與他人說話，而是與自己說話或與觀衆說話，這個自己說話或與觀衆說話的聲音稱爲人物內心世界的聲音。人物內心世界的聲音通常與人物的說話聲不同，正如實際上我們自己對自己的說話聲感覺起來就跟與他人的講話聲不同。人物內心世界的聲音通常沒有環境雜音，人物的說話聲的環境雜音則視場景而定。

3. 其它聲音

   所謂其它聲音，是指畫面中人物除了說話以外所發出的聲音，如畫面中人物的歌聲、或歡呼聲、甚至口技等。通常此類聲音，比較簡單的發音或比較簡短的，直接由配音人員配出即可，如比較困難的，像是歌聲，則通常以原音播放。但以原音播放極容易產生環境雜音不一致的情形。此時，最好的方式還是在該場景一開始配音時就以相似的環境雜音配製。如不如此，可能要在兩種聲音條件中做一折衷，譬如將原音環境雜音較多的那一個聲音軌消去，而以另一較少環境雜音的聲音取代。

關鍵詞彙

音效的定義	聲音的拾取
麥克風種類	音效製作的三階段
訊號轉接頭	等化器
ＭＩＤＩ	電子合成樂器
聲音的平衡	聲音的連續
客觀的效果	主觀的效果

參考文獻

一、中文部份：

陳清河　(民80)，ＥＮＧ攝錄影實務。台北：合記圖書出版社。

蒙京溥　(民77)，廣播節目製作實務。台北：文化大學出版中心.

二、英文部份：

Burrows, T., Gross L., and Wood, D. (1995). Television Production: Disciplines and Techniques. Madison, WI: Brown & Benchmark Publisher.

Fielding, K. (1990) . Introduction to Television Production. New York: Lon

Wurtzel, A., and Rosenbaum, J. (1995). Television Production. New York: McGraw-Hill, Inc.

CHAPTER 7
錄製設備

本章摘要

電視節目製作在錄製設備發明之後，整體作業方式，由完全現場製播改成可以錄影後再播出；除了儲存設備之外，也因爲各種後製作機器的推陳出新，使得電視的聲光效果日益豐富。特別是在數位化的錄製設備陸續推出之後，更有利於電視畫面與聲音訊號的儲取。

錄製設備概述

錄製系統簡介

錄製設備的發展

錄製設備的特點

錄製設備的限制

各式錄製設備

各式錄製設備的種類

聲音錄製設備

影像錄製設備

第一節　電視錄製設備概述

錄製系統簡介

聲音與畫面之所以能在電視機上成音成像，其過程是先由聲音與畫面拾取設備，將實景拾取下來轉換成電子訊號，或由產生器直接產生影像之電子訊號。此種電子訊號可傳送至觀眾家中之電視機，由電視機內的映像管依電子訊號強度的不同，做三色加色還原的過程。但如經由聲音及畫面拾取設備後，直接將訊號傳送至觀眾家中，在製作上未免缺乏彈性，如能將聲音與畫面拾取設備所產生的電子訊號儲存起來，並對之取出加以剪輯或播出，在製作上就更加便利及隨心所欲。而這也就是錄製設備發明的由來。

錄製設備包括：1.聲音與畫面拾取設備；及2.儲存與回取設備，也就是一般常說「錄影」所需的設備。茲將錄製設備之意義以圖7-1說明如下。

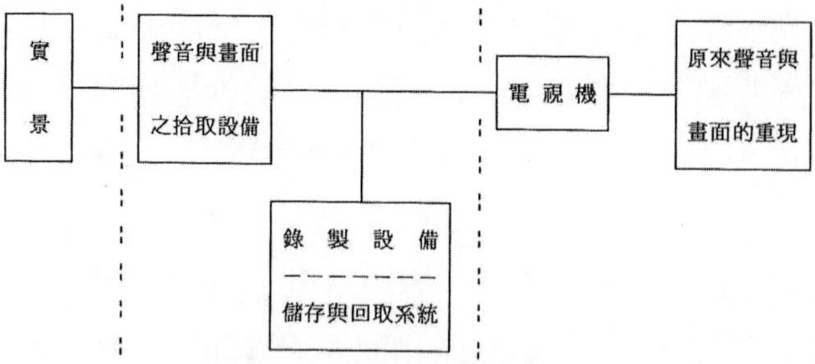

圖7-1　錄製系統圖解

錄製設備的發展

十九世紀攝影學的發展，使得人類可以捕捉靜態畫面。在二十世紀早期，利用視覺暫留的原理，可將一連串快速播放的靜態畫面變成動態的連續畫面。當時的存取設備乃是使用光學底片，也就是底片上的化學物質對光產生反應而成像。但使用光學底片儲存，涉及許多複雜的製作程序且非常耗時。

在成音方面，最早期的錄音方式是使用唱片，在唱片上刻上軌跡的方式成音。而後光學底片的發展，除了先發展出影像的儲存外，後來也能將聲音儲存於其上。肯尼式(Kine)攝影機，就是以電影底片當作電視攝影機的儲存設備，在早期電視製作，是主要的節目錄製方式，也常用於外景作業如拍攝新聞影片等。

磁式錄放系統的發展，是存取設備最重要的一部份。現在電視製作大部分都用磁式錄放系統，一般家庭中也常見有磁式錄放影機與錄影帶。磁式錄放系統約於1930年代晚期出現，最早用於作聲音方面的處理。而錄影帶(Video Tape)大約於1950年代晚期出現。錄影帶表面上有一層氧化鐵(Iron Oxide)物質，可將正負極改變使得電子訊號的頻率與振幅等記錄在磁帶上；而以錄影時相同的速度回取，就可將磁帶上的正負極型態讀出，再轉回電子訊號。

隨著電子攝影設備的發展，機器的體積與重量愈來愈小，且採用磁式錄放系統，外景作業已不用早期所使用的肯尼式攝影機。磁式錄放系統所錄製者品質好、穩定性高、且儲存與回取的速度快、易於編輯。由於價格低，又很容易拷貝，所以市場上各種發行音樂帶或電視節目多以磁帶製成。

數位化存取設備，如CD、LD、DAT等，是較磁式錄放系統爲新的存取設備，在電視製作上較不常用。一般數位化存取設備的機器多不能錄，但也有可錄者，唯價格高昂。數位化存取設備的優點相較於磁式錄放系統而言，錄影時有訊號不衰減、不易產生雜訊的優點。

錄製設備的特點

1. 因爲有儲存功能，所以能將許多的聲音與影像收藏起來，大大地節省了時間與空間。
2. 因可回取，在有必要的時候，隨時隨地就可把節目拿出來看，且能重複地回取。

3. 節目因爲可儲存，而能大量拷貝發行。
4. 儲存在各式儲存設備或材料上能易於攜帶。
5. 因可任意取出所欲之聲音影像，且又能儲存供剪輯之用。

錄製設備的限制

錄製設備最主要所受到的限制主要有兩方面，其一是各種存取設備的規格不同，其二是數位式錄製設備與材料技術上的發展尚未達到成熟階段。各家廠商發展自己規格的存取設備，如不同寬度的磁帶、不同處理速度等，結果使得儲存與回取設備間不能互通，也就是並不相容的意思。如欲於不同的設備上使用，只能以轉拷的方式進行。唯如此多會產生訊號衰減或雜訊增大的情形，尤其是類比磁式存取系統更是如此。再者，目前數位式的錄製設備雖聲音或影像品質已達一定水準，但數位式設備可錄音或錄影者，種類非常少，受限也很多，即使能錄音或錄影，但畢竟並不普及。

很多導播會利用各種不同存取設備的優點，截長補短，以做出最好的效果出來。如電影底片或幻燈片的反差較大且顏色較飽和，用來拍攝後再轉拷在錄影帶上，畫面就會比直接以錄影帶拍攝者爲佳。用電影底片或幻燈片轉拷，雖然在轉拷的過程中也會損失一定程度的訊號，但總體分析，仍比直接用錄影帶轉拷效果好，對影像之拍攝作業而言，光的比例及畫面的比例都是電視受限的因素。

第二節　各式錄製設備

錄製設備的種類

錄製設備有下述兩種分類：1.聲音錄製設備與畫面錄製設備；2.類比式系統與數位式系統之錄製設備。

一、聲音(Audio)錄製設備與畫面(Video)錄製設備

各式錄製設備，常見於聲音錄製設備方面的有唱片(Record)、各式類比磁帶(Tape)、光碟(CD)、迷你光碟(MD)、數位化磁帶(DAT)等；而在影像錄製設備方面有各式錄影帶(錄影機)、LD(Laser Disc)、影音光碟(Video CD)、電影片、幻燈片以及存入電腦硬碟的非線性處理等。

其實影像錄製設備多半也能錄製聲音，如錄影帶中有聲音音軌、可破壞式的LD也可錄下聲音。但電影片上的聲音是後來加上去的，而幻燈片上並不能加聲音。

二、類比與數位式錄製系統

各式錄製設備依其錄製原理之不同，可分類比式與數位式錄音系統，此種分類於聲音方面，如CD、MD、DAT爲數位式，唱片、及大多數的磁帶爲類比式的。

在影像的拍攝上也有類比與數位式的分別，如錄影帶就是類比式的。而數位化磁帶、影碟(LD，Laser Disc)、影音光

碟(Video CD)就是數位式的。

在影像部份，實景經由攝影機中之攝像管或攝像板，而將光線轉變成爲電子訊號的型態；在聲音部份，原音之音波經由麥克風中之震動膜震動，而將之轉換成電子訊號。此電子訊號可被錄製下來，儲存於各式儲存設備之中，而類比與數位式錄製系統的不同處，就在於儲存電子訊號之方式不同，其不同之處分述如下：

1. 類比(Analog System)式錄製系統

類比式錄音系統所拾得的類比聲音或影像訊號，與原音或實景的電子訊號振動頻率很相似。類比訊號甚至能包括整個原音或實景訊號的頻率範圍，所以類比式錄音系統錄下來的聲音影像與原來的聲音影像很接近，亦即傳眞度極高，對影像與聲音的階調特性皆可較豐富的呈現。但是類比式錄製系統在訊號經由電子回路時會產生雜訊(Noise)，於是錄下來的訊號除了原來的聲音影像外，不可避免地還會錄下雜訊。所以如經過多次錄製、轉拷，雜訊的出現也得愈多，失眞的情形也就愈嚴重。這些情況雖然可以用一些設備如杜比(Dolby)、低雜音的放大器等來減少雜音，但由於雜訊是出於電子回路本身，並無法完全消除。特別是在過帶之後的訊號衰減現象，類比似的錄製系統更易顯露訊號損失的瑕疵。

2. 數位(Digital System)式錄製系統

數位式錄音或錄影系統是將原來聲音或畫面電子訊號的頻率轉換成數位化開—關的脈衝(**Pulse**)，也就如電腦上0與1的二進位方式記錄下來，而不像類比是採用很多不同電壓大小的變化。由於採二進位制，對於穿過電子回路並不會產生影響，故電子訊號可以變大變小，也可以一次又一次的再錄音、混音，卻不會造成失眞的情形。也就是因爲採二進位制，使得與電腦相互結合變得可能，且數位的製作方式也成爲各種數位電視製作設備的介面，而能互通。

3. 兩者之優缺點

(1)數位式

a. 數位式錄製系統幾乎沒有雜音與雜訊，且不失眞。

b. 數位式系統可爲其它數位式設備之介面。

c. 數位式錄製轉拷時，訊號不易衰減。

d. 由於採二進位制，數位式錄音系統的調性不夠。

(2)類比式

a. 類比式相對於數位式言，易於失眞及產生雜音及雜訊。

b. 設備較爲簡單，成本亦較爲低廉。

c. 錄製成品之調性較爲豐富。

聲音錄製設備

一般電視製作所用之聲音錄製設備，大約有唱片唱機(Record Player)、各式類比式磁帶錄放音機(Tape)、各式光碟機(CD及MD)、及數位式磁帶錄放音機(DAT)。其中類比式的有唱片唱機、Tape，數位式的有CD、MD、DAT。以下爲說明方便，關於各式聲音錄製設備，皆用其英文名稱。

說明

各式聲音錄製設備有一些基礎的共通操作按鍵，茲列舉如下：

1. Play：將聲音放出來，或稱爲將聲音再生(即回取出聲音) 。
2. Forward(FWD)：向目前儲存設備所在的放音位置前捲帶(前進)。
3. Reverse(REV)：向目前儲存設備所在的放音位置後捲帶(後退)。
4. Record(REC)：將聲音經由聲音拾取設備錄製下來。
5. Stop：停止所有正在進行中的放音、前進、後退、及錄音程序。
6. Pause：暫停所有正在進行中的放音、前進、後退、及錄音程序。
7. Eject：將帶子退出。
8. Dolby：開/關杜比消雜音開關。
9. Mono/Stereo：放出單聲道的聲音或立體聲。

在各式聲音錄製設備的操作中，Cue點是最重要的部份之一。Cue點，中文的翻譯爲提示點，在整個節目的製作過程中，可能會有需要播放某段聲音或音樂等的情形。爲播放此段聲音或音樂，音效人員須先將儲存該聲音或音樂的帶子或碟片，倒回到該聲音或音樂前面的前一點，以便能一按Play鍵就能即時將該聲音或音樂播放出來。而該點就是所謂的Cue點。

以下將簡介各式聲音錄製設備之操作方式與Cue點找法。

一、Record Player

Record Player(唱片唱機)是早期所流行的聲音錄製設備，唱機上本身並無錄音的功能。一般而言，唱機只能將儲存於唱片(Record)上的聲音資料回取出來而已，也就是除了Play與Stop以外，並無其他功能。Record Player並不能任意選取歌曲，但可將唱針移到可能的位置上去，慢慢地做調整來放出該歌曲。

唱機錄放音的原理是依聲音條件的不同，而被轉換成唱片上個所不同的溝紋(儲存)，再由唱機錄放音上的拾音器感應溝紋的形狀，而將之轉換成不同強度、振幅等的電流(回取)。喇叭接受到電流，便將之轉變回聲音(回取)，於是人耳即能聽到錄上唱片上的聲音。

唱機錄放音的操作方式是將唱片放置於唱盤(Turntable)上，再將唱臂(Tone Arm)與拾音器(Cartridge)移至唱片上，即可放出聲音。它的Cue點找法是先找出所欲放出聲音的位置，將其倒到該聲音的最前面，再向前轉一些距離，而這個距離的長短，取決於唱機馬達是否能維持正常運轉，應視各唱機個別情況而定。品質較差者，可能還要推一下唱盤助跑。但一般而言，此距離皆不太長。

由於唱機錄放音有雜音多、音質不好、體積大、保存不易、易於損壞等缺點，現已很少使用，但有一些早期錄製的音樂，可能只能在唱片上找到，所以唱機錄放音還是有其存在的價值，不過遇到這種情形，還是將其轉拷於其他儲存設備上較好，所以現在有些CD上會註明ADD，由此類比轉成數位，再由數位轉拷成光碟的型式，其意義也就是此光碟內容源之於類比的唱片。

二、Tape

類比式磁帶錄放音機有三種：即1.Cassette Machine(卡式錄放音機)；2.Reel Machine(盤式錄放音機)；3.Cartridge(匣式錄放音機)。茲分述如下。

1. 卡式錄放音機　Cassette Machine

此類錄放音機即一般俗稱的錄音帶，於市面上所販售的歌星專輯、音樂等之錄音帶，即屬於此類。其操作方式也與家用卡式錄放音機一樣。

由於體積小，又有卡式塑膠外殼保護磁帶，於是便取代早期大型卡式磁帶與盤式錄放音機，成爲最主要的家用錄放音機。

Cassette Machine之錄音帶的帶寬是八分之一吋，長度有60、64、72、90、120分鐘。此外，因帶子的材質的不同，還有普通帶、二氧化鉻帶、金屬帶三種。其中二氧化鉻帶、金屬帶音質都很好，大幅降低了雜訊的比例。

Cassette Machine的Cue點尋找方式，是先將帶子倒到所欲放出的聲音之前一點的地方，然後放出聲音。一聽到所要的聲音就按Stop，然後拿出帶子，將所放出聲音的那面錄音帶左邊的齒輪狀轉帶孔，以順時針方向迴轉約半圈即可。

除了此種方法以外，有的卡式機還有提供自動找空白點的功能來做爲找Cue點的參考。也就是可自動前進或後退至某段音樂之前面或後面的空白處，而此空白處通常是音樂的起點或終點。卡式機如有此功能，在前進與後退按鍵旁會標有AMSS之字樣，其操作方法爲Play所需要的音樂，在按下前進或後退鍵即可，但此法的缺點是在自動找尋時會出現雜音。

2. Reel to Reel Machine 盤式錄放音機

Reel to Reel Machine 也稱爲 Open Reel Machine 或 Audiotape Recorder(ATR)。由於其沒有外殼，且須自行上帶，現只見於專業用，其帶寬有四分之一吋、二分之一吋、一吋及二吋等種類，其中以四分之一吋使用最多。盤式帶操作準確，且音質很好，最重要的是易於剪輯與故障排除。

3. Cartridge Machine 匣式錄放音機

Cartridge Machine，亦稱爲Cart Machine帶寬四分之一吋，磁帶裝於一匣盒內，它與其他種類比式磁帶最大的不同點在於可連續播放，操作甚爲方便，且其有特別的 Cue 方式，找Cue點很快。

匣式錄放音機可錄可放，但無消音磁頭，錄音速度有15ips 及7.5ips兩種。由於家庭與專業皆甚少使用，雖然音質較一般類比式錄音磁帶爲佳，但仍已漸遭淘汰。

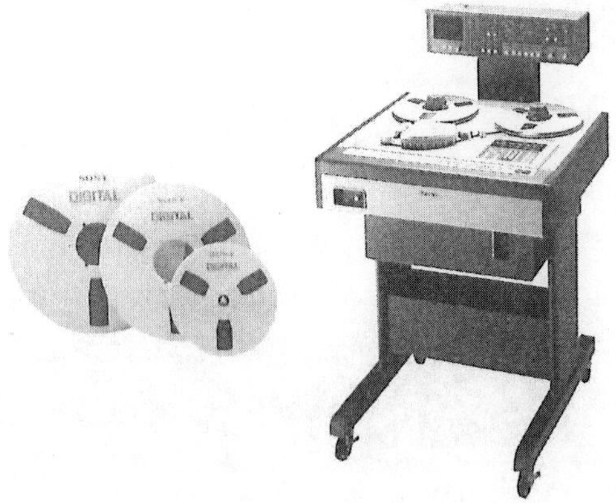

圖7-2　Reel to reel Machine　盤式錄音機與錄音帶

三、CD（Compact Disk）與MD（Mini Disk）

CD與MD都是數位式的，它的原理是將原來聲音的音波，依取樣原理將之取樣下來，記錄成0與1的二進位方式。各種聲音，由於記錄聲音的條件不同，也就是音波條件不同(如頻率特性與音波大小)，故記錄下來的聲音也不一樣。

對聲音的取樣愈密，就愈接近原音。CD與MD的取樣都已足夠密集，故現一般市面上所販賣的CD片或自己使用MD來錄製的聲音，基本上都是很接近原聲的。

CD與MD的不同點，在於CD只能放出聲音，而不能錄音。但MD除放音以外，還能錄音；再者，MD片較CD片的體積爲小。MD片的規格有60分鐘及72分鐘兩種，且其拷貝的來源錄製設備爲MD或DAT，拷貝時間只要幾秒鐘就可以完成。

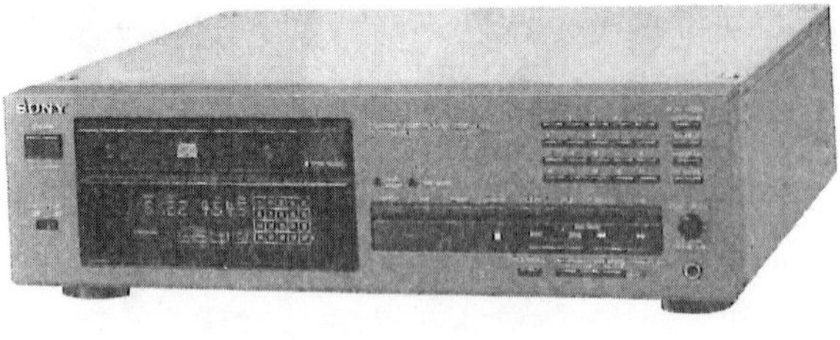

圖7~3　CD機身

CD與MD的操作非常簡便，須要第幾首音樂只要按該音樂的號碼就可以了。此外，還有設定放音歌曲及其順序的功能(Program)，只要按Memory鍵與歌曲帶號鍵即可。在Cue點的找尋方面，只要在所需要的聲音前按暫停，就可以了。電視製作所用之CD與MD大多提供一秒一秒向前及向後找尋Cue 點的功能，故極易找到Cue點，且非常準確。

CD與MD的缺點是CD片與MD片須小心拿取及保存，如有刮傷或污損，則該刮傷或污損到的部份很可能就壞掉了，此種情形也常發生在CD片與MD片的擦拭上。擦拭CD與MD的布應使用CD與MD專用的擦拭布，且應由內向外直線擦拭，不能用與圓周的方向平行的方式擦拭。

四、DAT (Digital Audiotape)

DAT的中文翻譯爲數位聲音磁帶式錄放音機，雖然是磁式的，但磁帶上所記錄的是數位訊號，而非類比式的。DAT的原理是將類比的聲音訊號轉換成數位式的訊號記錄下來。

DAT的操作方式，基本上都與CD及MD一樣，且DAT與MD相同具有錄音的功能。DAT 的卡帶體積很小，約爲卡式錄音帶的三分之二，攜帶及保存都很方便。其較大的缺點是無法像CD或MD一樣快速找帶。

影像錄製設備

電視影像訊號的記錄，皆沿襲於錄音帶的記錄原理。早期之電視製作因爲無錄影系統以致所有播放之影像皆爲直接

圖7-4　DAT機身與磁帶

轉播方式。此種情況下，電視節目攝製作業必然無法事先進行，甚多效果的製作亦儘量避免發生問題難以補救。各國電視節目的交流完全仰賴電影影片爲之，因而有一段時期，電視用影片甚爲盛行。一直到1956年美國ＲＣＡ公司發表電視２吋規格之錄影方式之後，相繼由許多國家將研製出之錄影裝置正式使用於電視作業之中。而使用最早的錄影機種是由1956年美國Ampex公司所發表的四磁頭式播放錄影機，於同年11月美國ＣＢＳ廣播公司運用於電視影像傳送系統。錄影方式的出現，使得錄影轉播的方式隨即展開。1958年日本ＮＨＫ與ＳＯＮＹ公司也將其研製的錄放影機正式發表。1959年美國Ampex公司更將其生產的四磁頭式錄放影機開始於戶外轉播作業上。其後各種型式的錄放影機型逐年推出，此時影片製作業者更面臨了沉重的壓力。

1960年代之後錄影帶的發展朝向多功能化與規格化的改

變，並在訊號記錄、畫面品質之事後整理和訊號調整加強方式上不斷的研究。較爲重要的有1961年美國Ampex公司發展了機械式錄影帶剪接方式，以及1962年接而研製的彩色時基校正器(Time Base Corrector，簡稱TBC)。1963年由日本ＮＨＫ所發展之錄影帶剪輯方式通稱爲ＳＬＥ剪輯(Splice Less Editor)。於同年美國Ampex公司亦發展四磁頭錄影機之電子剪輯方式。由1963年開始，電視的錄影即不再採用早期之加用藥粉塗於磁帶，使記錄訊號再現以後再剪輯的方式。1967年美國Ampex公司新發展可用於錄製慢動作的ＨＳ－100型正式公開，使電視錄影方式的表現更接近於電影畫面表現的效果。近幾年來，家庭用機種大量推出，功能的改變日新月異，錄影機已成爲一般使用的器材。此型態在往後將會不斷增長。

有關錄影系統的原理，應先探討。即是錄影磁頭之記錄雖然與錄音機之磁帶記錄原理相同，但是記錄的方式卻有極大差異。因爲一般之聲音訊號記錄是有30Hz～15KHz的頻率範圍，而電視之影像訊號所佔頻率高達4.5MHz，兩者之頻率相差300倍左右。按磁頭記錄原理，磁頭之開口間隙(Head Gap)必須大於記錄訊號最高頻率的波長，而頻率愈高則波長必然愈短，因而影像磁頭的間隙要求自然要比聲音磁頭間隙要窄。雖然一般的錄影磁頭間隙是有些微的彈性容許誤差，但一有稍大之誤差則所記錄訊號之頻率再現特性即會低下，甚至有訊號無法輸出的情形。以一般家用錄音機種而言，磁頭間隙在12.6μm左右，但錄影機用間隙則非在6.3μm以下不可。在這種條件限制下，祇有以錄影帶移動的速度加快方能補救。但根據計算得知，錄影帶的走速至少需現行專業用錄音系統速度的一百倍以上。每秒鐘須用去三十八公尺的錄影帶。如此在經濟效用上並不合理。換言之，一段三十分鐘的電視節目須用掉一整個房間的錄影帶，再加上磁頭與磁帶的耗損情況甚爲可觀。

影像錄製設備種類很多，其中磁帶式影像錄製設備規格更是各家不同。數位式的有LD與新興的Video CD，而光學式的則有電影底片與幻燈片。

影像錄製設備基本上比較簡單，其操作與聲音錄製設備上的按鍵相同。又其接點（相當於聲音錄製設備之Cue點)使用圓形轉盤(Shutter)尋找即可。目前，電視影像的製作設備可採用的方式有下列幾種：

一、各式錄影帶

錄影帶的種類大約有下列幾種：1.VHS及S-VHS、2.Betacam SP、Digital Betacam；3.V8與Hi8；4.M-II；5.U-matic；6.One-inch；7.D-1、D-2、D-3……。

二、鐳射碟片 LD(Laser Disc)

LD是數位式的，它的原理是將每一個圖框(Frame)做爲一個圖形儲存下來，解析度很高，畫質非常好，且雜訊非常少。LD片的體積較CD大多了，但同時它也可以播放CD。LD可分爲可破壞式與不可破壞式兩種。所謂可破壞式是指具有錄影功能的，而不可破壞式的則沒有，LD與CD一樣，可破壞式的價格極高，並不常見。

LD與CD、DAT一樣，也具有選擇段落的功能，如市面上常見的LD伴唱帶，按那一個號碼就是那一首歌曲。LD與CD、MD的擦拭方法一樣，且如某部分有毀損，該部分訊號就會漏失。

三、影音光碟 (Video CD)

影音光碟是一種新興的影像錄製設備，它的原理與LD相似，且都是數位式的，大小與CD相同，最早使用於電腦之上，但現在也有廠商將之做成與LD或CD一樣不必經由電腦讀取，而是單一的機種，多與音響設備在一起使用。

影音光碟的原理與LD一樣，是將節目中的每一個圖框(Frame)作爲圖片儲存下來，但儲存的方式並不同。影音光碟是直接記錄每一個圖框之間的差異處，並不是如LD眞的將每一個圖框做一個圖形儲存下來。

雖然這種儲存方式較LD將每一圖框做一圖形存下的檔案已縮小很多，但檔案仍然很大，所以還要將圖形檔壓縮，壓縮雖然能大幅節省儲存空間，不過確也造成了時間的浪費與畫面的不流暢，因爲在讀取檔案之後還要先解壓縮，電腦才能依解開後的圖形檔內容，將之放映在螢幕上，由於過程如此繁複，如電腦速度不夠快，則會產生畫面不流暢的情形，因無法以在一秒內播完三十個圖框，所以在電腦上播放影音光碟要考慮光碟機的速度，且通常會加一張圖形的解壓縮卡，其次就是與電腦的中央處理單元(CPU)及記憶體(Memory)有關。但如爲單一機種的影音光碟，則沒有這個問題。

影音光碟播放在電視上，其效果較LD爲遜，那是因爲影音光碟的解析度較LD差，且儲存方式本身就會造成些許程度的失眞。影音光碟如播放在電腦顯視器上，字幕會產生有鋸齒狀，及顏色會有不協調的情形，那是因爲電腦顯視器的解析度遠高於電視，且顏色與灰階皆較電視爲多的緣故(電腦所用的彩色顯示卡在理論上一般均可達到16.7百萬色，已超過人眼所能辨視範圍)，如在電視上放映，則不會有此種情形。

影音光碟目前推出了一種改良版，稱爲數位影音光碟(Video CD，VCD)，其解析度與儲存方式均有大幅改善，畫質與LD差不多，但體積較LD小，與CD及Video CD片同，未來有可能取代LD。

影音光碟目前仍很少用於電視製作之中，但由於電視科技與電腦多媒體技術逐漸整合及影音光碟使用者愈來愈多的趨勢，應在不久後就與LD一樣爲電視製作廣爲運用。

四、電影片與幻燈片

電影片與幻燈片的原理都是以光學與化學成像，在早期錄影帶未發明前大多都是使用這兩者，如早期所使用的肯尼式攝影機。由於是光線直接在底片上感光的結果，電影底片與幻燈片的畫面都比現在大部分使用的磁式錄放系統要來的好。因爲磁式錄放系統對畫面的捕捉與播放都要經過與電子訊號的轉換，而造成某種程度的失眞。唯電影底片及幻燈片的製作過程程序相當多，且要花費很多時間。如前項所述，電影底片及幻燈片也可以轉成錄影帶，可經由Film Multiplexer或Telecine轉換。而以電影底片及幻燈片轉拷會比錄影帶轉拷畫面來的好，那是因爲原本電影底片及幻燈片上的畫面品質原本就比錄影帶好的緣故，祇不過幻燈片上並不能儲存聲音，早期的電影底片也是如此，但我們知道現在的電影底片已可錄製聲音同步音軌。

由上述的討論不難看出，電視的錄製設備對於電視節目製作科技的發展與製作模式有著密不可分的關係。從早期的類比到目前的數位，大片幅的錄影帶材料到現在的小片幅。但高品質錄影帶，甚至從最早的高速金屬錄影帶，這再再都顯示錄影設備所扮演的重要角色。不過，隨著數位電子科技的進步，未來的錄製設備可能不以錄影音材料爲主，而是如何以硬碟存取的方式讓電視的作業環境走向全訊號處理的境界。

關鍵詞彙

電視錄影系統	錄影帶
數位式錄製	類比式錄製
光碟	可破壞式光碟

杜比系統	時基校正器
數位聲音磁帶	影音光碟
中央處理系統	硬碟處理

參考文獻

一、中文部份：

陳清河　(民80)，ＥＮＧ攝錄影實務。台北：合記圖書出版社。

陳清河　(民76)，電視電影技術研究。台北：合記圖書出版社。

二、英文部份：

Fielding, K. (1990). Introduction to Television Production. New York: Longman.

Zettl, H. (1992). Television Production Handbook. Belment, CA: Wadsworth Publishing Company,Inc.

CHAPTER 8
剪輯與後製作

本章摘要

傳統的後製作業包括剪輯、配音以及加字幕的工作。隨著電視科技的日新月異，所謂的後製作業也就更爲複雜化，除了原有之剪輯與配音作業之外，如何加強畫面與聲音效果，以及加入電腦繪圖與動畫已成爲後製作領域必須學習爲如此，電視的聲光效果已有了多元性的變化。本章的分析，將從電視後製作業的過去延伸到未來，期望對整體電視節目製作系統有綜合性的描繪。

本章內容包括：

後製作業的意義

剪輯的概念

剪輯的功用

剪輯的種類

控制軌與時碼

時碼格式的形成

線性與非線性剪輯

線上剪輯與線外剪輯

剪輯的流程

剪輯設備

剪輯之操作

組合與嵌入剪輯

剪輯的觀念

蒙太奇與電視畫面的組合

後製作業

特殊效果產生器

動畫與字幕

第一節　後製作業的意義

所謂後製作業，乃泛指一切製作之後的程序而言，包括將拾得的聲音與畫面組合或混合起來，以及將拾得的聲音或畫面修飾以得到理想的效果。

後製作業的主要工作爲組合或混合各工作母帶的畫面與聲音，也就是剪輯，一般也稱之爲收尾整理的程序。但因電視製作器材的日新月異，剪輯點的準確性及數位特殊效果製作的多元化，使得在剪輯的後製作階段更受重視。因此，目前的後製工作內容除了畫面組合之外，也延伸到加入畫面效果以及電腦繪圖、電腦動畫、字幕特效、聲音合成與虛擬實境(Virtural Reality)的範圍。部份電視節目甚至於後製作的時間還更多過製作階段，由此可見此一收尾階段的重要。所以說後製作的定義，似乎不再只是單純將現場所錄製之影像與聲音加以整理的意義，而是如何透過後製作的種種技術去創造更多的可能性。

剪輯的概念

剪輯(Editing)是指在好幾個畫面之中，將畫面依一定之意念加以整理，使之組合成一完整的節目概念。譬如將1.某甲向某地行走的畫面，與2.醫院的畫面，及3.某甲坐在椅子上與醫師說話的畫面，連續接在一起，而這三個畫面的組合，就很明顯地給人造成一種意念—即某甲去看病。但事實上，這些畫面可能並不見得是爲了傳達某甲去看病的這個意念而拍攝，如某甲向某地走的畫面，拍攝時實際上可能不是眞的向醫院走，而是往餐聽走，而某甲與醫師說話的畫面也可能只是單純拜訪朋友而已。電視在事後組合畫面的剪輯階段，並不必在乎各段畫面拍攝當時之情形，而畫面組合後，傳達出將畫面組合所欲表現的意念，就是剪輯的基本概念。

剪接(Splice Editing)與剪輯不同，剪輯是指依據腳本分鏡表上所記載的程序，將拍攝完的畫面，做整理與組合的工作，即除去不必要畫面與卡接各畫面的過程。而剪接在實質上僅將某些或某個畫面進行複製的過程，但並不等於拷貝。不過，它仍只是單純的機器操作而已，並沒有一定的意念。不過也有人認爲具有一定之意念的剪輯是爲廣義的剪接，這當然是見人見智的事。

磁帶與影片的性能不同，剪接方式也不一樣。影片有底片與拷貝，A拷貝專供工作用，要用的剪開再捻接起來，不用的剪掉。經過兩三遍甚至更多遍的修剪以後，才比照修剪底片，印成B拷貝。一卷磁帶可以使用很多次，拍了消磁以後可以再用，所以不能動剪刀，不能像影片一樣把不用的剪掉，而是用轉拷(Copy)－把要用的鏡頭依照順序一個一個轉錄下來。但是磁性母帶的圖像品質較佳，轉拷的次數多了，其品質便一次不如一次。所以磁帶沒有多次精修細剪的機會。不過科技日新月異，電視製作剪輯設備與制度，已經有了新的發展，將逐一予以討論。

以電子攝影單機拍電視劇爲例，如同拍電影一樣，導播寫分鏡劇本。依照經濟時間原則，多採分景、分場和分方向「跳拍」的方式進行。無論是內景或外景，調動攝影機拍攝位置，其本身時間不多。但爲配合攝影所需設置與調整燈光或反光板的時間，看場景大小和演員走動位置多少而定，少則十幾分鐘，長則半天一天。因此導播多採跳拍(錄)的方法；按照分鏡劇本把同一方向比如南方，也就是進門方向的鏡頭「跳拍」完畢，才換攝影機和燈光位置，再「跳拍」北方出門方向的。

因而，在螢幕上觀衆觀賞播映的鏡頭順序，和導播拍攝的順序(跳拍)是不一致的。如同汽車工廠把引擎、電機和車體等分開製造，另設一個配製工廠是一樣的道理。

我們知道剪輯師通常是不直接參加拍攝工作。當許多「零件」送到工廠來的時候，除了依據導播的分鏡腳本作爲指導原則以外，還需要參考每個鏡頭前面「拍板」上的鏡頭號碼(簡稱鏡號)和現場工作記錄表(簡稱場記表)。也許有人認爲鏡號1接鏡號2還不簡單，事實上並不一定；可能同一個鏡號1，就拍攝三次，鏡號2更多有五次，到底使用哪一次的，根據場記表上的決定；也有時候，導播在場記表上註明，鏡號2的第二次(Take 2)與第五次(Take 5)選擇其一，就要看剪輯師如何選擇的學問了。

雖然Video Tape在拍攝當時可以把No Good (NG)鏡頭消磁，正式OK的才留下來。但是爲了求好心切，導播認爲Take 2已經很好，但是想更好，繼續拍Take 3和Take 4。因爲這時候並沒有十分把握，如果Take 2消磁，說不定會後悔，所以把它保留下來作爲選擇。

剪輯人員在剪接室內白天黑夜裡剪接，最怕場記表記錄不全或不清楚，常有許多種情況需要依據常識或經驗來下判斷；即使是導播坐在旁邊，他也要花較長時間前後順著看，也許仍然是半猜半疑的做成決定。常有工作了三、四小時，當導播回頭檢視一遍以後，剪輯作業需從頭來過是常有的事。

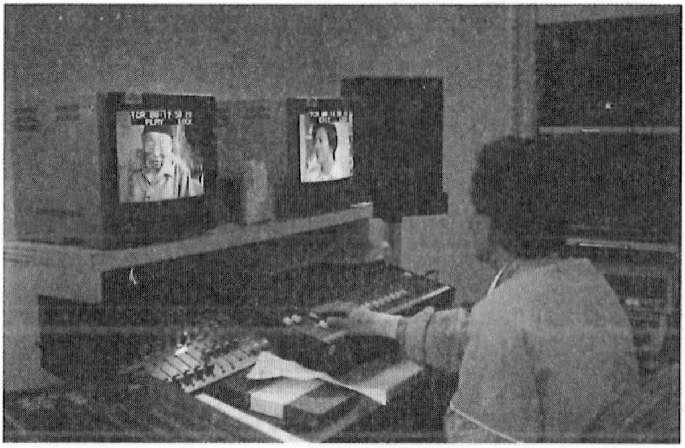

圖8-1　剪輯師操作剪輯機情形

有許多導播拍戲是即興之作，先拍了相當豐富的材料，準備在剪輯的時候再作決定。也有許多導播雖然在劇本上花了許多工夫，但是仍然要待看了拍好的母帶以後，才能決定怎樣剪輯。特別是單機拍攝事後配音的動作戲；並沒有什麼確切的理由，不能任意地把那材料剪來剪去；事實上，就有人在剪接室裡做出來的決定，常是最有力的鏡頭組合。

同時，他們認爲即使導播的分鏡劇本考慮得再周到，也需要留有餘地，多拍一些備份鏡頭；或者把劇中的動作拍得長一些。因爲一場動作戲最後能否獲得它預期的效果，主要得依賴鏡頭精密的定時變化和準確的剪輯。因爲我們常會發現，重新排列鏡頭順序，會出現面貌一新的情況。如果由於缺少材料，缺少備份鏡頭或長度不足，便會產生很大的不方便。

有時導播也不能按照事先的計畫拍攝他所需要的鏡頭。譬如眞正的作戰或新聞事件，他只能有什麼就拍什麼。儘管題材拍了很多，也無法保證剪輯師會組合成一場戲味十足的效果。不過，如果事先有周密的計畫，那鏡頭長短的精確度和情節進展的節奏等問題，便是導播與剪輯師的職責所在。我們知道鏡頭的組合關係和時間呎數的控制，乃是影響戲的品質決定性的因素。

剪輯的功用

剪輯作業的目的，在於表達一定的意念，故對於畫面的組合必須加以週密的安排。剪輯的功能可以表達一定的之意念之外，尚可補充畫面的缺點，如補充攝影機運鏡的不足、補充場景與照明的缺陷等。

剪輯的過程，與人類將自己心中意思轉換成文字、語言、或肢體語言的過程一樣，此即傳播學上製碼，Coding的過程。表達出來的意思，要合於一定的形式語法(Syntax)，才能爲人所了解與接受。故剪輯時應多站在觀衆立場思考：「這些畫面到底傳達些什麼」。

合於此形式語法的畫面剪輯方式，也就是剪輯所具有的作用，根據分析大約有下列數種：

一、畫面與動作的連續性

順理成章的節奏感，以激起戲劇氣氛的共鳴，藉著剪輯理性導入而感性導出，使畫面的銜接更具流暢性。畫面中的人員銜接方式與動作的連續，皆應列入考量。

二、告訴事件或引導觀眾注意力

希望藉著鏡頭大小的卡接，使觀衆對畫面中的某一重點或畫面上存在的人、事、物，與環境關係能深入瞭解。

三、深入描寫細節

對特殊的事物或重要的動作、反應，皆能在畫面中放大的看到。如棒球賽轉播節目中，捕手接球或投手投球的時候，就常常會卡接上捕手或投手的特寫畫面。

四、豐富意念與效果

如節目中的畫面單調無變化，就難以引起觀衆的興趣。如只使用一部攝影機拍攝，不經過剪輯，就常常會發生這種情形。經過剪輯加入相關內容之畫面與效果，就可以使整個節目更吸引人。

上列剪輯方式最重要的部分在整個畫面的連續性。畫面經剪輯後畫面是否順暢，剪輯時機的把握是很重要的因素。因爲沒有理由的鏡頭轉換最容易造成畫面跳動或不自然的現象。這些現象會使觀衆產生抗逆心理，因而在每個剪輯動作之前必須了解觀衆的想法。在進行剪輯之前，導播必須於很明確地將自己的想法，進行充份引述與溝通；値得一提的是有關聲音或特殊效果的製作，皆應一併告知剪輯人員，才可進行剪輯的動作。

第二節　剪輯的種類

剪輯的種類可分爲：1. 控制軌剪輯與時碼剪輯；2. 線性剪輯與非線性剪輯；3. 線上剪輯與線外剪輯，茲分項敘述如下。

控制軌與時碼

早期未發明錄影帶時碼之前，電視的剪輯都使用控制軌跡(Control Track，CTL)訊號剪輯，但因CTL是錄影帶經由錄影機內同步訊號(Internal Sync Signal)所產生的脈波訊號，而脈波(Pulse)是一種跟隨實際景物錄影而產生的電子訊號，每一個圖框上都有一個。控制軌剪輯如遇到脈波相同的情形，其編號就有錯誤了，故其準確度較時碼剪輯爲差。其僅代表錄影帶的控制訊號，但當錄影帶自VCR退出之後，VCR面板上的數字便會自動歸零，更麻煩的是，控制軌跡訊號的數字之準確性不高，因此，做爲剪輯使用的參考必然不理想。到了1969年之後，錄影帶時碼技術才正式被引用到電視錄影帶內，做爲記錄影像訊號的依據。時碼最大的好處是準確、效率高，尤其是一旦但錄影帶時碼打入之後，便不會消去，隨時可以讀取所需畫面的接點。

剪輯時剪接動作所依據的準據爲控制軌的，稱爲控制軌剪輯；而依據時碼的，則稱爲時碼剪輯。控制軌剪輯是計算出帶子上控制軌上的脈波予以編號，剪輯人員就可以依此編號找出帶子中所需要的部份。而時碼剪輯則是對畫面中的每一圖框予以編號，獨立地記錄下來，以供剪輯找鏡頭與鏡頭接點時使用。

時碼格式的形成

時碼的重要功能，是標明影帶上每一個連續的畫格。它勝過控制軌的脈波，與影片邊緣齒孔的功用相同。控制軌的脈波可以維持穩定影帶速度。但不能十分準確的標定畫格，然而時碼可以找出特定的畫格，在剪輯作業的時候，跟一條或多條影帶同步。

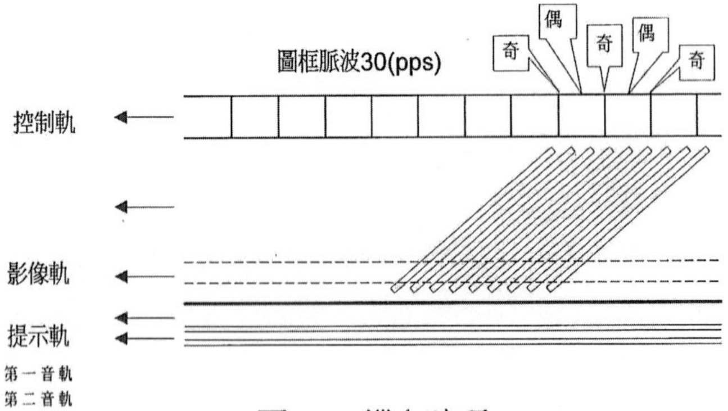

圖8-2　縱向時碼

時碼的資料，通常是由時碼產生器，錄在影帶上兩個聲軌中的一個。在影帶剪輯的早期，這個聲軌用來錄時間資訊，叫做提示軌(Cue Channel)。後來有了第三軌，加錄時碼資訊叫做定位軌(Address Track)。

線性剪輯與非線性剪輯

傳統的剪輯方式皆爲線性剪輯，它的意義是將各種聲音與畫面來源，直接輸出至錄製設備或經處理後再輸出至錄製設備，再由錄製設備將各種被改變或組合後的畫面錄製下來，而製成最後的節目內容。通常是以兩部錄影機與一座控制盤組成一部剪輯設備錄製，或經特殊效果產生器將各個聲音與畫面來源傳至錄影機的A/B Roll剪輯設備組合。

非線性剪輯的作法則非如此，它並不需要連接各個錄影機、畫面選擇器及效果器等，而是將畫面或聲音訊號直接轉錄至電腦上，一切的畫面與聲音效果都在電腦上做。如何卡接或溶接、淡入淡出等，都直接用滑鼠與鍵盤在電腦上設定，且可同時做好幾種來源的剪輯，甚至還可以做兩個節目的同時剪輯。線性剪輯與非線性剪輯最容易的判斷標準，在線性剪輯使用剪接機，但非線性剪輯則使用電腦。

由於將節目轉錄製電腦上，非線性剪輯的節目訊號爲數位式的，在剪輯的品質與效果上可盡如人意，達到盡善盡美的效果。按此可以顯見，由於電腦多媒體功能的日益強大，電視製作結合電腦的趨勢勢不可免。而此種趨勢，主要就表現在電腦動畫與字幕、各式MIDI設備及非線性剪輯上。故非線性剪輯將爲未來電視剪輯作業的發展趨勢。但目前因非線性剪輯設備昂貴，恐怕還要一段時間才會普遍化。

線上剪輯與線外剪輯

電視剪輯作業的模式又可分有線上剪輯與線外剪輯。所謂線上剪輯(On-Line Editing)，是指所有聲音與畫面的剪輯作業如組合與效果等，都在同一剪接室裡完成。也就是線上剪輯的方式是由剪輯人員將每一部份的畫面組合起來，同時將畫面做整個剪輯工作，而且是包括以電腦協助找帶及找接點，完全是以電腦自動控制。

線外剪輯(Off-Line Editing)的剪輯方式，是指整個剪輯的工作中心分有兩處以上，在剪輯室裡只是單純訊號之呈現。至於看工作帶及構思如何剪輯等工作項目，在進剪輯室前已於其它地方整合。所有經過重新組合後的畫面與訊號聲音之呈現，線上剪輯與線外剪輯各有利弊。一般而言，線上剪輯的缺點是需要較多的預算，因使用兼具有剪輯加效果又能夠處理聲音或簡單電腦繪圖佔用剪輯室的時間自然會較長；但一有構思，就可直接剪輯，如有不妥當的地方就可以馬上修改；而線外剪輯的優點除了成本低之外，佔用剪輯室的時間也較短，剪輯人員也較無時間壓力，工作母帶因爲上錄影機的次數較少，較不易損壞。以簡易的器材先行剪接、看帶及效果規劃等，先行設定。如有必要也可在外租用較簡單剪輯室使用。

第三節　剪輯的流程

電視剪輯的流程，應緣於1956年錄影帶產生後的事，而錄影帶發明仍要向後延至1961年；所謂電子訊號編輯的形式確立才更爲明確。

與電影不一樣的地方是，電影的剪輯是剪下來接，而電視錄影帶是將一堆儲存於磁帶的訊號，取出來重新加以組合。但是若不刻意去思考材料的差異，其實，電影和電視剪輯的流程並無太大差異。一般而言，除非是紀錄片的形式，有先行配音之後再剪進畫面，大部份的電視節目都事先將畫面的邏輯完全理出之後，再考慮聲音的剪輯與搭配程序。

電視的剪輯過程大概可多分爲兩種模式，其一爲單純的鏡頭接序，不考慮加入特效的作業方式；另一種則爲必須全部或部份加入特效來銜接的方式。

以前者而言，其步驟極爲簡單，只要先將拍攝完成之母帶，重新加以審視，按照腳本或劇本找出工作帶，逐一順剪便可。若眞有需要，亦可以倒回再找一適當片段，採用嵌入法(Insert)方式加入特寫或反應鏡頭即可。由於此種方式皆爲單鏡頭的順接，其複雜度不高的情況下，並不太需要時碼(Time Code)設定接點，因而機器的操作也比較簡單。

如以後者而言，必須考慮加入特殊效果的剪輯作業，在流程上首先一定要確定所有工作帶的時碼，此一時碼可在拍攝時便可由攝影機的附加功能加入；甚至也可到了後製作室時再行打入。通常加入鏡頭銜接時的特殊效果是採A/B Roll的二對一或三對一的剪輯設備方式進行剪輯作業。因此，其剪輯流程除了要求如前者的工作步驟外，應先行設定準確的接入接出點及效果呈現方式。也因爲其程序較爲複雜，所以，才會發展出線外剪輯(Off Line Edit)的作業模式。節目導播或導演必須與剪接師另行確定所有確實的接點及採用的效果，完成剪輯確定表(Edit Dicision List，EDL)，再將所有EDL 內的記錄打入電腦後，於後製作室內的剪輯設備完成所有的剪輯動作。

剪輯之設備

電視剪輯之基本設備，包括下列各種：

一、兩部監視器(Monitor)。

二、兩部錄影機(VCR)，其中一部是做為播放之用，另一部則做為錄影(Record)之用，但兩部都需要具有遙控。

三、一部控制盤，亦稱為自動剪輯控制器，以記憶設定接點及確定剪輯方式。

由於錄影帶記憶影像採磁化作用，不像影片是化學作用，無法用肉眼直接就可由磁帶中看出拍攝的影像，須藉著整套剪輯設備才可進行剪輯工作。又上述設備只能做到簡單的卡接而已，如要加入其他效果的A/B Roll剪接，如疊印、淡入淡出等，則至少應有三部以上之錄影機與監視器及畫面切換器。如欲做數位化畫面特殊效果的變化，還可加上特殊效果器設備。

圖8-3　剪輯設備圖

剪輯之操作

一、剪輯機上通常有下列各按鈕：

1. Play：將錄影帶上的訊號放映出來。
2. Record(Rec)：將某個聲音畫面來源錄製下來。
3. Fast Forward(F.F.)：向目前磁頭所在的錄影帶位置前快速捲帶(前進)。
4. Rewind(REW)：向目前磁頭所在的錄影帶位置後捲帶(後退)。
5. Stop：停止所有剪接機上的操作，不論是放映、錄影或跑帶等，均停止之。
6. Pause/Still：暫停除了跑帶以外所有剪接機上的作業，但原來作業狀況依然保留，而監視器上也會顯示出目前圖框的靜止畫面。譬如原來的作業是放映，則於現在所放映到的圖框暫停下來，再按一次暫停鍵則會繼續原來的工作。

7. Search：尋找畫面，即找帶。其與FWD及REV的不同處在於用Search可以看到畫面，即可邊看邊找，且亦可控制找帶的速度。

8. Search Dail：此按鍵稱爲尋找旋鈕，可分爲兩個部份。外圈之旋轉鍵爲Shuttle，內圈以撥動凹洞來控制的旋轉鈕爲Jog，如往左邊轉爲REV(迴帶)，如往右邊轉爲FWD(向前跑帶)，而如將shuttle擺在正中間則爲靜止畫面(Still)。擺在最左邊或最右邊爲兩倍速度跑帶，如擺於靜止畫面與兩倍速度跑帶的中間位置則爲正常放映速度。也就是Jog可做圖框與圖框之間的尋找，可適用於快慢動作及靜止畫面；而Shuttle則只能快速跑帶，並不能用於快慢動作。

9. Lock：稱爲鎖定開關，在使用尋找旋鈕時，如將手鬆開則尋找旋鈕會自動回到靜止畫面的位置。如欲在畫面中一直出現二倍數跑帶的話，打開鎖定開關即可將尋找旋鈕鎖定在該位置上。

二、剪輯環境之設定

10. VHS或S-VHS：此指該錄影機上所使用的磁帶格式，在Beta系統的剪接設備中並無此控制開關，只有在VHS上才有。如爲VHS則撥到VHS，Super VHS則撥到S-VHS。來源磁帶與目的磁帶的格式可以不一樣，但須在錄影機上調好所使用的格式。

11. Edit或Play：此指該錄影機的用途是用來放映或是剪接之用，來源錄影機應撥到Play，因其用途爲放映。而目的錄影機則撥到Edit，因該錄影機是用來錄下(或剪接)訊號。

12. Hi-Fi或Norm：此指磁帶上的聲音爲Hi-Fi或是普通(Normal)的聲音。剪接Hi-Fi聲音時，必須來源與目的錄影機都要此功能；且來源磁帶要已錄有Hi-Fi聲音，而目的磁帶上須可錄Hi-Fi聲音，方可進行。

13. Remote或Local：如果使用控制盤來剪接的話，須將此調整開關調到Remote，如不使用，則調到Local的位置。但一般而言，除非是極克難的方式，剪接皆會用到控制盤，因較便於操作之故。

三、剪接之過程

每一個錄影機上都有一個計時表，在控制盤上的計時表則有兩個。這個計時器可使剪輯人員便於瞭解目前畫面的所在位置，在剪接時則依此數據告訴剪接機應該要從何處剪接至何處，也就是畫面的起始點或稱剪接點或接點。而如欲重新計時，則可按Reset 鍵將計時表歸零。

在剪接時，如欲確定是否已確實錄製進去，可由監看表看出。每一部錄影機上都會有監看表，監看表包括音量表及視訊表，在聲音部份可由音量表指針之移動看出，在影像部份則可由視訊表上看出，而在音量表與視訊表下都會有開關可調整輸出輸入的大小。

Hours　Minutes　Seconds　Frames

00 : 00 : 00 : 00

圖8-4 剪接機上的計時表

組合剪輯與嵌入剪接

組合剪輯(Assemble)與嵌入剪輯(Insert)的區別，只是在這段剪輯的過程中有所不同而已。組合剪輯與嵌入剪輯的不同之處主要爲，組合剪輯的目的磁帶，在接點之前，需要有訊號，不能是空白的；而嵌入剪輯在接點的前後都要有訊號，所以組合剪輯的目的磁帶前面至少要錄有30至60秒的訊號。而嵌入剪輯一般而言則會將整個磁帶過帶(通常是整卷都錄彩色條碼，即Color Bar)或是黑畫面。

再者，組合剪輯會將整個磁帶的影像及聲音訊號都拷貝到目的磁帶上，而嵌入剪輯則可讓剪輯人員選擇要剪接何者。嵌入剪接可只剪接影像訊號過去，但也可只單獨選取剪接聲音訊號。

如果有可能的話，最好皆使用嵌入剪輯，因組合剪輯剪出來的目的磁帶，在起始點前面會有一小段的雜訊，一般俗稱「黑洞」，而嵌入剪輯則不會。但組合剪輯不用過帶，比較節省工作時間及使用剪接機的時間。

使用組合剪輯只要在控制盤上按Assemble鍵即可，而嵌入剪輯則在Insert標示下的Video及Audio鍵中，選擇所欲剪輯者，也就是影像聲音全剪或單獨補畫面或配音。如果聲音與影像皆要剪接，則兩鍵都應該按。

一、起始點與終點之設定

在找到欲剪接畫面的起始點與終點之後，則必須將之設定，才能剪接。起始點稱為In點，而終點則稱為Out點。設定In、Out點的方法是先找到起始點之畫面或終止點之畫面，然後先按住Entry鍵不放，再按In或Out鍵，即完成設定。如欲改變In、Out點，則直接到新的起始點之畫面或終止點之畫面予以設定即可。但也可以先按In或Out，再按clear 將之消去。

如為組合剪輯，則只要設In點就可以了，但如為嵌入剪輯，則In、Out點都必須設定。

二、剪輯之執行

In、Out點設定之後，可按Preview先行預視剪輯後的結果。如欲正式剪輯，則按Edit即可，剪輯完畢後，也可按Review來重新監看剪輯後的結果。

在正式剪輯前最好都先預視。一旦剪接之後發生錯誤，如要再修正就很困難，常常都會發生要重新剪輯的情形。

剪輯的概念

從電視攝影的角度而言，剪輯可分爲五個「C」：1.攝影角度(Camera Angle)、2.分鏡的連續性(Continuity)、3.剪接(Cutting)、4.特寫(Close up)、5.取景與構圖(Composition)。可以瞭解到電視製作的剪輯語言與電影相較之下，其實是差不多的，除了Cut改成了Take的用語外。剪輯不同於拍戲時使用的劇本或腳本以及在前製作業時所使用的劇本或腳本，到了後製作的剪輯作業時，可能僅僅提供了參考的作用而已。到了後製作的剪輯作業時，剪輯師的主要工作是如何將一段一段支離破碎的畫面，加上專業的技巧與靈活的邏輯思想，結合成一齣齣感人肺脯的或令人捧腹大笑的節目。

在剪輯作業時須注意到不能跳接(Jump Cut)的情況發生，所謂跳接，是指跳接的那兩個圖框間，有一定的相似性，但跳接前一個圖框以前畫面的連續性，與跳接之後圖框的畫面連續性不能相接合，而使觀眾產生突兀的感覺。跳接是爲破壞畫面連續性原則之情形之一，關於跳接情形之避免，請參閱第四章「畫面的連續性」部分。

傳統的映像組合目地只是在使鏡頭適當秩序排列組合起來，提供平滑通暢、不著痕跡的畫面轉換，以達成畫面的連續性與韻律感，使觀衆將注意力融入戲劇的發展而忽視剪輯動作的技巧，感受不到轉移的痕跡。

如今的剪輯觀念所強調的就不只是平滑剪輯，順暢的表現劇情而已，不同的剪輯師，心中有著不同表現劇情的剪輯手法。相同的劇情，經過不同的剪輯師或導演手中，剪出的成品可能帶給觀眾的是完全不同的震撼。這或許可以說是個人主義的一種表現，每個人均會創造自己的獨特風格。

剪接的發展成爲了繼劇本之後的再創造，各種語言都有著自己的文法與特殊的用法。近年來影像科技的快速發展，使的影像也具有了自己的文法，像文字一樣，相同的字、相同的詞，可以創作出不同的文章。影像也是如此，各種大片段、小片段的影像，就像是一句詞、一個字一樣，可以經由創作使它富有各種不同的生命力。

幕後剪輯的工作不僅在於鏡頭的安排表面意義，由平日的細心觀察與體會逐漸領悟出創意才算是進步。運用這些創意有計畫的引導觀衆思想與聯想去接受影片中意念的傳達，讓觀衆感受到你在說什麼或讓觀衆去思考、去體會，就算成功了。由此可見剪輯並不一定非完全合乎邏輯的接續性，如時空的跳動可按影像的內容重新加以組合，但應避免造成視覺的雜亂感。

蒙太奇與電視畫面的組合

蒙太奇(Montage)，原是法文「構成」、「組織」的意思，中文解釋爲「電影構成」或「電影組織」，到底何謂蒙太奇？俄國電影導演愛森斯坦在「電影形式」一書中用中國六書的「

轉注」來解釋，他認爲如果將中國字的「口」字加上「犬」字變成「吠」；「口」字加上「鳥」字變成鳴。而這「吠」字「鳴」字，並不是狗的嘴巴，而是「狗叫」，也不是鳥的嘴巴，而是「鳥叫」。這說明了將兩個不同的字(內容)相互結合在一起，可以有第三種意思。就好像使兩個舊的東西合在一起，而產生了一種全新的意義。電視的剪輯觀念便是利用這種道理，應用在畫面的銜接上面，使之成爲一種新的鏡頭銜接技巧，亦稱之爲「蒙太奇剪輯手法」。

電視是延伸電影的動態視覺藝術，特別是在剪輯的概念上，也可說是概念上的轉移。其實，如就畫面剪輯的本質來說，蒙太奇是一種處理時間與空間的藝術手段，同時也是電視製作過程中決定影像時空的中心技巧。它的出發點是爲了構成一種有條理，有凝聚性的藝術媒介。電視導播爲了組織這些散漫又似乎可以應用的材料，試著銜接個別的鏡頭之後，使它成爲一種有意義的新結合，也使其成爲一種富有藝術特質的新總體。

在日常生活的經驗中，任何一件事的發生，都是循序漸進連綿不斷的，不論是時間或空間都無法縮短，但是在電視的時間和空間卻可以任意縮短或增加，甚至可以任意分割，不同的的時間和空間的場景在剎那之間加以銜接起來。只要透過剪輯技巧不但距離的間隔消失，連同時間也可隨意的縮減。

綜合以上的探討，蒙太奇的剪輯邏輯其意義不外乎，除了可將畫面組合去創造影像更多的意涵之外，也是爲了如何以較短的時間傳達更多更完整的訊息。電視的剪輯理念似乎就是在此一邏輯中尋找另一種陳述影像的生命力。當然，這些蒙太奇剪輯的運用，仍存乎電視導播如何加以運用。或許在強調速食文化的電視工作特質中似仍有段距離，但是，如何逐步提升此一影像的思考模式，卻是不可或缺的理念。

第四節　後製作業

特殊效果產生器（Special Effects Generator，SEG）

如果只有兩部錄影機及監視器與一部控制盤來剪接的話，只能做到簡單的卡接畫面而已。如欲加上其他的效果來剪接，則必須要加上特殊效果產生器。

特殊效果產生器有類比式與數位式兩種，一般剪接設備常用的畫面選擇器(Switcher)爲類比式的，而數位式畫面效果器(DVE)則爲數位式的。數位式的特殊效果產生器效果內容非常豐富，其將傳統的幾種畫面效果又新增了好幾種變化。特殊效果產生器須與控制盤及錄影機連接，才能產生作用。

加上特殊效果產生器後，大概可做到下列效果：

一、卡接－Take or Cut

在製作中將畫面作立即的切換叫Take；但如於錄製後再剪輯則稱Cut，涵義相同。是從一個鏡頭到另一個鏡頭最快速的轉換方法。情節在同一時間地點進行，它具有連貫性；瞬間轉變，給觀衆的衝擊力也最大。

在卡接時需注意畫面的流暢感，也就是需遵守畫面的連續性、一百八十度假想線、及主客觀角度切換的原則。

卡接有強調情節中的某一主體、轉移觀衆的注意力的作用。又如欲配合音樂節目的節奏，或抓住「反應」鏡頭，用Take(Cut)的方式切換，是最適用的一種剪接方法。

二、淡入與淡出－Fade In & Fade Out (or Fade Black)

由黑暗的螢幕逐漸轉成爲一個圖像，是爲淡入。用一個故事或一個段落的開始，就好像舞台表演的開幕一樣。淡入的速度快慢不同，可以隨著導播個人風格或情節的需要，分爲「快入」和「慢入」。

淡入淡出應不宜濫用，否則會產生分割或插入式的效果，而破壞敘述的流暢。尤其是電視，每當螢幕上「淡出」畫面全黑的時候，即似乎在表示節目已結束。

三、溶接－Dissolve

溶接是把一個場景跟另一個場景混合一起，也就是把一個淡出重疊在一個淡入之上；把前景圖像消失的密度與後景的密度平衡起來。

溶的作用，是涵蓋一種時間的推移，或使一場場景的變化變得柔和一些，而不致使人感到太突然或太刺激。由於趣味中心的突然改變，看來像是跳接的場面，也可以用溶來掩蓋。

溶的時間長度，因配合感覺性的節拍而有不同。「快溶」的重疊時間約需一至兩秒鐘，表示兩種作風同時進行，或是平行發展。「慢溶」約需三至五秒鐘，表示時間或空間的變化。例如春夏秋冬時令的進展，或是茅屋變高樓，滄海變桑田。

回憶或聯想也有人用溶。但在回到原來的故事時，就往往不一定需要用。或者有幾種回憶時，到後來便可以把它免除。它之所以被免除，因爲大家要求節奏明快，多用直切的方法。此外，也有在用溶的同時，先將畫面來配合使用。如果時機使用適當，會有另一種意想不到的效果。

四、劃；拭接－Wipe

拭接是後一個圖框，以類似擦拭的方法，將原來的圖框蓋去。拭接大致上可分爲垂直拭接、水平拭接角落拭接以及各種圖形等方式，如後圖整個由右向左拭去原圖，稱爲垂直拭接；如由上到下，則爲水平；由角落向其對角拭去，則爲角落拭接。兩個圖框間有一分界線，分界線可調整爲清晰的線，或一條柔和的混合線；而線的運動方式，可以採用打圈、擴大、縮小、擺動、旋轉或扭曲等花樣。

拭接有兩種作用，一是用在剪輯，另一是合成(或分割)攝影。用在剪接的拭接，跟溶相近似。溶是把圖像淡出與淡入重疊，拭接是前景逐漸被後景揩拭(或劃過)而被佔滿畫面。例如冬去春來，可以用溶接也可以用拭接。依劇情時代背景和導播處理風格等因素來決定。如果是寫實文藝劇應該用溶接；如果是新潮或科幻，則可以用拭接。

所謂合成(或分割)，是由兩或三部攝影機所攝取的不同的景物以各種圖形組合(拼湊)成一幅畫面。最常見的是把甲乙地兩個人通電話的兩個鏡頭聚成一個畫面，左右各一個人拿著話筒在說話。

五、疊印（Superimposition，Super）

疊印的效果跟溶接相近似。快溶重疊時間一兩秒鐘，慢溶三至五秒鐘。而疊印沒有時間限制，依照劇情發展的需要而定。如情書上映出愛人的影子，可瞬息即逝，也可疊印很長的時間，直到情書上的文字念完或讓觀衆看清楚爲止。

導播使用疊印效果，兩部攝影機所拍主體的心中位置不可重疊。例如「睹物思人」，人與物的人心位置疊印在一起，見人便不見物。所以應予錯開，把人放在左畫面，物放在右畫面。同時要注意背景的明暗度，背景太亮，疊印景物便不清晰。如劇情許可，可先使用Soft Wipe效果，而後再疊印。

六、嵌畫－(Chroma key)

也是將兩個畫面以另一種方法重疊。它是使用色彩分離嵌入效果，把一幅畫面中的某一種色彩除去；除去的部分由另一部攝影機的畫面來補充；那不須除去的部份，不可有與除去的色彩相同，亦即被嵌入畫面的演員，不可穿著設定顏色之衣服。

這種效果應用的很多，新聞報導便是將主播嵌新聞圖片或動態的畫面上。又如綜藝節目或神怪劇等，也是將人嵌在各種不同的背景畫面上，除了節省許多佈景費用之外，其效果幾可亂眞。

以上所舉者，除畫面分割與旋轉及翻飛效果也可在單一圖框上做效果外，皆為在圖框與圖框間，連接所做的效果。而在單一圖框上所做之效果，大概有下列幾種。

1. 馬賽克
2. 迴影效果
   (1)畫面靜止停格和間歇性畫面靜止－畫面可以永久靜止，而間歇靜止的時間，可以間隔由三十分之一秒到十秒。
   (2)畫面鏡子效果－在同一畫面上同時映出相同畫面，而尺寸漸次縮小的鏡子效果。
   (3)畫面區域分割－在一幅畫面上，可以分割水平或垂直或兩者同時之相等面積分區相同畫面，且各區畫面可以靜止或做間歇跳動。
   (4)畫面移動軌跡殘留，或軌跡逐漸消褪等。
3. 油畫效果
4. 改變畫面比例

動畫及字幕

現在動畫與字幕的製作，多以產生器(Generator)為之，而此產生器大多指電腦而言。所謂的產生器，即為能不經過聲音與畫面的拾取設備(Pickup Device)而逕行產生聲音與畫面之電子訊號的機器，而此處的產生器多指電腦而言。

通常我們以電腦來製作動畫及字幕。製作動畫的軟體可以顯示文字，也就是有上字幕的功能。而製作字幕的軟體，其實也有簡單繪圖的功能。

一、動畫

動畫製作的內容可以是單純地只有電腦上作業的結果，而錄到各種錄製設備上。但也可以將攝影機所拍攝下來的畫面，轉換成數位化的畫面，而在電腦上修改。

通常動畫製作都會有其特定的螢幕格式，以定義座標及畫面解析度。定義座標之方法如下

即水平座標爲X軸，垂直座標爲Y軸，定義某一座標的方式爲(X,Y)　，但左上角之處爲原點，即(0,0)。

動畫軟體中有繪製各種形狀的功能，且繪製出一種基本圖形，可很容易地變形成爲所要的效果圖形，而顏色亦同。由於電腦上所能提供的顏色極多，在理論上已達到16.7百萬餘色，已經超過人眼可辨識的範圍。即可辨識，顏色的控制也很不容易，故也可拷貝畫面中的某一點之顏色。此種做法對於修改實景拍攝下來的畫面非常有用。再者，動畫製作也可加上各種效果，如波浪、翻轉、馬賽克、油畫等。

動畫通常都需要很先進的電腦設備，因不論是一個圖框一個圖框更替或定義物體與環境的方式來製作動畫，皆需要非常複雜的計算。

二、字幕

字幕的製作方式可分三種，一種是電腦所製作出來的，另一種是使用字幕機製作。字幕機的原理是使用影像拾取設備，大多是以攝影機將字幕的圖卡拍攝下來，經由**DVE** 的特殊效果

處理，而出現在畫面上。而如無上述設備或只有字幕機，但字幕機效果不佳時，可能就要使用第三種方式來克難。也就是使用影像拾取設備將圖卡拍下；但此種作法效果通常不是很理想。而與字幕機的不同在於字幕機的邊線、顏色等，可於司鈕上做修正。用攝影機直接拍攝者則否。

早期的字幕製作多使用攝影機拍攝圖卡的方式，現在字幕的製作多使用電腦。電腦所製作出的字幕，與字幕機相較，電腦字幕有效果良好、操作方便、可隨時版、且易修正與排版、且易於製作的三大優點。使用字幕機還要製作圖卡、對圖卡打光、及請助理導播爲字幕上色等。而電腦字幕則只要打好字，在選出所要的字形、大小、顏色的條件就已告一段落。如須修改，也只要修改指令或按一按製作字幕程式的選項表就算完成。

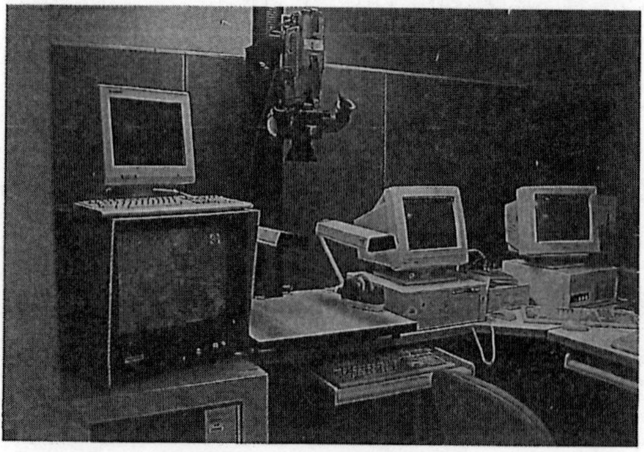

圖8-5　字幕的製作

三、字幕的種類

一般電視電影節目的製作除了影像與聲音表現出整體的節目風格之外，字幕的加入可以讓我們對影片有更進一部的瞭解。依節目的順序而分，字幕主要可以分爲八種：

1. 在開頭告知片名(Main Title)，節目名稱的設計往往影響觀衆是否選擇觀看此片的重要原因。也算是主字幕(片頭字幕)，它出現在每一個節目的第一個畫面，給人整部作品的開頭印象。無論是插圖、照片或動畫式的製作方式，都要配合作品的內容做最出色的選擇。文字標題製作以搶眼爲前提。提到片頭字幕，以人而言，就是姓名及臉孔，書的話，就是封面。錄影作品自然也是。

   封面製作精美的書，會讓人有一探究竟的慾望。同理，錄影作品的片頭若製作的生動典雅，仍會讓人對其內容感到興趣。
2. 簡要內容說明(Sub Title)或前情提要，有些戲劇性節目往往會在開頭說明此節目的由來、內容、或上一集的劇情。
3. 演員名 (Cast Title)及在劇中所扮演的角色或在新聞節目中受訪者的頭銜。
4. 對話或是影像疊映字幕(Superimposition Title)或是旁白或是劇中爲了加強戲劇效果的聲音。而對於外國片就更須要字幕來彌補語言的障礙。
5. 片尾結語(Ending Title)，通常是用旁觀者的角色在戲劇節目的結束時加以以說明或提醒做人的道理。

6. 片尾字幕，即放在作品最後面，通常出現的字幕是「劇終」，「謝謝收看」，或是用外文字END、FIN來表示。

7. 工作人員名(Staff Title)在節目結束後，習慣將參與本片的所有工作人員如演員表、導播、導演、攝影師、燈光、音效、技術指導、剪接等等。以節目製作人員，甚至如感謝的人、公司、場地、服裝、道具的提供者都可放入。

8. 製作公司名(Top Title)，在節目中通常放在前面會有自己公司的標誌，劇尾也不忘了在提醒人是某某工作室、傳播公司拍攝製作的字幕。

關鍵詞彙

蒙太奇	剪輯
控制軌	時碼軌
線上與線外剪輯	組合剪輯
嵌入剪輯	特殊效果產生器
淡入淡出	溶接
疊印	嵌畫
畫面分割	字幕的製作

動畫的製作　　　　　　磁帶的種類

參考文獻

一、中文部份：

趙　耀譯　(民82)，後製作剪輯。台北：五洲出版社。
陳清河　(民80)，ＥＮＧ攝錄影實務。台北：合記圖書出版社。
張敬德　(民76)，電視工程實務。台北：合記圖書出版社。

二、英文部份：

Fielding, K. (1990). Introduction to Television Production. New York: Longman.

CHAPTER 9
攝影棚

本章摘要

電視發明以來，攝影棚一直是生產節目的重心，縱使後來戶外節目日漸加多，甚多節目型態大多仍需仰賴棚內作業，諸如綜藝節目、談話節目、戲劇節目以及新聞播報等等。電視攝影棚最大的特色，乃具備整個的聲音及影像處理功能，可在同時間完成製播的工作。正因爲如此，電視攝影必須採專業分工的圖像作業模式。

本章介紹整個電視攝影機棚內製作的場地與設備。主要談及有關攝影棚、主控室及副控室，甚至深入到如攝影棚內的設備、主控室的功用、副控室內設備的詳細說明與功用。

本章的內容包括：

概述電視攝影棚

內景與外景的區分

電視攝影棚的分類

攝影棚內的運作與設備

攝影棚的構造與功用

攝影棚的面積

攝影棚的高度

攝影棚的天幕

攝影棚與副控室

副控室

視訊裝置

成音控置器

燈光調節控制器

電視節目製作人員職掌

製作人員編制

人員職掌

主控室

主控室與副控室

主控室內的設備

主控室的工作人員

第一節　電視攝影棚概述

從外面走入攝影棚，通常可以看到門的上方掛著紅、綠燈號；通常燈的上面會有中文「工作中」或英文「ON AIR」。如果紅燈是亮著，特別是大門也是緊閉的情況，那就表示攝影棚中正在錄製節目，爲避免發生噪音或干擾拍攝，請勿誤闖；若有紅、綠燈，則當綠燈亮起時，或和工作人員電話聯絡後，待其開啓大門後才可進入棚內。

攝影棚的大門，通常都使用兩道隔音門做隔音。打開第一層厚重的隔音門之後，可以看到通往棚內或通往控制室的門。記得先關上第一扇門，再打開第二扇門。眼前又高又大的寬敞空間就是所謂的「電視攝影棚」。

一般的攝影棚，高約二至三層樓高甚至有四層樓高者。上面掛著一排排的燈桿，而燈桿上有各式的吊燈(有排燈、杓燈……)，這些燈都可經由燈光控制器自由的旋轉或升降，依劇情所需來安排燈光之使用。屋頂上有各種吊桿可以懸掛各種布幕或景片。攝影棚內也有中央控制的空氣調節出口以調節棚內的空氣循環，如此可以保護棚內各種昂貴的燈光設備或攝影器材，也防止拍攝時燈泡所引起的高熱，使工作人員在舒服的環境下工作。

攝影棚的牆壁非常的厚實，表面貼了一層可以吸收聲音而且又防火的材料，所以棚內通常都非常的安靜。一般攝影棚上方製作成平坦的圓形，兩面牆連接地面，叫做「天幕」(Cyclorama)。而棚內有一面牆是用雙層玻璃製成的瞭望窗作用在讓副控室內的導播與工作人員可以透過玻璃看到攝影棚內的狀況。不過，現在仍有許多攝影棚與副控制室皆採取看不見對面的方式。

圖9-1　燈桿、吊燈

攝影棚內的地面設計宜光滑、平坦。一般水泥地面較適合戲劇，塑膠地面較適合綜藝攝影棚。棚內的另一端通常規畫有器材儲藏室，可以放置攝影機、成音器材、燈具及一些小道具。大多數的攝影棚皆以此一空間做為調整攝影機的場地。攝影棚的四面一般會有黑布式的大簾幕，可以做為背景。攝影棚外近距離之處宜有演藝人員更衣室、洗手間、服裝室、休息室等等，甚至需有專門放置佈景、道具的地方。

圖9-2　電視攝影棚的全貌

內景與外景的區分

電視節目的拍攝場景我們可以很簡單的分為棚內景和戶外景。顧名思義，棚內景指的就是本章即將說明的電視攝影棚棚內製作；而戶外景指的是電視攝影棚以外的場景。由於現代攝影科技的進步，以及各種場地的取得不易與不便，因此攝影棚的應用可說非常重要。節目導播可以運用各種不同的燈光、佈景及道具，在攝影棚中佈置出符合各時代、各種不同類型、氣氛的場景，因此瞭解攝影棚並善用它是非常重要的。

電視攝影棚在棚內拍攝節目的時候，多使用三機作業，一部拍攝全景、一部拍左邊的中景或特寫、一部拍攝右邊的中景或特寫。而導播在副控室中，可以藉由許多的監看器(Monitor)，選擇想要的畫面。

而在戶外錄製節目的時候，如非必要，通常只使用一部攝影機。有時，視節目成本的高、低及導播的要求，像是拍攝現場節目就會使用轉播車，及多部攝錄影機，將所攝得的畫面在短時間內經由微波發射器，傳回電臺，再藉由轉繼站發射出去給全國觀衆。

電視攝影棚的分類

電視攝影棚的設備，雖然內部基本結構都是差不多的。但有時如果成本夠，爲了避免場內佈置時常大幅調動，電視台也有將攝影棚做專門的區分的，一般是以節目的主要類型加以區分。

一般較常見的電視攝影棚種類有：1.綜藝攝影棚；2.戲劇攝影棚；3.新聞攝影棚；4.社教攝影棚；5.多用途混合攝影棚等。

電視台之所以會將攝影棚分成以上這幾種功能，乃是因攝影棚的大小、長寬、高低，皆有其收音表演等的特性及未來的發展。

攝影棚內的運作與設備

通常攝影棚內是採用三機作業，意思是棚內一般會有三部棚內大型攝影機，而每部攝影機各取著不同的構圖與角度。當確定了棚內要拍攝的節目類型之後，美工道具、背景設計人員就會配合劇本繪出佈景圖，並在棚內做搭景的工作。搭景完成，打開燈光，演員走位，透過攝影機呈現出一切電視所將呈現的景況。

攝影棚内每部攝影機都連接著一條電纜，這些電纜直通到副控室的C.C.U(攝影控制器)，而導播可以在副控室中的監看器中，指揮棚内的攝影機及演員的各種動作。

在成音部分，現場會有各種性能與式樣的麥克風。目前一般戲劇節目中多使用吊桿式麥克風(Boom Mic)，可以前、後、上、下、左、右運轉自如，也可以用手拿。或者用一般綜藝節目常用之隱藏式的小蜜蜂型麥克風。和攝影機一樣各麥克風的電線也都連接到副控室成音控制台上由導播加以掌握。

每個節目在拍攝之後為了讓演員及各工作人員熟悉流程，均務必在棚内彩排或做攝影排練(Camera Rehearsal)。彩排或正式錄影時，各工作人員的工作職掌變得十分重要。

第二節　攝影棚的構造與功用

對於攝影棚的設計，首先要考量的因素，除了經費的預算以外，最重要的就是因應將來的實用性。一整個攝影棚建築起來，其造價光看其中的設備，就知道一定十分的昂貴。

所以在設計的初期，就必須針對攝影棚的未來走向與方便性，做出十分詳細的規劃與探討。諸如未來的趨向，是朝綜藝攝影棚、戲劇攝影棚、新聞攝影棚、社教攝影棚、或是多用途混合的攝影棚，設計起來都有不同。而且，必須有其相對的副控室，副控室中的電子儀器，精密且種類繁多。攝影棚上方更有一盞盞的燈具。

另外，攝影棚中也需要供演員使用的排演室及化粧間、供放置佈景的佈景間、一般道具的道具間...等。因爲用途的不同，其面積、高度，就不相同。

攝影棚的面積

在攝影棚最初規劃之時，首要的問題就是面積的大小。通常專爲戲劇及綜藝節目設計的攝影棚較大，爲新聞及社教性節目設計的攝影棚較小，或屬中、小型的攝影棚。

攝影棚的高度

考慮攝影棚的高度之時，須先考慮到天幕的高度。而影響到天幕高度的因素尚有攝影棚的面積、長度、寬度，來決定天幕的高度，而天幕的高度與攝影機的視角有關。而其它決定攝影棚高度的要素尚有燈光撐架、燈架上的燈等。這些均不可低於天幕的高度，否則，均會影響攝影機的取景。大型攝影棚如拍攝大型綜藝節目者，其高度達三層樓約十公尺高；小型攝影棚大約二～三公尺高。

茲將大、小電視臺各類攝影場的面積，列一個比較對照表，讓讀者們對於所謂「大棚」「小棚」，有一完整的概念。

攝影棚規模	地板面積	天幕	
	[m2]	面積 [m2]	高度 [m2]
超大型攝影棚	650 以上	450	8 以上
大　型攝影棚	300～500	300～400	7～8
中　型攝影棚	200～300	150～200	5～6
小　型攝影棚	110	55	3

表9-1　典型的大小電視攝影場面積對照表

其中電視攝影棚內，從在燈光撐架到天花板之間還有佈景用的昇降機、燈光電線線槽、冷氣空調管、及隔音、反迴音的設施、以及攝影棚高牆四周的小走道，俗稱的貓道(Cat-walk)。

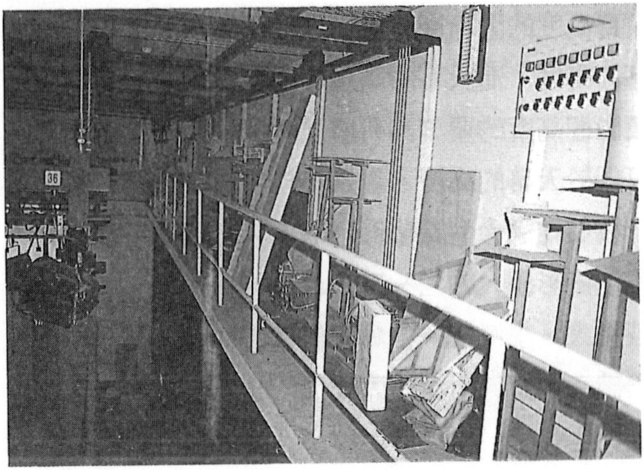

圖9-3　貓道

攝影棚的天幕

在棚內錄影，天幕是非常重要的一種設施，天幕的好壞、顏色、及其表面的光滑程度，都會在電視的畫面中表現出來。因而我們在設計天幕的時候，對天幕質料與色彩的選擇，要先做一番的考量。亮度太高，會使景物及前景、道具顯得暗淡；亮度不夠，又容易使背景顯的死氣沉沉或主體區域曝白現象。

設計天幕要注意其材質的品質，不可有凹凸不平及裂痕的情形。如此經過燈光的照射及攝影機的拍攝，會顯的難看，就如平時我們所稱的「穿梆」。

一般較大的天幕是採用油漆的方式。顏色採用國際標準的N-8灰色調，對光的反射程度是60%。而較小型的攝影棚天幕，是用帆布加金屬固定並撐開，以避免皺紋的產生。帆布上必須塗上防火的材料，否則，在拍攝節目時，因爲燈光引起的高熱，容易使帆布起火。

在收音方面，天幕的設計也有影響，如果左右的弧度設計相同的話，容易產生迴音，須在某一邊加裝一層能夠吸收回音的布簾，以減少聲音的反射。另外，也可故意將左右的壁面弧度與長度設計成不一樣，則可減低對聲音的迴響。

天幕 (Cyclorama)：在攝影棚裡面，於兩相鄰牆表面周圍的布幕，在轉角的地方成弧形，可以讓佈景不受轉角限制，當做銀幕使用。如加上自然界的月亮、太陽雲、星星等，顯示於布幕上，可使畫面效果變的更生動 眞實。

通常只有較大的攝影棚，才有燈槽的存在。燈槽通常是在天幕的下方三面牆下，一般都有燈溝，對天幕而言，是非常重要的燈光來源。燈溝中有裝著「地排燈」由下往上方照射，可以和燈架上掛的燈相互配合，使光源有非常均勻的表現。

攝影棚與副控室

在攝影棚的另一邊一定都會有線槽 (Wire Duct)，連接棚內的麥克風、喇叭、監視器、燈光等，以與副控室、調光室、成音室相互連接。

一般中、大型的攝影棚，副控室在攝影棚的二樓，而在棚內一、二樓一般會有旋轉梯相通，通往副控室。副控室中因爲有許多與一樓相連的線路，導播可以非常方便地藉由監看器及監視器瞭解棚內三部攝影機的拍攝狀況，也可以從每個人頭上配戴的麥克風及耳機中清楚的對棚內的各個人員下達口令。

由於大型的攝影棚裡面可能有上百具以上的燈光、燈光迴路因此也有上百條，需要有相當完備的空調系統以及散熱風扇。

爲維護平時攝影機、燈光的清潔與安全，攝影棚中都設有攝影機和燈光庫房。庫房中可能還有照明設備、延長線、麥克風立架、麥克風推車、攝影機電纜收線盤……等。如果是綜藝性質的攝影棚，由於所須的效果燈種類繁多，也會多設一個燈光庫房。

第三節　副控室

副控室 (Sub-control Room) 亦稱爲「製作控製室」，是電視節目棚内製作的中樞，導播與其它工作人員在此控制品質與進度。

副控室佈置，應考慮到導播及所有在副控室中的工作人員工作的位置來加以設計。在正式錄影的時候，每一個工作人員的工作，才不會相互干擾。

圖9-4　副控室內工作人員位置及器材位置

視訊裝置

一、攝影機控制器(Camera Control Unit簡稱C.C.U)

通常攝影棚內有的攝影機攝取需要的影像以後，將影像轉換成R.G.B.訊號，經由線路傳送到副控室內的三部攝影機控制器。每部攝影機控制器能控制一架攝影機。

攝影機控制器的功能，在於調整攝影機攝取的影像，使畫面不致產生變形。調整時由攝影機控制器調整垂直與水平產生正確比例的圖像，並調整使彩色攝影機的三個攝影管或攝像板的影像重疊，又稱爲集中調整 (Registration)，不致產生色彩鑲邊的現象。以往此一調整時間需三十分鐘左右，現在自動化控制僅三分鐘左右便可以調好，並調整黑白的層次，使影像明暗對比適中。再調整光圈的大小，使整個畫面不會失真。

二、畫面選擇器(Video Switcher，又稱Special Effects Generator)

畫面選擇器的主要功用是將兩個或兩個以上的畫面，經過畫面選擇器之電子線路加以選擇或用各種特殊的結合方式，使畫面產生不同的特殊畫面結構效果的變化，因而產生各種的畫面變化，使觀衆看到的是更眞實、趣味及具有生命力的畫面。相同的，在同一個畫面中可以容納的資訊，就比過去的單一畫面顯得更爲豐富。

畫面選擇器的原理與構造，可能由於製造廠商，以及所需之效果用途不相同，構造也不一樣，但其基本原理與操作方法，卻差不了多少。目前使用的數位化特殊效果產生器(DVE)，其效果日新月異，使得電視的畫面有更豐富的視覺效果。

三、畫面選擇器的基本原理

畫面選擇器的主要原理是將來自各種不同的畫面訊號，傳送到畫面選擇器上。而這些畫面經由畫面選擇器上的分路加以選擇操作。操作人員通常是技術指導(TD)，他可以從每一個畫面的監看器中觀看選擇需要的畫面訊號，將這些畫面訊號經效果選擇器，由效果調整控制器調整，則成適當的畫面，經總監看器觀看無誤後，再行錄影。

四、畫面選擇器的基本構造

一般的畫面選擇器構造，分成選擇、調整、操作、監看、控制、錄影等，操作時應先參考說明書，避免貿然使用傷害到工作母帶內的資料，而影響到畫面的輸出效果。

五、畫面選擇器的操作與特性

在操作畫面選擇器時，如果選用的效果不同，組合出的畫面也不相同，在操作時要注意到效果的選擇用。雖然畫面選擇器的構造各有不同，在主要功能上卻是大同小異。

一般畫面選擇器，可以做的效果與剪輯一章中所介紹之畫面效果器大同小異，不外乎是Take、Fade、Diss olve、Super、Wipe、Key及Chroma Key等。其中以Wipe分割畫面的變化最多，以下對各種效果的使用，做簡單補述。

1. Take (畫面切換)：效果類似影片剪接中的Cut。是將攝影棚內兩個或兩個以上不同的畫面，故做快速直接的替換，稱爲Take。操作時，在A-Bus上與B-Bus上各選擇不同的畫面訊號來源，通常在做現場直播節目時A-Bus和B-Bus上的畫面訊號來源，一般來說，前三個按鍵的畫面訊號可能來自不同的三部攝影機。
2. Fade (淡出淡入)：將兩個或兩個以上不同的畫面，使用其中一個畫面的影像影像畫面，與另一個全白或全黑的畫面作慢慢交替的效果。畫面由全黑或全白，而使一個影像逐漸增強，稱爲淡入(Fade In)。若使影像畫面訊號逐漸減弱，而成爲一個全白或全黑的畫面，稱爲淡出(Fade Out)。
3. Dissolve (溶入畫面)：效果與Fade相似，只是選用的兩個都是影像畫面，而使這兩個畫面，由單一影像畫面開始。開始時原畫面影像訊號逐漸減弱，同時另一畫面訊號逐漸加強，而可以同時看到兩個影像訊號。強弱應使其逐漸因幅度控制桿(Manual Level)的控制而改變，當幅度控制桿推到底則原畫面逐漸減弱到完全消失，而逐漸加強的畫面就隨之完全取代原有之畫面。

4. Super (疊映畫面)：Super (疊映畫面)重點是將兩個畫面使其同時重疊出現，操作時在A-Bus與B-Bus各選用一個不相同的畫面，效果選擇鍵按下Mix鍵，須將幅度控制桿，推動至中間停頓時，就可使兩畫面產生疊映的效果。
5. Wipe (劃；切割)：是將一片畫面做分割，可能分割成很多種形狀。分割畫面主要是強調將一個螢幕，可以同時存在兩個清楚的畫面。通常在綜藝節目中講電話，會做切割，以同時讓觀衆看到雙方的表情；或是拍攝快節奏的ＭＴＶ會使用切割做爲一種快節奏的話面轉接方式。操作時，必須先選擇切割的形狀與方式，在A-Bus與B-Bus各選用一個不相同的畫面，效果選擇鍵按下 Wipe鍵，須將幅度控制桿，依劇情推動至中間時就可使兩畫面同時存在。

上述的介紹，雖稍顯複雜，但此一操作模式，主要祇是提供一般一般電視台畫面選擇器的基本原理。不過，於此必須強調的是，在效果中選擇切割畫面的效果，通常是在刻意突顯視覺效果的情況才用。

6. Key (嵌入畫面)：做嵌入的效果畫面時，不論其所需用畫面數量的多少，在其中必有一個是訊號對比較強的畫面，而在另一個畫面中的部份畫面，爲較強之訊號取代，而形成類似剪貼現象之畫面效果。

成音控制器 (Audio Console)

在棚內節目製作時，聲音的來源可能有很多種，像是演員，旁白，音效或樂隊的聲音。若演員的活動範圍較廣，所使用的麥克風數量種類亦不同，因此在製作電視節目時，成音控制系統所使用的單元訊號輸入控制，可能比廣播爲多，且電視音效必須與畫面配合，方能使觀衆有如置身現場的感受。

成音控制器(Audio Console)，是將各種音樂或音效的聲音來源加上麥克風收到的不同音源訊號的輸入，輸出，由不同的分路計號控制器來加以控制；分路訊號控制，能將每一單元訊號，經聲音放大器分別調整適當的音量，甚至加強高音或低音(Bass)的部份及整體聲音的增益(Gain)、效果(Effect)等等，視劇情需要調整各音源至最完美，再輸送到總訊號控制，經由總訊號之混音(Mix)器，調整輸出的總音量，而總訊號音量調整，會同時對輸送至總訊號的分路訊號，做出相同幅度的調整。

成音控制器會因爲使用的需求不同，構造上均不同，例如一般的音量調整有分旋鈕或直線推動式。訊號輸出選擇，也有旋鈕式或扳動式，功用大致一樣，視情況選擇對製作較爲便利的機型。以下將對成音控制器中較重要的構造做解說。

1. 輸出指示：指示燈亮，表示輸出訊號使用得已明確掌握。
2. 音量表 (VU Meter)：顯示音量強弱的儀表，左邊是顯示左邊聲音訊號總旋轉調整後的音量表，右邊是顯示右邊聲音訊號總旋轉調整鈕調整後的音量表。
3. 現場聯絡按鍵 (Push To Talk)：導播前方通常有一麥克風，按下此鍵副控室內的導播即可透過喇叭與現場聯絡，指揮現場人員。包括指導表演人員的動作。

圖9-5　成音控制器(Audio Console)

4. 總聲音訊號輸出型式選擇器：此輸出選擇器，分三種輸出型式，放在立體訊號(Stereo)時，則產生立體效果，放於合併訊號時，就產生合併混合輸出(Mix)的效果，放於單一訊號(Mono)輸出時，通常只有選擇第一軌才能輸出聲音，且此聲音聽來較為平淡。
5. 分路聲音訊號輸出選擇器：此選擇器也是有三種型式的切換器。放中央，則聲音訊號一起送到左右聲道，放右邊，聲音訊號輸出至右邊，放左邊，聲音訊號輸出至左邊。
6. 聲音訊號分路旋轉調整鈕 (Volume)：每一種音源輸入訊號有一個旋轉調整鈕。有級數刻度，順時針方向轉動，增強其音量。反之減弱其音量，此旋轉調整鈕，只能控制單一音源訊號輸入的音量。
7. 監聽聲音訊號旋轉調整鈕：裝置在聲音訊號旋轉調整鈕的左邊，可調整監聽聲音訊號選擇器所輸出的訊號。
8. 輸出前監聽聲音訊號旋轉調整鈕 (Gain)：可以調整成音控制器上的喇叭音量的強弱。

成音控制器會因為使用者需要的不同，而選用不同構造的機型，但其原理以及操作的程序與方法幾乎相同。操作程序如下：

一、確定分路訊號操作：

選擇與確定所須要的聲音，僅量分離單一音源以便做出最適當的調變。一般在成音控制器上，可能有十六軌或三十二軌，視需求選擇軌數，習慣將常用的錄音機、ＣＤ及盤帶皆有固定的輸出軌，每種音源都分左右二軌。其它現場的聲音則視需要用各種拾音器收音。一般在錄製樂團的表演時，爲達到最好的表現或方便某種樂器產生錯誤的事後補救，通常讓每種樂器在不同的隔音間表演，各個單獨收音，在成音器上控制調整各音源的大小比率。

二、選擇總路操作：

待各分路聲音的大小之後，再由聲音訊號總旋轉調整鈕調整總音量。總音量調整也分爲左右音軌，一般分爲旁白一軌，音效配樂一軌，最後由總聲音訊號輸出情況選擇器，選擇立體(Stereo)，合併(Parallel)或單一(Mono)的播出效果。

三、打開分路訊號監聽：

各種音源訊號的調整，聲音訊號的大小必須看VU表的大小來判定。若VU表上顯示到紅色的區域，則表示破表，聲音容易失真，就不好聽，而監聽訊號的功用，主要在於經由喇叭或耳機來監聽聲音的品質好壞，但無關眞正錄製聲音的大小。訊號選擇器放於中央位置，可防止聲音訊號的輸出，若將失聲音訊號旋轉調整鈕放於Cue的位置，同樣防止訊號的輸出。調整輸出前監聽聲音訊號旋轉調鈕(Gain)，則可控制在喇叭(Speaker)上的音量大小，若三個輸入訊號中，有一路已在使用中(On Air)，則其他兩個訊號便不可做監聽操作。

成音可以將多種不同的音源，經調整組合後，產生不同的結果。一般電視節目中的音源分爲兩種，一爲聲音，主要的聲音是人的聲音。在樂隊表演的節目裡，獨奏的聲音也屬於主要聲音。在歌唱節目中，主要聲音不包括合音。二爲襯底也稱爲背景聲，常用來加強主要聲音或配合畫面表達效果，一般的背景聲，像是表現大自然聲音的風、雨、雷、電.....等。或是表現情緒的聲音像笑聲、哭聲、歡呼聲、掌聲....等。表現事物聲音的交通工具、剎車聲、動物、槍聲.....等。在操作成音控制器時，每一個音源在分別是主要聲音或是襯底聲音之後，都需將聲音先通過分路訊號操作，在分路訊號調整好分主要聲音及襯底聲音的大小及音質後......再輸送至左、右二個不同的總訊號控制軌調變總輸出音量，且注意節目中主要聲音音量大於背景聲音音量，分別調整適當的音量後，混合(Mix)播出。

燈光調節控制器

在攝影棚內的光源主要是靠燈光架上的燈光來供應。在燈光架上的燈光，裝有不同效果亮度的燈泡，用來配合照明效果。但因爲節目類型的不同或因時態的變須做效果時，光度，高度，及方向亦須改變。燈光的高度有控制燈光的伸降器可加以調整，攝影棚中燈光照明的方向，可由燈光師在現場靠控制桿勾動燈具來改變燈光照明的方向。燈光亮度的強弱則靠燈光調節控制器來調整，亦可在節目進行中，依劇情來調整燈光明暗的變化。

燈光調節控制器的主要功能，將燈光接線經燈光調節控制室，再經副控室的燈光調節控制器，控制攝影棚內各種燈光的亮度。燈光調節控制室主要利用切割原理分刻度的大小來調節燈。其操作構造一般分爲分路燈光調節控制器，燈光調節選擇器及總燈光調節控制器三種。燈光控制人員可視導播需求經由透明玻璃或監看器中觀察光源的正確與否。操作時可靈活運用，視需要改變光源的亮度，調整所須的變化 。

在大的攝影棚內，經常有幾個不同的場景。爲了避免燈光相互干擾，所以不使用的場景燈光應予關閉。不同的場景，有不同的燈光調節控制器加以控制，所以一個大的攝影棚可能調節控制器，可以分爲黑白兩個調節器，由選擇器配合使用或以電腦先加以設定。

一、效果的運用

燈光調節控制器的主要用途，是調節棚內各場景的照明燈光產生亮度的變化。在綜藝性節目，常運用效果來產生美感，燈光的變化較多。但在運用這些效果時須注意燈光在快節奏的歌曲或表演中常運用彩色燈光，照射在天幕上。彩色燈光可經由燈光調節控制器隨著節拍閃爍，或用不同顏色的彩色燈光，投射在相同的主體，用各種色彩燈光，輪流照射，使主體產生色彩上的多樣變化。假如有很多主體，欲表現其先後順序，可使用不同的主燈，分別照明，可依一定順序，先後打開及關掉，像波浪一樣，主體有特出表現，就特別照明可先將背景燈光打開，主體正面沒有燈光照明，等到主體表現時，才將主體的燈光打開，來吸引觀衆的注意力。藉由燈光調節控制器上推桿的控制，可使場景更富變化。

在戲劇性節目中，夜晚室內的開燈或關燈，由燈光調節控制器的按鍵來控制直接亮或直接暗，可運用燈光調節控制器上的推軌控制調整之。

二、特性

燈光調節控制器在早期使用大的可變電阻，控制電流通過的強弱，改變燈光明暗的程度，使用方式採用旋鈕轉調整。由於可變電阻會產生高溫，所以設計上需有良好的通風及散熱裝備。現在的燈光調節控制器，利用電子線路切割作用來控制燈光強弱，這種作法不易產生高溫，而且光源穩定性較高。這種燈光調節控制器可配合電腦，由電腦控制燈光強弱。電腦控制方式，透過鍵盤(Key Board)打入程式，程式設計中包含了燈光的強度，不同燈具的明暗轉換的時間(Time)及節奏的變化(Tempo)等等，燈光調節控制器經由電腦程式的設計，產生強弱變化，轉換各燈具的光源強度。節奏的變化常用在歌唱或音樂節目，燈光明暗可根據節奏產生亮度變化的效果，使觀衆有眼花撩亂的感覺。但因爲難以掌握排演時與正式錄影的過程，通常可加裝由聲音控制的電腦操作器。或在現場有燈光師根據節奏來操作燈光調節控制器，依節奏產生燈光的明暗變化。

第四節　節目製作人員職掌

現在的電視節目製作，是一件龐大的工作，需要各種人才的結合，相互輔佐，發揮自己的專業技能，分工合作，同心協力才能夠製作出令人拍掌叫好又有水準的精良節目。電視屬於第八藝術，是各種藝術菁華的結晶，各個環節的工作人員，都應該有此認知，竭盡所能，節目的品質與創意才能有更好的提升，本節將敘述電視製作相關人員之職掌。

製作人員編製

在此以一般電視台或較大的製作體系爲準，略爲介紹一般製作節目的工作人員應負責的工作與職掌。習慣上分法有很多種，凡在節目錄製現場出現的稱爲現場工作人員；而提供其它如技術或行政援助方面的稱爲幕後工作人員。或是直接以工作內容與器材的操作作爲區分也十分恰當；分爲不掌管器材的製作執行人員、設計人員、及演出人員及掌理器材的工程人員 (Engineers)、與助理執行製作人員。

人員職掌

一、製作執行人員

如前所述製作執行人員包括有監製、製作人、執行製作、導播，其中監製與製作人多不會出現在錄製的現場，而導播則必須時時刻刻參與一切的錄製工作。

1. 監製 (Executive Producer)

一般監製都由電視公司或製作單位最高的領導人來擔任此職務，也可以由節目部門的主管來擔任。其主要職務是對節目的一切人員及製作負有監督輔導的作用，及所有節目的經費預算、人員運用、進度的掌握、廣告經營、開銷、節目品質的管理等...；總之，監製是整個節目製作經營及管理最重要的決策者。

一個好的監製應該對傳播理論、國家政策、法律、市場的需求、企業管理與經營等...都具備了充足的實務經驗及深厚的理論知識基礎，才能夠帶領節目走向最正確的方向。

但一般的監製，多爲掛名的老闆，由於工作繁忙對於節目的製作，從頭到尾可能完全沒有參與，等到節目拍攝完畢，才觀看拍攝成品。

2. 製作人 (Producer)

製作人受監製指派負責製作特定的節目，製作人是領導整個節目製作的核心。他必須依照所編列的預算與進度，組織該節目的工作小組，協調場地設備及器材，細心推動節目製作的各種工作。從節目最初的設計、方向、提出企劃、爭取預算、編寫腳本、尋找演員、正式錄製、經費控制等，都是製作人的責任。

電視公司或製作單位都有許多專任製作人或特約製作人，來負責節目的製作與買賣，國內也有將節目請外面傳播公司製作的外製外包或內製內包的情形。

良好的製作人必須對整個節目的經營管理及節目製作流程有詳細的瞭解，更由於是推動整個節目製作的核心人物，需要極為充分的電視製作專業知識、卓越的領導才能、豐富的行政工作經驗，以及製作節目的高度創作與企畫執行能力，方能使拍攝工作得以順利進行。

3. 執行製作

執行製作的主要工作是輔佐製作人完成節目傳達製作人的指示，對於一切的決議，執行製作應加以執行，因此執行製作的工作十分的忙碌。舉凡，發通告、協調人員、資料整理、財務的管理、薪資的發放、找演員、請攝影師、安排錄製、甚至到買便當都有可能，執行製作的工作，看來有點像打雜的，尤其越小的傳播公司，其執行製作要做的事也就越多但相反的對於一些拍片上的行政方面、接洽、製作流程，最瞭解的，從頭接觸到尾的，就屬執行製作了。

另一方面、由於執行製作對於任何繁鎖的事情都處理、製作人才能夠專心的思考整個節目的走向及發揮更好的創意。

4. 導播 (Program Director)

導播的主要工作是將劇本或腳本轉換成具有聲音、動作、影像及各種效果的電視節目。

導播是將劇本變成電視節目的製作人，是節目聲音與畫面最重要的創造者，是攝影棚與副控室中的指揮官，因此導播的權威必須受到製作人以及全體工作人員絕對的尊重。

有關影像、畫面、聲、光音樂的部份都必須由導播作出完整的構想、風格與指導；從一個劇本的研究、整齣劇的內容、佈景、服裝、道具、與鏡頭的主要拍攝內容與表現手法，都在導播的工作範圍中。因此許多有關製作上的會議、解析劇本、分配各項工作自然也由導播負責。另外，在拍攝現場時，導播等於是全場工作人原的首腦似的，從演員的排演的演技指導、從監看器中觀看攝影師每個鏡頭的拍攝，是否OK或NG必須重來、整體的燈光、道具、甚至喊口令，指揮全場動作，以使節目順利且完美的錄製。在後製階段，導播對剪輯、配樂、試播、修正，幾乎每件工作都得參與。

由上可知，導播是聲、光畫面的創作者，必須具有電視製作各方面的專業知識，及充份的實務經驗，對於電視美學及音樂、美術、民俗文化、傳播學理等，具有充份的知識與素養。而且有身爲各工作人員的總指揮，需有良好的領導與統御的能力，及敏捷的思考創意能力，以排除任何製作上的難題。身爲一個好的導播對於節目的成功與否，需有相當強烈的責任感。導播應該時時充實自己的能力，不停的吸取新的傳播方法與技術，不斷地求新求進，以製作更完美的節目。

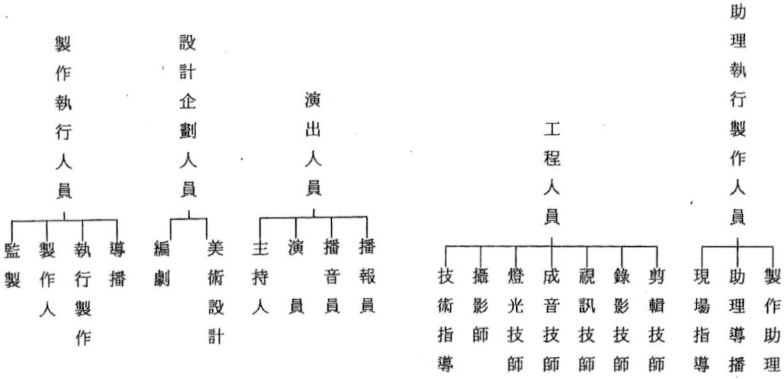

圖9-6　人員樹枝狀圖

二、企劃與設計人員

主要包括編劇、美術設計、場景搭設、道具、服裝等其它與美術相關的工作人員。屬於幕後的工作人員，指不會在螢光幕前出現的工作人員。

1. 編劇 (Writer)

編劇受到製作人的邀請，負責的主要工作是電視劇本的寫作。擁一般的電視節目常忽視編劇人員，臨時聘請或給予低薪資的情況時有所見，擁有良好的劇本才能夠拍攝出製作精良的節目。由於編劇與製作人同樣負責節目的構想，因此也常有製作人兼編劇的情形，如此對製作人的構想執行上也更為確實。但是如果製作人本身不善於寫劇本，宜聘請到有專業素養及創意的電視編劇，讓劇本的內容本身就能夠吸引大多數的觀衆。

一般的電視節目，常忽視編劇人員，臨時聘請或給予低薪資的情況時有所見，反而將大筆的經費，拿去請大牌明星演員，臨時聘請的編劇，由於對電視製作不瞭解，或是時間不夠，寫出的劇本邏輯有問題，考慮不周全，使得拍攝時問題才一一發生，平白讓費其它工作人員的精力、時間，更是容易延誤進度，浪費製作的財力、物力。由此看出前製作業中，良好的劇本編寫，可以省去不少後製時可能發生的問題。

電視編劇不同於一般的寫作，不僅要具備一般作家對文學、藝術上的涵養，更要對電視媒體的特性，製作方式，聲、光表現，及目前觀衆的喜好都有詳細的瞭解。創作劇本時，要針對電視的特點，對於人物、佈景、感覺、旁白等情境，能夠清楚的視覺化。對於某種情境的畫面及人物的動作做預期的想像，以方便拍攝時場景的選取與搭設。

2. 美術設計 (Art Director)

受導播的指示，負責一切電視節目中的場景圖繪製、佈景設計、道具設計、服裝、人物造型、圖片設計等，有關美術的部份，都是美術設計該負責的。他通常屬於指導及構想監督，而實際另有專門搭設製作佈景的人員、化粧師、及掌管道具的人員等，所以又稱爲美術指導。一個完善的節目製作，美術設計要與燈光做出良好的協調，使佈景、化粧、服飾與燈光甚至攝影師濾色鏡的使用相互的搭配，在美術設計的指揮下，燈光師、佈景工、服裝師及化粧師密切配合，努力達到導播或編劇在劇本中所要求的氣氛，使觀衆感覺到節目製作的精緻考究。

美術人員應具備專業的美術基礎，對於各時代的文化、習性、日常生活中所用到的一些小東西都會注意到，美術人員要有敏銳的觀察力、豐富的想像力、充滿了創意，對於劇本要有相當的瞭解與研究，配合時代背景及導演所要求的作品風格作出最忠實的詮釋，對於超越時代的未來性節目，也試著運用合理的邏輯去構思創造令人嘆爲觀止的道具、佈景、服裝的呈現。

由於一部作品的畫面呈現，最直接的就是該作品的佈景、人身上的服飾、髮型、道具、甚至街上跑的汽車等..可以說除了演員表演的好壞、運鏡的流暢、剪輯及配樂之外，影響觀衆是否觀賞該片的重大因素往往是畫面中美術的部份。美術設計除了以上的美術技巧外，對於攝影器材的特性、燈光的特性、攝影棚結構、各種材質在燈光下的效果等，都應有基本的認識。節目給人的第一個印象，是唯美精緻或是粗製爛造、是大卡司或隨隨便便，都可能受到節目美術部份的影響。

三、演出人員

節目的演出人員，在此涵蓋的範圍包括：除了戲劇中的演員(Talents)之外，舉凡，綜藝、座談、或新聞等，節目中應邀出現的來賓(Guest)、現場觀衆(Studio Audience)、主持人(Hosts)、播音員(Announcers)、播報員(Newscaster)等。都屬於演出的人員。

其中主持人因爲節目內容的不同，而有不同的才華表現，大體而言主持人的口齒要清晰、反應要快、要風趣、具有強烈的幽默感，職責在使節目按照原定流程很順的走下去；而演員則會因爲劇本的不同及導演的要求不同，擔任節目中各種角色的扮演、或說故事、歌唱、表演特出才藝、模仿、示範的都可通稱爲演員。

演員的主要工作是對劇本中的角色作詳細的揣摩，做出最符合導演要求的表現；播報員一般是在新聞性、體育性的節目中，對內容做出詳盡報導的人，對於社會大衆有相當的權威性和影響力；播音員不是擔任幕後旁白的宣讀，通常不在螢光幕中出現，或是綜藝節幕中戲劇的講解人。

演出人員的性質種類各有不同，但基本上也應該對電視的拍攝流程有著相當的瞭解，遵守導播的指揮，做良性的互動。

四、工程人員

工程人員是電視製作最直接的參與人員，如技術指導、攝影師、燈光師、成音師、視訊師、錄影師、剪輯師等。工程人員由導播指揮，負責切換視訊以及聲音訊號的處理。節目錄製的完成與否，從攝影棚到後製階段，工程人員都十分的重要。

1. 技術指導 (Technical Director or TD)

負責擔任拍攝節目時，待在副控室中，操作控製畫面選擇器與影像播送訊號按鈕(Video Switcher)以及特殊效果產生器(Special Effects Generator)的技術人員，也稱爲司鈕。在棚內製作時，副控室中導播通常帶著耳機，坐在技術指導的旁邊，透過耳機對現場的現場指導及三位攝影師喊導播口令，透過監看器觀看經由攝影機或其它影像來源所傳來的畫面，並隨時指揮技術指導要切換何種畫面。此時要加上何種效果，在做現場節目時，有一個技術優良且不會慌張的技術指導是非常重要的。

因此技術指導必須對副控室中器材的特性及使

用的方法非常的熟悉。對於產生何種效果，要配合哪些按鈕，都清楚的記在腦中，要如此在錯誤產生時，才能立刻發現並加以解決；對於導播的口令及製作流程也清楚記下，在執行時，方可快速且正確的控制每部機器。

有的電視台或製作單位在製作較小的節目時，公司爲了節省人力，或導播試圖由自己掌握明快的節奏感，導播本身也兼做司鈕的工作。

2. 攝影師 (Cameraman)

在節目的拍攝過程中操作至控制攝影機的人員，攝影師必須隨時根據導播的指示，拍攝所需要的畫面。一個攝影師應對所使用的攝影器材其作用與調整方法，有非常清楚的認識，像是對白、色溫的調整、光圈大小的調整、焦距呈像的清晰與否、是否Zoom in 或 Zoom out 等..對於各種鏡頭美學的書籍攝影師應常有涉獵，詳細瞭解各種攝影機的運動方式，選用最好的角度、最適當的構圖去捕捉導播要的畫面，是攝影師最重要的工作。在棚內作業時，多爲三機作業，攝影師只要移動腳架即可輕易的做出各種運動。但在棚外，就有許多肩上作業的情形，攝影師爲了要捕捉好的畫面，常要跟著演員東奔西跑的跟拍，上山下海，每天拍攝從早到晚，因此攝影師一定要有強壯的身體，才足以勝任。

3. 燈光師 (Light Director)

負責燈光的搭設、調整與控制的技術人員稱爲燈光師。燈光師通常配合美術指導及導演的指示，在研究劇本後，畫出一份燈光腳本，標明在某場景時，爲了配合時間及劇情氣氛的營造，應在哪個方向架設燈光，才顯得合理。在節目製作前，指揮2～3位的燈光助理架設各式各樣的燈光器材，包括各種燈具、燈架、線路的隱藏、發電機、各種濾紙的使用等。在棚內拍攝時，燈光師可依棚內燈光設備，選擇所需的燈具，降下來使用，調整好後，再進入副控室中利用燈光調節控制器(Dimmer)調整燈光的明暗、甚至節奏。

現在的燈光師不僅燈光的種類及使用，對電學、光學、色彩學具備專業的知識外，對於微電腦控制燈光的新科技，也應該有完整的操作訓練，才能夠跟得上時代；而對於攝影機的光學特性及各材質在燈光下的表現，如統一光源色溫與道具組溝通避免使用反光太強的物體等，要與各組配合，才能使劇情氣氛表現的更爲生動。

4. 成音師 (Audio Engineer or Audio Director)

電視是一項綜合聲、光的媒體，因此有關成音的部份，其重要性亦不亞於電視的畫面部份。成音控制工程師領導所有的成音人員，負責操作成音控制台(The Audio Console)，以及各種訊號的選擇及音質與音量的控制。其中操作麥克風的麥克風操作員(Mic or Boom Operator)，也屬於成音的人員之一，負責現場錄影時麥克風的操作與架設。

良好的成音師應該對音樂有一定的素養，不僅了解各種樂器的特色與效果，對於簡單的作詞作曲也能有一定的水準。另外，對於副控室或後製室中各種有關成音方面的機器設備，必須熟悉其功能及控制方法。一個電視節目是否能留住觀衆，節目的聲音部份，佔了十分重要的因素。以現在上映的電影而言，其影片的音樂、效果是越來越受到重視，節目原聲帶的發售，也爲影片帶來一筆可觀的收入。足見好的聲音效果，可以有效的將電視節目的氣氛，襯托的更完美，更能帶領觀衆毫無保留的被吸引到節目中，引發內心的共鳴。

5. 視訊工程師 (Video Engineer)

電視節目視訊工程師的主要工作是檢視控制室中各種儀器訊號的正確與否，平時負責維修保養各種視訊器材。在錄影前檢查攝影機控制器及各種示波器，檢視訊號的穩定與否以及攝影機的焦距、色相調整，避免錄影時產生不必要的偏色或雜訊，使錄影功虧一簣。在錄製作業進行時，負責監視攝影機控制器。

由於視訊器材都非常的複雜而昂貴，因此視訊師需具備相當專業的知識，且對於各種視訊器材及電視工程與原理都非常的瞭解，方足以勝任。

6. 錄影師 (Videotape Engineer)

錄影師將副控室中經過調整與選擇的訊號，錄存下來，做作爲母帶，錄影師可檢視母帶的品質，與導播或剪接師聯繫。錄影師對原工作母帶需有良好的保存。但此一職位隨著自動化設備的引進，國內電視台皆以不設專職人員。

7. 剪輯師 (Editing Engineer)

由於現行電視節目的製作，爲了豐富影片的內容及增加其可看性，因此對於其它資料片及外景節目帶的使用會更多。節目在棚內錄製之後，需要更完備的剪輯與配音工作。一個優秀的剪輯師，可以將原本平淡無奇的畫面，經過思考後，剪輯成一部部扣人心弦的節目。剪輯師需在導播、助理導播或執行製作的相互配合下，根據原來劇本，用某種適當的邏輯、順序將拍攝到的各個片段組合成一部完整的節目。和錄影師一樣，此一職務的工作性質以逐漸調整爲後製室人員，專責視訊合成的工作。

剪輯師要對於各種後製剪輯器材非常熟悉，並且能夠靈活運用。對於剪輯上的文法及文學藝術上的一些涵養他也都能夠具備，剪輯時才能夠不斷地產生更新、更好的創意。

五、製作人員

製作人員的主要職責是擔任輔佐導播或執行製作，是最直接參與節目的錄製與各項行政協調人，製作人員工作內容與整個節目的成敗有很直接的關係。

工作性質不需要專業的工程技術，多由剛加入此行業的人即可擔任，雖然如此，但是製作人員也是能學習到最多東西的職務，亦是新進人員擴展人脈關係的一個捷徑。

1. 現場指導 (Floor Director or FD)

現場指導的主要任務在於輔佐導播在錄影現場傳遞一切的命令，可以說是導播的現場代言人。在錄製節目之前，現場指導幫忙聯繫各工作人員錄製以及排練的時間、地點，對一切燈光、佈景、道具做最完善的檢查，協助導播完成各項錄影準備工作。在錄製棚內節目時，導播在副控室中透過耳機傳達一切命令給現場指導，現場指導運用各種手勢及口令調度人員、指揮現場。在節目錄製完畢後，詳細檢視各項器材及電源開關，方可離開。

現場指導必須十分的細心，具有敏銳的觀察力與良好的溝通技巧，並熟悉各種導播手勢及口令，才能夠將導播的命令確實的傳達到每個工作人員。

2. 助理導播 (Assistant Director or A.D.)

顧名思義，助理導播負責協助導播，進行有關節目錄製的一切工作，可以稱爲導播的左右手。助理導播應不斷記錄下導播對節目內容與工作人員的指示，隨時隨地提醒導播各種注意事項，或幫忙導播蒐集資料、影片剪輯、錄製節目背景音樂等工作。在節目錄製時，幫忙計時，在劇本上詳細註明各種狀況，也負責如通告、聯絡、存檔、記錄之類的行政工作。總之，助理導播都應擔負起提醒與協助的角色。

3. 製作助理 (Production Assistant or A.D.)

助理導播協助導播，製作助理自然是協助製作人，是製作人的副手，遵從製作人的指示與要求而進行跑腿或聯絡的任務，有時也在錄製現場擔任劇務(Floor Man)之類的工作。

第五節　主控室

主控室與副控室

「主控室」也就是「總控制室」(Master Control Room)，與「副控室」相對，主控室的主要功能是控制整個電台節目的播出，所有觀眾在家中電視機上看到或聽到的，都是由主控室按鈕，經由微波天線傳送到各發射站上。

其實主控室與副控室最大的不同是主控室本身並不製作節目，只負責控制、安排節目播出順序。「副控室」才是製作節目最重要的地方，副控室連接攝影棚有各種完備的製作節目的設備。

而主控室與副控室上的設備大致相同，除了主控室內多了各種對外播出的裝置，即一切訊號都送往「微波室」加工再傳送到總發射站；一般來說，電台可以有很多的攝影棚及副控室，但只需一間主控室，但一般傳播公司製作節目、或學校實習都只有一個棚連接著副控室，因此副控室內各項器材的功能與操作需有徹底的瞭解，在本章中將討論到副控室中較爲重要的攝影和控制器、燈光調節控制器、聲音調節控制器、字幕／繪圖系統、影像選擇器、錄影系統、剪接系統的功能與運作方式。

節目中出現的字幕、圖片、影片、幻燈片，是由另外兩套放映設備輸送來的畫面，一爲影片放映機(Telecine)，一爲反射圖卡機(Telop)，這兩套放映設備可集中放在放映室或主控室，以供應各副控室使用。由攝影棚、放映室、錄影室的畫面，皆可依序放映在監視器(Monitor)上，供導播使用。每一架監視器都標明訊號、來源或用途，導播如需某一攝影機上的畫面，只要按控制開關(Switch)，這個畫面就會放映在決定最後畫面的監視器上；而導播取用某一攝影機的畫面，該攝影機上方也會亮起紅燈，以告知演出人員。而決定最後畫面的監視器也就是觀衆在螢光幕前看到的畫面。

主控室內的設備

主控室是整個節目的製作中心，也可以說是一座電臺的心臟部位，十分的重要，其主要功能爲控制節目的播出。再者，也可協助各副控室傳送字幕、圖片、影片等訊號。

一般主控室所具有的設備如下：

一、影片放映機：

分爲十六厘米與三十五厘米至少各兩套，以便主控室播出節目時上下連續使用，同時也協助各副控室製作節目。

圖9-7　主控室

二、幻燈機：

至少兩套以便主控室播出廣告或其它宣傳資料時使用，同時也協助各副控室製作節目。

三、反射圖卡機：

至少兩套，以便主控室播出節目使用，同時也協助各副控室製作節目。分爲彩色與黑白兩種不透明的圖卡。彩色圖卡或字幕卡，用做片頭或標題時可單獨使用，黑卡字幕放出的訊號是黑底白字，不宜單獨使用，常是疊映在另一個畫面下面。

四、同步信號產生器：

使全台製作的節目信號與播出信號可維持一定的標準。

五、監視器：

每種播出信號來源，都有專監視器，以便播出前或播出時，監看節目。

六、監聽器：

監聽各種聲音來源，配合音量表加以適當調整，以便播出。

七、字幕放映器：

節目播出時，播打字幕。

八、控制台：

這是主控導播、司鈕、成音等人員的工作台，工作人員面對的是一排監視器，各人的手下都有各種信號來源的控制鈕，他們都是聽著導播的口令而執行按鈕工作。

九、播音室：

隨著節目的進行，播音員在這裡隨時播音。

十、微波室：

播出的一切電視信號，都是先送到「微波室」，經處理後再送到總發射台。

十一、自動發電機：

這是爲避免電力公司意外停電時，不使節目中斷而準備的。爲避免噪音，多設在電視台外面或地下室較安全的地方。

十二、主控室的人員：

來自工程部的技術人員有技術指導兼司鈕、視訊控制員、成音控制員、影片及圖卡字幕放映員。來自節目部的有主控導播、播音員、播打字幕人員，這些人員各有所司的操作著各種機器，使節目順利的播出。

主控室的工作人員

主控室中的工作人員其實與剛才所提到的主控室的設備，其實就是一體兩面的。主控室中有什麼器材，理論上最好也就有專業的工作人員去操作這些器材。

由上我們也可以知道在主控室之中，除了節目播出的主控導播(M.D.)、播音員、專責的節目打字幕的人員以外，在工程方面的人員尚有技術指導(司鈕)、視訊控制人員、成音控制員、影片放映人員、字幕及圖卡放映人員...等。總之，工作細項目有那麼多，甚至可以分的更細，或因爲人手不足，而對其工作項目，做出適當的調整。

而主控室由於是專責節目對外播出的工作事項，因此其每日節目播出小組，都必需在前一天將節目的播出順序，流程，編寫每日的節目進行表，須將所有隔天即將播出的每一個節目(看是錄影帶或是影碟，如果是影片、是16mm或35mm)、每一個廣告、每一段插播卡、播音稿...等。全部編號、檢查、照順序、找好播出的段落(及CUE點)做出有系統的排放與整理。要將每一段的時間，不論是幾分、幾秒都作好詳細的紀錄。反正，必須將隔天的所有節目從開播到收播，這是主控室最重要的功能，也是主控導播最主要的任務。

其中各個節目的來源亦有所不同。例如，由節目製作組(導播組) 提供有關節目部份的資料；新聞部的製作組則提供新聞方面的資料；各節目中間所插播的廣告則由電臺的行銷部門或業務部門提供。所有的導播一定要將所得到的節目來源、種類、內容，仔細的檢查校對，一定要使節目播出的內容完全的正確，而且分、秒不差。

關鍵詞彙

天幕	貓道
副控室	畫面選擇器
成音控制器	燈光調節控制器
主控室	製作執行人員

演出人員　　　　　　工程人員
助理執行製作人員

參考文獻

一、中文部份：

徐鉅昌　(民75)，電視傳播。台北：華視出版社印行。

徐鉅昌　(民82)，電視導播與製作。台北：三民書局。

陳清河　(民80)，ＥＮＧ攝錄影實務。台北：合記圖書出版社。

張敬德　(民76)，電視工程實務。台北：合記圖書出版社。

二、英文部份：

Fielding, K. (1990). Introduction to Television Production. New York: Longman.

Wurtzel, A., and Rosenbaum, J. (1995). Television Production. New York: McGraw-Hill, Inc.

Burrows, T., Gross L., and Wood, D. (1995). Television Production: Disciplines and Techniques. Madison, WI: Brown & Benchmark Publisher.

CHAPTER 10 轉播作業

本章摘要

轉播作業是電視製作的特點，也是各種電視節目製播時，經常採用的方式。自從電視發明之後，電視節目的製作往往利用轉播的模式運作，不論是棚內或戶外作業，所製作的電視節目經常利用微波傳送將影像或聲音傳達出去，此一流程涉及頗爲龐雜的工程技術。如今，光纖電纜與直播衛星的加入，電視的轉播作業型式比過去更爲廣泛，自然也影響電視轉播節目內容的多元化。

本章內容包括：

轉播作業概說

轉播的意義

轉播的種類

ＥＮＧ與ＥＦＰ

ＥＮＧ的定義

ＥＦＰ的定義

ＥＮＧ與ＥＦＰ製作的注意事項

轉播傳輸系統

同軸與光纖電纜傳送

微波及衛星傳送

各種電視節目之轉播

新聞節目的轉播

體育節目的轉播

第一節　概說

轉播的意義

所謂轉播，有廣狹二義。廣義的解釋爲泛指所有將電視節目傳送至家中電視機的過程。所有電視節目的播出方式均包括在內；而狹義的轉播則是指將某個在電視台外或現場所發生的事件，在外景拍攝之後將節目內容傳送回電視台，由電視台發射，做直接播出(Live)或錄影後稍後再播出。後者又稱爲DOT (Delay on Tape)。兩者的不同點在於狹義的轉播多了一道將節目傳送回電視台的過程。所以從電視台播出節目(即將節目發射出去)至觀衆家中之間的轉播站所稱的「轉播」，係指廣義的轉播。而一般對現場所發生的事件，如球賽或新聞事件所做之現場實況轉播之「轉播」，係爲狹義之轉播。

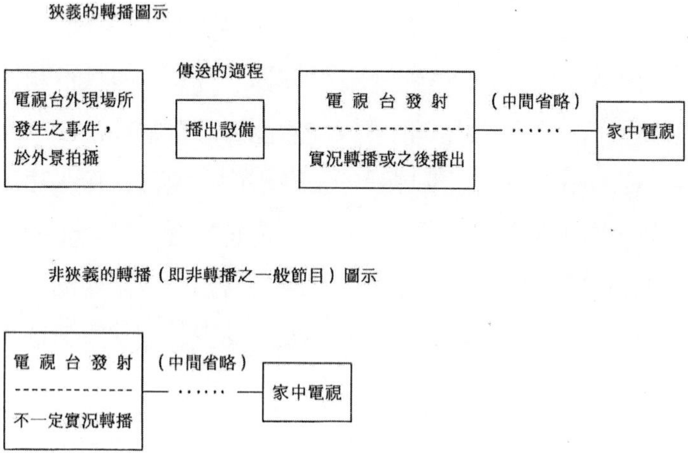

圖10-1　轉播意義圖

狹義的轉播由於多了一道將節目傳送回電視台，再經由主控室或副控室將畫面或聲音再行處理的過程，所以其製作成本通常而言要比一般節目要來得多。而這也是轉播的節目內容多屬觀衆關心、想立即知道的原因。常見者如於新聞事件或運動賽的現場轉播。由於內容是觀衆想立即知道的，故轉播節目多屬直接播出或稍後就播出的。

轉播是在事件現場拍攝直接傳回電視台，故轉播並不包括剪輯的過程。但可在拍攝的同時，將之錄影下來，或以畫面選擇器(Switcher)切換各個攝影機的畫面或切換對某個攝影機畫面所做的特殊效果，如慢動作、局部放大等。現在一般轉播的節目多有使用切換設備及錄影設備。在轉播的過程之中也可穿插播出事前已經準備好的資料畫面，並不一定只侷限於當場所拍攝的。因爲插入資料畫面並不影響轉播的性質，且如此可將事件的背景作清楚的交代，也可以使畫面變更豐富而活潑。如轉播棒球賽而插入現在打擊球員的資料畫面、轉播飛機失事現場穿插該飛機及機長的資料畫面。聲音也是一樣，隨著畫面的切換，聲音也要有所變化，尤其需注意到各種聲音要素的要求，如轉播賽車比賽，對某賽車拍攝中景的車聲就要比遠景或大遠景來得大。

轉播的種類

因地點及節目內容的不同，轉播可分爲下列幾種：

一、依地點而分類

因地點的不同，可將轉播分爲戶內轉播及戶外轉播。分類的依據皆基於戶內與戶外的特性而對轉播作業造成影響。就戶內轉播而言，對於拍攝的環境較易控制，比較不會有雜音或受路人干擾，易於裝設線路，且可使用室內之交流電源等。戶內的場地一般而言並不會太大，架設的攝影機可能不需太多，就可以做各種角度的描寫。如果有需要一些輔助器材而該場地允許的話，甚至也可以將棚內攝影機及腳架等搬來使用。

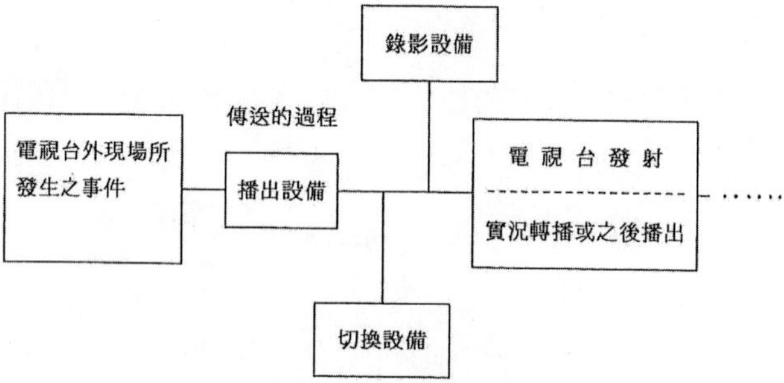

圖10-2　轉播流程

至於戶外轉播，一般而言均較戶內轉播複雜。戶外轉播因地點大小及節目性質的差異而有所不同。場地愈大愈複雜，突發狀況也較多。如於戶外表演的綜藝節目可能會用三部攝影機，而足球賽可能會用上六部攝影機。且足球賽需要對每一個精彩動作做各種不同角度的拍攝。整體而言，戶外轉播的場地較大，因此不容易捕捉到每一個動作，更重要的是線路的架設並不容易。

二、依節目內容而分類

由於節目內容的不同，往往也造成在轉播作業上有不同的製作特性。而依其特性，大概可將常見的轉播節目分爲：1. 新聞節目轉播；2. 體育節目轉播兩種。

1. 新聞節目轉播

包括一般新聞事件與重要新聞事件的轉播，而這些新聞事件可能是突發的，也可能是可預測的。新聞節目因事件之性質、地點等不同而有不同的轉播方式。唯一般而言，大多爲使用一部攝影機跟著新聞主播隨著事件採訪，如火災現場報導事件本身的區域很大。爲了採訪上的便利等，則可能出動兩部以上的攝影機。

2. 體育節目轉播

體育節目內容的項目頗多，依轉播方法的不同，大致可分爲下列四種：

(1)長距離之競賽

如馬拉松、越野機車及汽車賽、自由車、龍舟、獨木舟比賽等具遠距離的競賽。但是在體育場內做繞圈的長距離競賽，如接力賽跑、繞場的機車、汽車、自由車賽等，則不包括在內。

(2)大場地之競賽

如棒球賽、足球賽、打靶、標槍、鐵餅、體育場內之田徑比賽等，需要較大場地的比賽均屬之。

(3)小場地之競賽

如網球賽、籃球賽、羽球賽、游泳、溜冰等，需要一定大小的場地，但未如大場地競賽之場地為大者屬之。

(4)定點競賽

此類運動比賽選手能移動的範圍很小，比賽場地也不大，故稱定點競賽，如桌球、拳擊、擊劍、舉重者是。

通常場地愈大，轉播的方式愈複雜。譬如大場地者(如棒球賽)，及轉播方式就會比小場地的(如網球賽)與定點競賽(如舉重)等來的複雜。場地愈大者，由於要轉播清楚每個角度的畫面，需使用很多部攝影機，相對的其線路的安裝也就愈複雜。至今長距離之競賽由於場地是屬於長條形的，且全部或一部份重要的選手經過場地中的某一部份後，那個部份就沒有再轉播的必要。

唯須注意的是，新聞節目轉播可能是戶內轉播或戶外轉播。戶內轉播如選舉投票結果之計票過程、立法院院會實況轉播、等；而戶外轉播，如火災現場之實況報導、國慶遊行的實況轉播等。在衛星電視事業日漸發達的今日，在新聞轉播中已逐漸採取小型衛星新聞現場轉播的方式(Satellite News Gathering，簡稱S.N.G)亦有採取小型衛星定點轉播的方式，這種轉播方式已使新聞播報的即時性更加重要。

第二節 ENG與EFP

ENG與EFP兩者合稱起來爲整個的外景作業。它們並不是轉播方式的一種，但卻是各種轉播方式共同的原理原則。ENG與EFP可以用轉播方式將節目的內容傳回電視台，也可以不用轉播的方式，將製作完成的節目儲存於錄影帶，然後帶回電視台，或是將拍好的節目資料帶，帶回電視台做後製作。

ENG與EFP主要的分別標準在製作「節目」的不同，及因節目的不同性質，而有些許製作上的差異，茲將ENG與EFP分述如下：

ENG

ENG英文全稱爲Electronic News Gathering，它原本是指一種棚外採訪新聞作業用的攝影機。由於早期攝影機體積都很大且很重，移動不易，極不利於外景作業，故只要出一次棚外作業，就會消耗許多預算；後來由於拍攝新聞的需要，發展出一種專門爲棚外製作所用的輕便型攝影機。因爲專爲新聞的需要而設計，故稱爲ENG。但此種攝影機也能用於棚內製作之中。而現在，以ENG攝影機出外景去拍攝新聞也就稱爲ENG作業。

ENG攝影機的使用極爲便利，只要帶著攝影機、麥克風與一些簡單燈具，腳架等的設備，就可以拍出可供播出的畫面。它與一般家用攝影機一樣，只要裝上充電電池就可拍攝，但也可接上交流電源(AC)拍攝，没有地點上的限制，只要那裡有新聞，可在蠻荒不毛的荒郊野地拍攝，也可在喧囂繁華的市區內拍攝。此外，如拍攝地點很小，只要可容納攝影師與ENG 機身，亦可使用此類攝影機，如跟著警務人員在狹小的巷道或樓梯間內拍攝逮捕嫌犯的情形，甚至小如衣櫥之內拍攝皆可。再者，ENG攝影機操作方便，易於作攝影機運動，也可在一些不利於拍攝的地點拍攝，可在顛跛的車輛上、甚至直昇機上等不利於拍攝的地方運作，而只要架上一些棚外用的輕便型腳架，就可使攝影機不易晃動。它可以輕易做攝影機運動，即使不架腳架，亦可做跟拍、搖攝等一些簡單的攝影機運動。

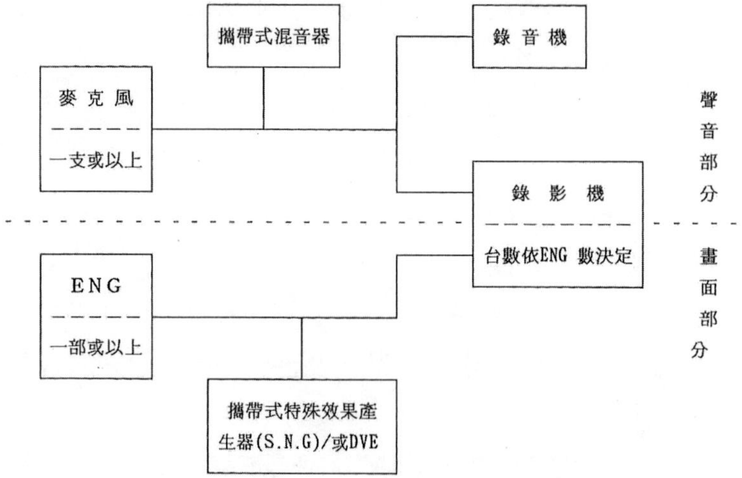

圖10-3　ENG作業

ENG攝影機由於製作上極具彈性，頗能符合新聞節目拍攝的要求，快速、機動、忠實呈現事件的要求。通常出ENG作業只要一位新聞節目主播與一位攝影師即可，如有必要還可再加一部ENG攝影機及一位攝影師以增加事件報導的深度感。

由圖10-3可看出下列各點：

1. ENG作業所使用的麥克風或ENG攝影機，可以只有一支或一部，也可以是一支或一部以上。但爲了新聞拍攝的迅速與機動，又能兼顧新聞事件本身的特性與複雜性。麥克風或ENG攝影機數量，不宜多也不宜少。
2. 畫面的訊號，是由ENG攝影機攝入，直接儲存在同一部攝影機的錄影裝置內。此種攝影機一般稱之爲攝錄一體型攝影機(Camcorder)。現使用之ENG攝影機，大部份皆具有錄影機之功能，也就是現在的ENG攝影機已將錄影機包括在內。
3. 麥克風所拾取到的聲音，可以直接由錄影機錄在錄影帶，也可以混音後再經錄影機錄在錄影帶上。如不用錄影機錄，也可用錄音機錄下，到後製作時再經剪輯或混音錄到錄影帶內。
4. 現場採取多支麥克風所拾取到的聲音，錄在錄音機或錄影機前，可使用攜帶式混音機先將所拾得的各個音源予以混音。
5. 攜帶式殊效果產生器僅用於兩部ENG攝影機以上，用來切換決定使用哪一部ENG攝影機的畫面。但如果只有一部ENG攝影機，則無須使用。攜帶式效果器並非必備，也可在拍攝作業完成之後，在後製作時再做剪輯。

6. 可攜帶數位化特殊效果產生器(D.V.E)在現場做畫面的特殊效果處理，但在ENG或EFP作業中，此並非必備的設備。

EFP

EFP英文全稱為Electronic Field Production。它與ENG一樣都是外景作業方式的一種，但EFP作業是指除了新聞節目以外，其他節目的拍攝。它使用的攝影機除了ENG攝影機外，亦可能將棚內用的攝影機(Studio Camera)搬出來使用。

EFP與ENG作業的差別除了拍攝的節目內容及使用的攝影機有差異以外，還有一個很大的不同，就是ENG作業通常是沒有前製作業的。由於新聞事件的本身，通常是不可預測的，自然也就不太可能做前製作業。但於一些可預見的新聞事件中，、為了對新聞做完整而忠實的報導，還是會有前置作業。如選舉計票現場報導，它是可預測的，且通常都要在電腦連線的計票中心預先設計好如何轉播的計畫。如架設各攝影機與麥克風的位置、主播大概的說話內容、節目流程等唯事先可預知的新聞，還是很可能沒有前製作業的情形，如新聞局記者會、記者於某政黨中常會結束之際守候於會外等候訪問、以及於法庭外等候採訪某項判決的結果等。記者與攝影師只要等著做訪問或採訪就好了，並不必也無法完整的安排前製作業。

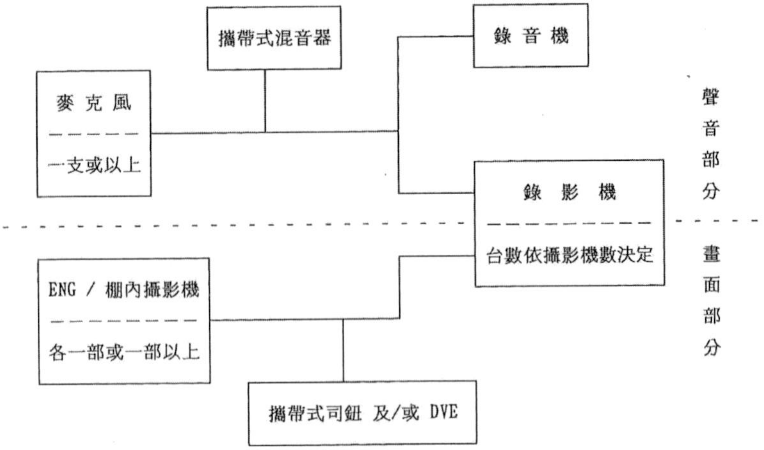

圖10-4 EFP 作業

將前面ENG圖套到EFP中可看到上面的結果。ENG與EFP作業的不同在EFP除了ENG攝影機以外，還可能會用到棚內攝影機。如此，可兼得ENG攝影機使用便利、及棚內攝影機的平穩及易於操作的特性，而使拍攝更具彈性。但EFP如出單機作業時，則除了使用一部ENG攝影機外，也有可能是搭配用一部或一部以上的棚內攝影機現場拍攝，並做混聲及畫面特效的處理，其要求必然更為精緻。

ENG與EFP製作的注意事項

ENG與EFP製作最重要的地方在前製作與製作階段。後製作由於通常在棚外，或外景轉播車內進行，易於控制，比較起來就沒有前製作與製作的情況來得複雜。外景作業可能會在製作時遇到許多意想不到的困難。如在前製作有完善的計畫與準備，則遇到困難才易於應付與隨機應變。前製作時，要先去對拍攝現場勘景，以決定某個場景攝影機要擺在什麼位置，燈光要用什麼燈具打、在那裡打、用什麼角度打等。如該位置不適合，則應決定是否換地方或克服該障礙。如地面凹凸不平不利架設攝影機，則將之鏟平，某位置無法架燈，則是否另架支架代替等。此外，還須決定如何鋪設線路，攝影範圍有多大，哪裡是演出的位置、哪裡是工作人員的位置，例如該場地爲私人所有或須得特別的許可才可拍攝。最後，還需先訂好租賃契約或得到許可等。

ENG與EFP作業如在室內拍攝，就應特別注意，在哪裡可以得到那些製作上的援助，例如是否有室內電源插座或輔助燈具等。在室外拍攝，則應特別注意天氣的變化，擬定拍攝日期進度表時，應參考天氣預報再行排定。

茲將ENG與EFP作業中一些須要注意攜帶的器材列舉如後

一、畫面及聲音之拾取設備

畫面及聲音拾取設備通常是指攝影機及麥克風。在攝影機來說，應攜帶幾部攝影機？除了ENG攝影機外，在EFP作業中是否應攜帶棚內攝影機？攝影機應使用何種鏡頭，是廣角鏡頭、望遠鏡頭、還是變焦鏡頭以及監視器應攜帶何者等等。

至於麥克風，則應預先決定應攜帶幾支麥克風，及這些麥克風應攜帶何種種類的？諸如為何種方向性的？電能轉換方式是電容式、動圈式、還是鋁帶式的？高靈敏度還是低靈敏度的？以及配合既有之錄音設備，應攜帶高阻抗、還是低阻抗的麥克風？等等。

二、錄影音設備

錄影音設備在畫面方面通常是指攜帶式錄影機，而在聲音方面是指錄音機或錄影機。

攜帶式錄影機應攜帶的數量，基本上與攝影機同，但也可多帶一台備用。假如要使用**ENG**上之錄影功能，就不必帶錄影機。此外，如果要事後做時碼剪輯的話，還應決定是否需帶時碼產生器(Time Code Generator)。

再者，如果無時間做後製或器財支援許可，也可攜帶攜帶式混音器或簡單的攜帶式特效機，現場做聲音的混音或畫面的切換；甚至如必要的話，也可帶攜帶式的**DVE**做畫面的效果處理。

就錄影帶而言，應決定採用何種規格的錄影帶，如Betacam、D-2、D-1、MII、VHS或Super VHS。而錄影帶須多帶一些，在決定應攜帶之錄影帶數量時應注意，預定拍攝多久時間及錄影帶的規格是幾分鐘的等等。而錄音帶亦同，錄音帶的規格有普通帶、二氧化鉻帶、金屬帶等，而長度有 60、90、120 分鐘等。

三、燈具

須預先計畫好應使用多少燈具、及應帶何種燈具？如聚光燈或散光燈或其他各式燈具。燈具的色溫是幾度的。此外，應視需要攜帶反光板或反光傘、燈具遮光片、琥珀色或藍色透明塑膠紙、甚至還可帶不透光的布幕來遮光等。

四、輔助設備

輔助設備有很多，最重要的莫過於電源。通常轉播車上有電源可供使用，而如使用充電式電池，如ENG攝影機、各式燈具、麥克風、錄音／影機、內部通話系統等，也應多帶一些備用電池，且事先應確認電池已充電或是有電的。其次，如腳架、線路與接頭、濾鏡、內部通話系統等，也是很重要的輔助設備。

應攜帶何種腳架，應依所攜帶攝影機的種類及拍攝現場的特性來決定。例如棚內攝影機就應使用較重、較平穩的腳架。而ENG攝影機則可用較為輕便、易於攜帶而機動性大的腳架；拍攝現場如為較不平穩的地面，應使用較穩定的腳架，拍攝現場如為平穩的地面，則可攜帶輕便型的腳架。

線路與接頭應多帶一些備用，在拍攝的現場常常會遇有線路不夠長、或線路不夠多的情形。接頭也與線路一樣，常常也會有不夠的情形。此時，因設備之間無法完全連接，會發生拍攝停擺的情形，所以線路與接頭應多帶一些，以免因小失大，影響拍攝進度。

應攜帶的濾鏡，莫過於校正色溫的濾鏡及UV鏡，因為此兩種鏡片會影響到畫面的品質。而其餘鏡片，如偏光鏡、柔焦鏡、霧化鏡等，可依拍攝的特殊需要而攜帶及使用。

就內部通話系統而言，如爲多機作業且使用特效機做畫面選擇，則必須額外鋪設技術指導與攝影機間的內部通話線路(即攝影師戴之耳機及麥克風與工程人員間之連接)，以爲導播與攝影師間之溝通。再者，如拍攝場地不大，並沒有太多的內部通訊問題。但如拍攝場地很大，人員散佈，則可能需要攜帶擴音器，甚至是無線耳機與麥克風。

五、其它設備

其它設備與製作之機器設備無關，卻又是製作所必要者，如打板之板子、劇本或腳本、道具、服裝、布景甚至飲食、椅子等，皆爲其它設備，宜於前製作時將所需者列一清單，而於製作之前應再確認一次。

至於製作時的應注意事項，已詳述於各章節之中，請參閱各該相關章節。譬如使用攝影機的應注意事項，則參考第二章「電視攝影機」；使用麥克風的應注意事項則參考第五章「音效製作」等。

第三節　轉播傳輸系統

本章在前面提過，轉播是在戶外，將所製作的節目直接傳送回攝影棚，再由電視台將節目發射出去。ENG與EFP作業是在戶外對節目的製作過程，因此，所有的戶外轉播都會包括ENG與EFP。所以說ENG與EFP是所有轉播作業共同的原理原則。而由戶外將節目傳送回棚內的傳送方式，一般而言轉播的傳送方式有以下四種：(1)同軸電纜傳送；(2)光纖電纜傳送；(3)微波傳送；(4)衛星傳送等四種轉播系統。茲分述如下。

同軸電纜傳送與光纖電纜傳送

同軸電纜與光纖電纜都是電纜的一種，在轉播前須預先將線路鋪好，適用於點對點之訊號傳送。

一、同軸電纜 (Coaxial Cable)傳送

同軸電纜是最早發展出來的傳送系統，但仍爲現在最常見的點對點轉播方式。它除了在轉播作業會用到外，也常用於有線電視台對用戶的線路架設。它的原理是在拍攝現場與電視台間之各個轉播的據點之間，埋設線路。而在拍攝現場，聲音與畫面拾取設備將節目內容轉變爲電子訊號，而電子訊號經此同軸電纜所鋪設的線路傳送，除可於現場轉播連接器材之用(如連接攝影機至轉播車)，也可傳送回電視台再由電視台發射訊號。一般除在電視台附近做轉播之外，多不以同軸電纜來做連接傳送，但國外常見有將同軸電纜從電視台連接出去轉播的情形。那是爲了播出節目之用，同軸電纜則是永久架設於該處而不會移動的。

使用同軸電纜的缺點是通常不能傳送太遠的訊號，因電子訊號經長距離的同軸電纜傳送，會產生電子訊號強度不夠的情形。此種情形的產生乃由於阻抗所致。這些阻抗的出現，一方面是來自於同軸電纜材質本身的問題，二方面是因爲同軸電纜

所傳送的電子訊號頻率，與無線電廣播所發射出去的電視訊號頻率相近，同軸電纜易受到干擾，而產生阻抗。

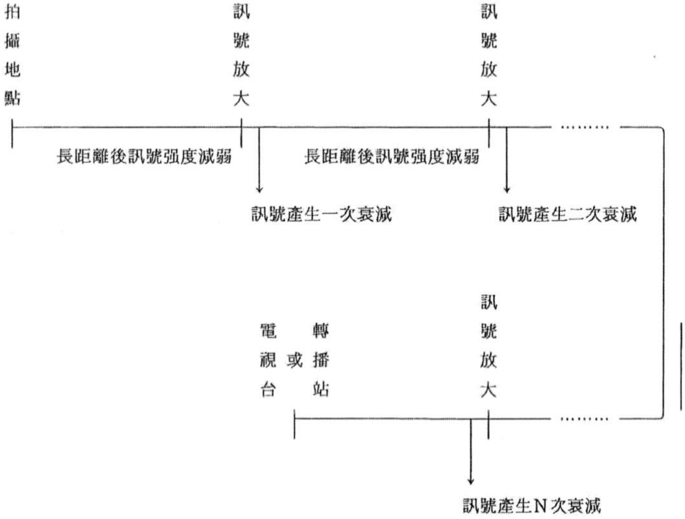

圖10-5　同軸電纜傳送電子訊號之衰減

現在克服電子訊號強度不夠問題的方法，是在同軸電纜的每一段間距，將電子訊號予以放大。也就是在電子訊號每經一段距離的傳送之後會產生強度不夠的情形，而在強度不夠時，再將電子訊號予以放大。這種作法的壞處是雖然電子訊號放大，但雜訊也同時放大，也就是每放大一次就會產生一次電子訊號衰減(Degradation)的情形，所以並不適用於距離太遠的轉播作業。故如將同軸電纜由電視台連接出去，做爲節目播出之用，畫面可能常常會發生不清晰的情形。如目前國內的第四台，多以同軸電纜播出節目之用，而常有畫面品質不好的情形。但一般而言，如轉播的距離在一百公尺之內，使用同軸電纜仍然是一個很好的選擇。

相對於光纖電纜，體積大、重量重是同軸電纜的另一個缺點。又光纖電纜並沒有同軸電纜會有訊號衰減的問題，未來同軸電纜會慢慢地爲光纖電纜所取代。

二、光纖電纜 (Fiber Optics Cable)傳送

光纖電纜與同軸電纜一樣，是屬於公共線路的一種，它體積很小，比人類之頭髮稍寬，大約只有千分之九公分而已，但光纖電纜卻能負載很多資料。普通來說，一條光纖電纜大概可以傳送數百個頻道，約爲銅線的一百倍。此外，光纖電纜還具有非常高的頻率，理論上它每一秒鐘可傳送數兆位元(Bits)的訊號，但實際上現在最多只能做到每秒四億個位元。雖然如此，所負載的訊號數目也非常地可觀。光纖電纜的傳送速度，每一秒鐘可以將訊號傳到十八萬六千哩的距離，所以光纖電纜並不只使用於傳遞電視節目的訊號，也有用於電腦網路的使用及電話線路等。

光纖電纜的外部有一層薄薄的、且具彈性的玻璃質或塑膠質外層。它的作用與一般電纜外的塑膠質外膜一樣，具有保護的作用，但並不具有絕緣的作用。因爲通過光纖電纜的，並不

是電子訊號，而是光線。也正因如此，光纖電纜的玻璃質或塑膠質外層具有另一項作用，就是引導光線行進的作用。

由於通過光纖電纜的，並非電子訊號，而是光線，所以電子訊號在進入光纖電纜之前必須先轉換成光能的形式。故在光纖電纜的前端有一將電子訊號轉換成光能形式的裝置。這個光能的形式可以是類比式的，也可以是數位式的。而在光纖電纜的末端有一感光的接收器(Photosensitive Receptor)，可反應光線因強度不同所產生的高頻間的變化，而將之轉換回電子訊號。而光線之所以有強度不同的變化，如同電子訊號也會有不同的頻率，其原因在於所拾取的畫面與聲音有所改變。如所拾取的畫面與聲音一成不變，譬如拍一個靜止的畫面，以及拾取無聲的聲音，那麼光線強度可能就不會有什麼改變。

光纖電纜與同軸電纜一樣，也有放大的問題。雖然光纖電纜沒有什麼阻抗，但經一段很長的傳送距離之後，也會發生訊號減弱的情形。因而如同軸電纜一樣需要放大訊號，一但放大，免不了會產生訊號衰減的情形。但整體來說，畫面與聲音的品質仍然很好，並沒有什麼明顯的影響。現在有一種正在發展中的傳送媒介，稱爲超導體(Superconductor)。它的發展方向是希望能克服訊號衰減的情形，但目前只發展到在一定低溫下，不會有訊號減弱及衰減，距離常溫狀態尚有一段距離須待努力。

光纖電纜與同軸電纜的作用可以說是完全一樣；其不同者在於其本身的材料不一樣，及因材料的不一樣所引起在製作上其他特性的不同。其本身材料的不同，除材質不同外，如前所述，光纖電纜速度較快、且光纖電纜需要將電子訊號調變(Modulate)轉換成光能的形式。同軸電纜則直接就可以將電子訊號傳送出去，不需經過轉換。至於光纖電纜與同軸電纜，因材料的不同所引起在製作上特性的不同，與電視製作關係較大。

三、同軸電纜與光纖電纜的使用在電視製作上的差異

1. 光纖電纜較同軸電纜體積小、重量輕，易於攜帶及裝設。
2. 光纖電纜所能負載的頻道較同軸電纜爲多。
3. 光纖電纜較爲耐用，不論暴露在何種天氣狀況、何種氣溫、或何種濕度條件，都不易故障。
4. 同軸電纜損失電子訊號的程度較爲嚴重，相對地也引起放大訊號的問題。故一般而言，光纖電纜所傳送的節目品質較同軸電纜爲佳。

微波傳送與衛星傳送

微波傳送與衛星傳送同屬無線的點對點方式傳播。其最主要的差別在於，微波傳送是在地面架設微波發射機與接收機的方式，來做訊號的傳遞；而衛星傳送則是由地面發射微波至衛星上，再由衛星將訊號傳回地面上的接收器。微波傳送與衛星傳送都是傳送微波，但傳送至衛星的微波發射器功率，自然要較在地面間傳遞的微波發射器來得大，但衛星傳送的發射器與微波傳送的發射器並不相同；且從衛星上傳送訊號下來可到達

地面的每一個角落，不會有死角產生。而在地面的微波傳送，由於微波是直線前進的，常因地形等因素而有死角產生。此時只能以增設轉播站及轉播點、或改變轉播站及轉播點的位置來對此死角做校正。

此種死角的發生，多出現於電視台將電視節目播出時，如果是將訊號由棚外拍攝地點傳送回電視台間之訊號傳送，由於訊號傳送的目的地很單純，較無發射死角的問題。再者，微波傳送與衛星傳送所傳送之微波，與一般家中所使用的微波爐的微波並不相同，但同樣會對人體造成傷害。在使用微波傳送及衛星傳送做轉播時，應注意避免接觸到微波。

一、微波 (Microwave)傳送

早期無線的點對點傳播只有微波而已，故以前電視節目的發射，常見有使用微波傳送的。很多國家現已改成以衛星傳送節目。在台灣，由於疆域範圍並不是很大，又早已完成全島的節目傳送系統，絕大多數地方都能收到畫質清晰的節目，對於衛星並無太大的需要。但就製作上之轉播作業而言，微波傳送仍爲現在最主要的訊號傳送方式。微波傳送極爲便利，只要製作地點架起微波發射器，而電視台就可以用微波接收器收到訊號。但微波與可見光一樣，只能直線前進，又常常於製作地點與電視台間會有障礙物，如高樓大廈、甚至高山等，如此就只能在製作地點與電視台間架設許多轉播點或轉播站，才可以將訊號傳送回電視台。現在電視台也有很多在各地架設轉播站，也可以將節目由製作地點發射到該轉播站，而由該轉播站再將

訊號傳回電視台。通常而言，如製作地點較爲偏僻，或製作地點旁剛好有轉播站者，多採用後者之轉播方式，因較爲便利之故。

微波轉播中如遇有障礙，會產生訊號衰減的情形。微波的頻率與可見光相近，因此也具有可見光的大部份特性。故遇到障礙物時，與光線一樣，可能會穿過該障礙物，也有可能被反射。微波遇到如玻璃質、木質一類的障礙物會將之穿過，而遇到金屬質料的障礙物則會被反射，但微波遇到水泥牆可將之穿越，這是與可見光線性質不同的地方之一。

微波發射器可架設於轉播車上，如必要的話，甚至還可以架設於直昇機上。另外，如對一部攝影機上所拾取到的畫面與聲音傳送到轉播車或轉播點上，還有一種架於輕便型三角架上的微波發射器，稱爲微波窗架發射機(Window Ledge)，使用上更爲方便。此外，有的ENG攝影機上也有小型的發射機，直接將訊號傳送出去，且機身上沒有線路，使用甚爲方便。

前述各種微波發射器，一般而言，其功率大小順序爲：1. 轉播車及直昇機上的微波發射器；2. 微波架窗發射機。

二、ENG上小型微波發射機

使用微波傳送時，有時候會遇到轉播車或轉播之直昇機需要移動的情形。如跟隨警車後方轉播警方押解重大嫌犯至法院受審途中的情形，或於直昇機上轉播水庫嚴重乾旱的情形，需要一直移動。此時，由於微波是直線行進，應多裝設幾個微波發射器對各方向發射，且應打開自動跟隨尋找接收器的功能開關。

圖10-6　微波發射器與受信器

三、衛星傳送 (Satellite News Gathering，SNG)

衛星轉播是指將節目由拍攝地點發射，經過位於外太空中的同步衛星，再由衛星傳送至地面的某一轉播站、製作中心或電視台。其傳送過程如圖10-7。

理論上，微波行進的速度極快，以衛星傳送，時間應不到一秒鐘。但實際上，將節目訊號送上衛星(上鏈，Uplink)及衛星將節目訊號送至地面的接收器(下鏈，Downlink)，各需一秒鐘的時間。所以，如打開電視機，收看某一場於外國舉行的棒球賽現場實況轉播，在聽到從電視機喇叭裡傳出來清脆的打擊聲後，過了兩秒，才能從電視上看到打擊出去的畫面。

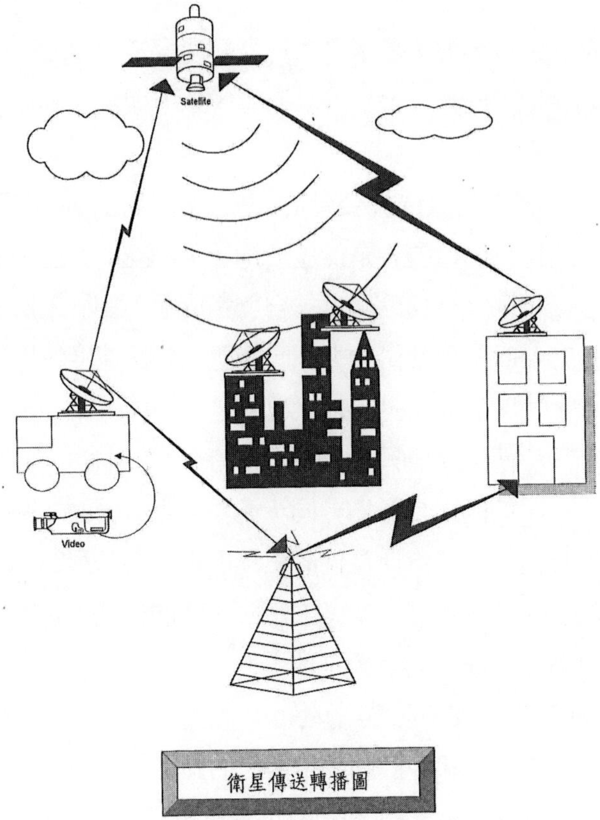

圖10-7　衛星傳送轉播

衛星有下列兩種分類，即：1. 同步衛星與非同步衛星；2. C頻帶衛星與Ku頻帶衛星。茲分述如下：

1. 同步衛星與非同步衛星

衛星繞著地球轉，稱爲公轉。同步衛星與非同步衛星的區別標準，是衛星本身公轉速度是否與地球同步。如與地球同步，則爲同步衛星，如不與地球同步，則爲非同步衛星。

同步衛星由於公轉的速度與地球自轉的速度相同，所以它的位置總是能位於地球某一處的上空；而非同步衛星則公轉速度與地球自轉速度並不相同，無法定位於某一處。大部份的非同步衛星，公轉速度較地球自轉快，速度大約相差三倍，也就是由地球上某一處觀之，非同步衛星大概只會出現八小時。

早期的衛星多爲非同步衛星，今所發射之衛星多爲同步衛星。同步衛星位於三萬五千八百公里的高空。它的優點是能對其下空做二十四小時的轉播，且位置較不易偏離，而非同步衛星則否。

2. C頻帶衛星與Ku頻帶衛星

C頻帶衛星與Ku頻帶衛星的區別標準在頻率的不同。C頻帶衛星是指該衛星的頻率在3.7及4.2GHz至5.9及6.4GHz之間，而Ku頻帶衛星的頻率則是11至12GHz之間。

早期多使用C頻帶衛星，因爲如傳送的過程中如遭遇下雨或下雪等阻礙C頻帶衛星傳送的品質較好。但是C頻帶衛星所使用的頻帶範圍與微波傳送相似，所以很容易受到干擾，使用前都要先執行一道清除周圍訊號的程序。再者，C頻帶衛星的碟型接收器或發射器體積極大，不利於轉播車之攜帶，爲省時與便利機動的考量，現在也有很多使用Ku頻帶。Ku頻帶衛星的訊號傳送並不需要做周圍訊號的清除程序，且其碟型接收器或發射器體積大約只有C頻帶衛星的三分之一。而現在大多數的衛星都能接收C頻帶與Ku頻帶的訊號。

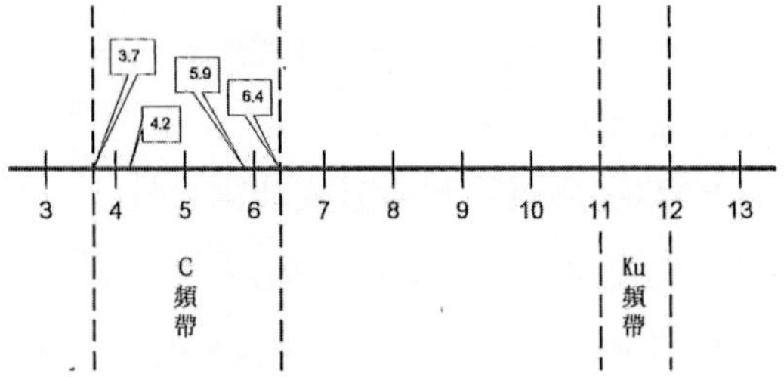

圖10-8　C頻帶與Ku頻帶圖

第四節　各種電視節目之轉播

由於節目電視內容的不同，造成在轉播作業上製作特性的不同。依其特性，可分爲：1. 新聞節目轉播；2. 體育節目轉播。這兩種節目，都可能會有轉播地點大小不同的情形。以下此兩種節目的基本轉播方式，並就地點的大小與否對於轉播的方式是否產生影響，說明並舉例於後。

新聞節目的轉播

新聞節目轉播要求對事件做快速、完整的報導每一天所發生的新聞事件很多，但人員、器材、與經費卻有限，所以新聞轉播也要求將新聞事件與所有的人力物力做最精簡而合理的分配。一般的新聞事件通常是一位記者與一位攝影師帶著一部ENG攝影機到新聞現場去採訪，如新聞現場太遠或欲現場立即播出者，可能就會開轉播車去採訪。

只出一部ENG攝影機的轉播方式非常單純，一般會先對新聞現場做拍攝，如報導火災新聞就拍出火災現場，或探討飆車族飆車的新聞就在飆車族在飆車時，將該場景拍攝出來等。記者或主播於報導時所說的話，可以在新聞畫面出現之時同時播出，而記者本身並不出現於圖框中，但記者也可站在新聞現場前面來做報導。通常記者多於該新聞的一開始及結束時，出現於畫面中報導，或是只於新聞結束時才出現。而記者即使不出現於圖框之中，通常也會對新聞畫面做解說的報導。但此時應注意，如新聞畫面很吸引觀衆注意時，就不宜有記者的聲音出現。因爲傳達給觀衆的訊息太多，觀衆比較不會去注意到聲音的訊息內容。

當新聞事件本身較爲複雜，或新聞現場之地點非常大，而出動多部攝影機時，此種單機採訪就比較困難。茲以轉播選舉計票過程之現場轉播爲例子說明複雜的新聞事件。

圖10-9　一部ENG攝影機轉播新聞

選舉計票過程之轉播，並非只有單純地到計票中心現場去做實況轉播就好了，通常還要對各種背景作說明，如選舉人的基本資料、政見及訴求重點、從政經歷、預估票源及票數，以及其他選舉相關新聞等。而這些背景說明，除了於計票中心的主播外，通常也可能會由電視台內的主播報導，此外，可能還會安排學者專家對結果揭曉前的選情預測。此時可能在現場主播台前會安排到兩部以上的攝影機；而隨著選情的逐漸明朗，可能會出現幾家歡樂幾家愁的情況，以及各界人士對選情的看法。這些都要在畫面中穿插，不能整個畫面都是電腦終端機的開票結果，或是只有主播一直在畫面前獨撐大局。如此不但無法引起觀衆視覺及聽覺的興趣，也使整個節目内容單調且無意義。

綜前所述，可將所有可能會需要攝影機的地方，列舉如下：

1. 計票中心内之主播台
2. 計票中心外之所有相關内容之新聞事件之現場
3. 攝影棚内之新聞主播台

開票統計的電腦畫面的本身是由先行錄製的，故可直接接好線路，就是一個畫面來源，與其他畫面來源的控制，並無二致。但其它的部份，則就需要攝影機在現場做報導的畫面。

計票中心内之主播台與攝影棚内之新聞主播台，與轉播方式就與一般在棚内轉播新聞是一樣的，所以攝影棚内之新聞主播台就省略不提。棚内通常都是三機作業，原本就已經架設好。但在計票中心内之主播台，因在棚外，要另外架攝影機，應能省則省，如果只有安排主播說話，即使只用一部攝影機也可以，但通常還是以二部或三部較妥。主播台如有兩人以上，或有安排特別來賓探討選情等，則最好還是用三機作業。

計票進行中可穿插計票中心外之所有相關内容之新聞事件，至於該新聞事件現場，如某候選人確定當選，可派遣記者至該候選人之競選總部採訪其慶祝情況及當選感想，或採訪各界人士對該選舉的看法。選情結果如有引起暴動，也要派遣記者立刻去採訪。這些新聞的轉播方法與前述一般新聞事件轉播方式一樣，但不同的是可能要把訊號傳回這次選情轉播的轉播中心，而不是電視台。在轉播中心有司鈕可對各處之畫面做切換，如於計票中心之主播欲與各攝影機處之記者於不同的地點同時說話來做報導，則應借助內部通話系統來做溝通。如該記者在計票中心外，則該記者可能要借助攜帶型的電視機、或收音機來與主播溝通。在主播台前通常也會準備一顯示器，由特殊效果產生器或畫面選擇器切換主播可能會需要的畫面給主播。主播接到記者的訊息，也就可以與之對話。

茲將前述選舉計票過程之轉播方式，綜合繪圖如圖10-10。

比較困難的新聞轉播，除了新聞事件性質比較複雜者外，還有新聞現場較大的新聞事件。如總統府國慶遊行、總統校閱國軍武力、採訪水庫乾枯情況、採訪連續假期結束高速公路之堵塞狀況、及採訪森林大火或森林病蟲害等。

以下就採訪水庫乾枯情況舉例說明。

水庫乾枯情況的採訪，可能會由一記者實地至水庫去報導，也可能走到水庫僅剩的水位邊及水庫高處向下拍攝。此時也許還會有水庫的管理人員在旁接受採訪，還有也常會有記者搭乘直昇機由上向下拍攝水庫做報導，甚至與地面的記者做陸空聯合報導。綜上所述，水庫乾枯情況採訪所會用到攝影機的情形如下：

1. 水庫邊的報導(水位邊或水庫較高處，如兩處要同時做報

導，則需兩部攝影機)

2. 對水庫管理人員的採訪(通常會於水庫邊採訪，如不如此，可能會有額外需攝影機的情形)

3. 直昇機上向下採訪

由於水庫通常距離電視台甚遠，所以只能將節目以微波傳送至最近的轉播站或以衛星傳送的方式轉播。所出動的攝影機之訊號全部傳送至轉播車上，由轉播車上之司鈕做各攝影機畫面間之切換。如記者間須於畫面上做同時對話，則可使用無線電、或前述電視機及收音機等。

此類情形之轉播，轉播方法其實大同小異。譬如採訪森林大火或森林病蟲害，它與採訪水庫乾枯的例子只是採訪對象不同，所以從直昇機向下看的是森林，而地面的記者就是在森林旁採訪；而報導連續假期結束高速公路之堵塞狀況亦同，它從直昇機向下看的是高速公路之堵塞狀況，而地面的記者在堵塞的高速公路旁報導。

體育節目的轉播

本章於第一節曾提及，依轉播方式的不同，體育節目可分爲：一、長距離之競賽；二、大場地之競賽；三、小場地之競賽；四、定點競賽。

一、長距離之競賽

長距離之競賽大多爲比賽選手克服長距離的速度或耐力，所以此類比賽的場地有一特性。即比賽場地非常長，且多爲選手一經過比賽場地的某一部份後，就不會再經過該地，即不會回頭的意思。所以對此類比賽的轉播，通常只要將領先在前的幾位重要選手拍攝下來，後面的就不必拍了，因爲觀衆通常不會將注意力放在後面的選手上。但如後面的選手有觀衆所注意的，如某公衆人物、名人等，則仍然必須對該選手拍攝，如果體育節目主持人會在節目中提到他的話。

在比賽路線的某一點所出動的攝影機，如領先的重要選手都已通過的話，則該攝影機因無再拍攝的必要，可將設備都收拾好，再趕緊到另一個選手未通過的拍攝點準備進行轉播。此外，也可以派出一部攝影機，乘車跟隨選手們拍攝，但須注意不要影響到比賽的進行，且應注意安全，不要撞到選手。

茲以自由車比賽爲例，圖示如圖10-10。

說明：

1. 每一個拍攝地點，通常只要架設一攝影機與一麥克風即可。由於選手很多，場地又很大，通常每個拍攝地點只要帶一支無方向性麥克風即可。
2. 並不一定要處於一地點等待拍攝，也可乘坐車輛跟隨拍攝，如圖上之甲。
3. 在拍攝時應注意不要逾越一百八十度假想線。如圖上所示，乙、丁、戊之位置皆於比賽路線的同一邊，並未逾越一百八十度假想線。
4. 也可於彎道處拍攝選手正面的比賽情形，如圖上之丙。而此也可當中性鏡頭，藉以突破假想線。

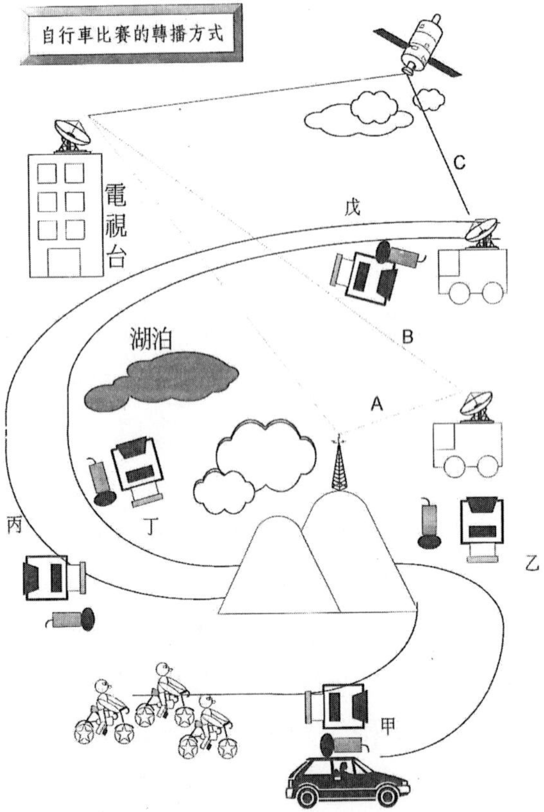

圖10-10　自由車比賽之轉播方式

※甲、乙、丙、丁、戊各代表攝影機與麥克風之放置處A、B、C各代表將節目傳回之方法

5. 如選手已通過拍攝地點，則該拍攝地點之整個轉播設備可至另一地點準備接下來比賽情形的轉播，如選手已通過乙處，乙處之設備趕快移至戊處，則可少出一部 ENG 或麥克風等。
6. 傳送回電視台的方式可以衛星傳送，如圖中之C；也可用微波直接傳回電視台，如圖中之B；亦可以微波，經轉播站傳回電視台，如圖中之A。

二、大場地之競賽

大場地之競賽場地雖大，但終究在一定的場地內進行比賽，所以還是應多架設幾部攝影機，以求能將各個精彩畫面作各種角度的拍攝。大場地之競賽依人數多寡與否，可再分類爲人數多的比賽，如棒球賽、足球賽、橄欖球賽等，而人數少的比賽，如標槍、鐵餅等。區別在於人數多的比賽，轉播方式較爲複雜，而人數少的比賽則否。

以下就此分類各舉一例說明之。

1. 棒球賽之轉播

說明：

(1)棒球賽的賽程是可預測的，故可預先架設好各式轉播設備於球場。

(2)由於上述原因，又爲求畫面品質及操作的平穩便利，最好皆使用棚內攝影機。

(3)圖中C1位於本壘之後；C2位於一壘之後；C3位於二壘之後；C4位於三壘之後；如此可將球場內的各個

動作做各種方向與角度的描寫，也可將球場旁的相關事物，如球員休息區、觀眾區做描寫。

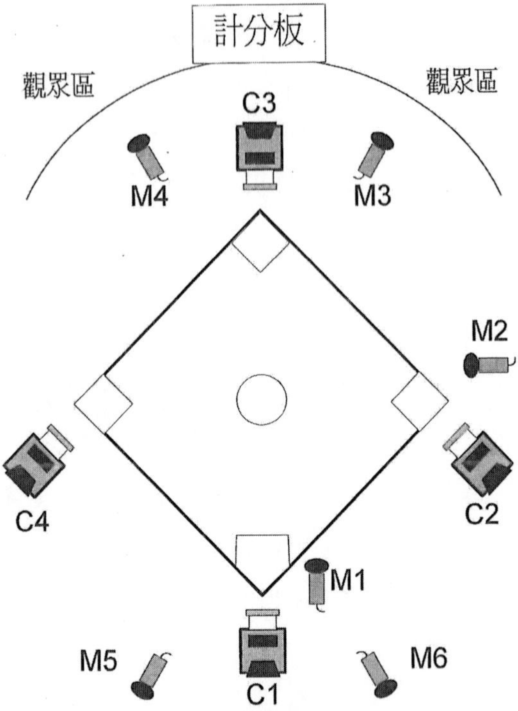

圖10-11　棒球賽之轉播方式

※C1、C2、C3、C4各代表一～四號攝影機(即Camera 1～4)M1、M2、M3、M4、M5、M6各代表一～六號麥克風（即Mic 1～6）

(4)C1與C3位置較高，使用高角鏡頭，而C2與C4位置較低，使用齊眼鏡頭即可，但此爲原則上如此，如有其他需改變運鏡方式的情形，不在此限，如C2爲拍攝被打擊出去的球而使用低角鏡頭。

如此，選手不論是由幾壘跑上幾壘，在齊眼鏡頭有C2與C4可將之做左右不同角度的拍攝，而在高處有C1與C3做前後不同地點對全場的觀察。

如欲拍攝被打擊出去的球，通常只要用一部位於高處及一部對於低處的攝影機拍攝即可，而其他的二部攝影機則可對其他球場上的狀況，如選手跑壘、盜壘等做描寫。如球場當時狀況較爲複雜而需要時，也可只用一部位於高處的攝影機拍攝被打擊出去的球。

(5)圖中M1位於本壘，M2位於一壘，M3與M4位於二壘後之觀衆區前，M5與M6位於本壘後之觀衆區前。M1與M2爲超指向性麥克風，除了二壘至三壘間外，可將各壘間的聲音拾取下來（如選手的滑壘聲、接球聲、甚至與裁判的吵架聲）；M3、M4、M5、M6皆爲無方向性麥克風，用來拾取環境雜音(如觀衆的歡呼聲與加油聲），其中M3與M4可拾取二壘後方之環境雜音，而M5與M6可拾取本壘後方之環境雜音。

觀衆對棒球場上的焦點通常位於選手打擊的本壘、由三壘奔回本壘、及由本壘奔向一壘處，又考慮到全場之收音，故選擇將超指向性麥克風置於本壘與一壘處。

2. 標槍之轉播

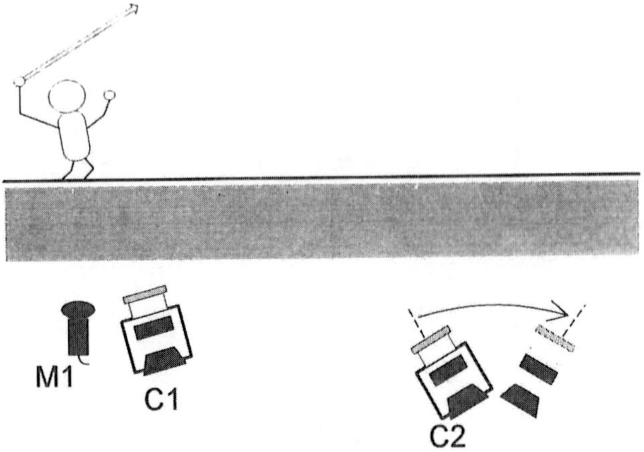

圖10-12　標槍之轉播方式

※C1、C2各代表一～二號攝影機(即Camera 1～2)

M1、M2各代表一～二號麥克風(即Mic 1～2)

說明：

(1)C1與C2為ENG攝影機。通常不容易在田徑場上架設棚內攝影機，故標槍比賽雖可預期，但為拍攝上之便利，且此類運動比賽較易轉播，故仍使用ENG攝影機。

(2)C1與C2皆位於選手前方之一側，C1接近選手，C2接近可能的落點處(但不超過該處，且C2離比賽場地應較遠。M1位於選手旁，M2位於觀眾前)。

(3)C1拍攝選手投擲標槍的情形，C2則追蹤拍攝被投擲出去的標槍。即使標槍已投擲出去，C1仍應拍攝選手投擲出去後的反應鏡頭。

(4)M1爲超指向性麥克風，拾取選手之聲音。M2爲無方向性麥克風，拾取環境雜音。

三、小場地之競賽

小場地之競賽與大場地之競賽一樣，在一定之場地比賽，故需要對比賽做每一角度的拍攝。茲以籃球賽之轉播方式爲例，說明如下。

說明：

(1)C1與C2爲棚內攝影機，於教練及球員休息區對面的一邊架設，因如此便於拍攝在休息區的情形。

(2)C3與C4爲ENG 攝影機，在球場的兩邊做機動式的拍攝，但不可逾越一百八十度假想線，以免造成觀衆對球隊之進攻與防守的錯亂。

(3)爲兼顧畫面之品質、各個精彩鏡頭之捕捉、及對球場的每一個地方做各種不同方式的描寫，故將棚內攝影機與ENG 攝影機兼而使用。

(4)M1、M2、M5皆爲超指向性麥克風，各據於球場之三方，對球場比賽中的各個活動進行拾音。

(5)M3與M4爲無方向性麥克風，於教練及球員休息區的那一邊拾取環境雜音。如此安排的優點是也能拾得休息區的聲音。

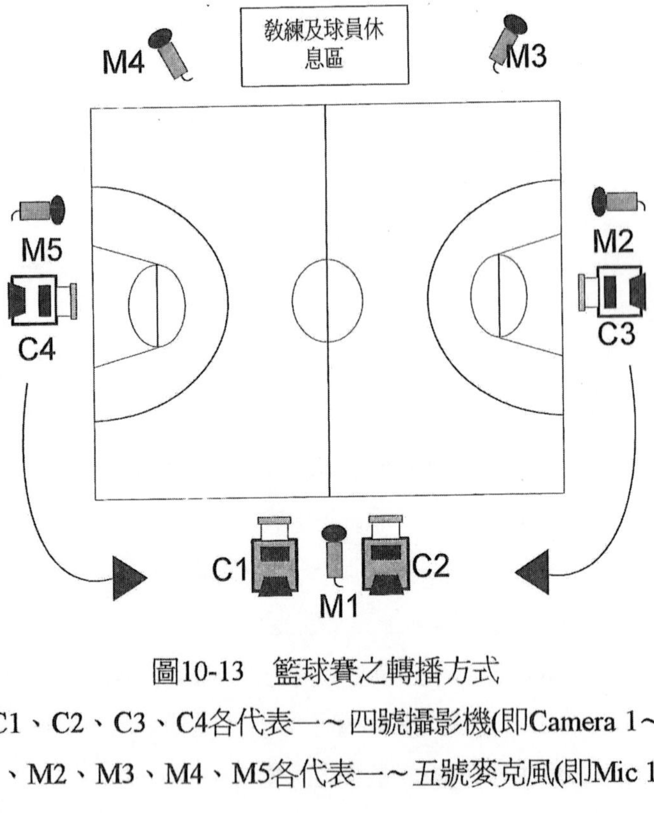

圖10-13　籃球賽之轉播方式

※C1、C2、C3、C4各代表一～四號攝影機(即Camera 1～4)

M1、M2、M3、M4、M5各代表一～五號麥克風(即Mic 1-5)

四、定點競賽

定點競賽選手所能移動的範圍很小，比賽場地也不大，故轉播方式並不複雜。通常使用的攝影機不會超過四部，如舉重與擊劍可能只會用到一部攝影機，桌球可能只會用到兩部，而相撲、摔角與拳擊可能會用到三部。

由於拳擊、柔道、與摔角場地大小相似，且皆爲兩位選手，轉播方式並無太大不同。茲以拳擊、柔道、與摔角爲例，說明如下。

說明：

1. C1爲ENG 攝影機，可視比賽情況之需要，於比賽場地周圍做機動式的拍攝，且C1的拍攝角度爲齊眼鏡頭或較齊眼鏡頭稍低之低角鏡頭。
2. C2與C3爲棚內攝影機，C2的拍攝位置較C1高，且其拍攝角度爲齊眼鏡頭或較齊眼鏡頭稍高之高角鏡頭。
3. 在必要時，可以C1與C2對一比賽情形做同一高度、不同角度的描寫。
4. C3位置最高，使用高角鏡頭拍攝，但其高度只要能對整個比賽場地做清楚的描寫就可以。
5. C1、C2、C3畫面的交錯切換可對整個比賽情形做不同角度、不同高度的呈現，且使畫面更豐富。
6. M1與M2位於比賽場地之上下兩邊，爲超指向性麥克風，其作用在對二選手拾音，如選手的吼聲及扭打聲等。

7. M3爲無方向性麥克風，作用在於拾取環境雜音。

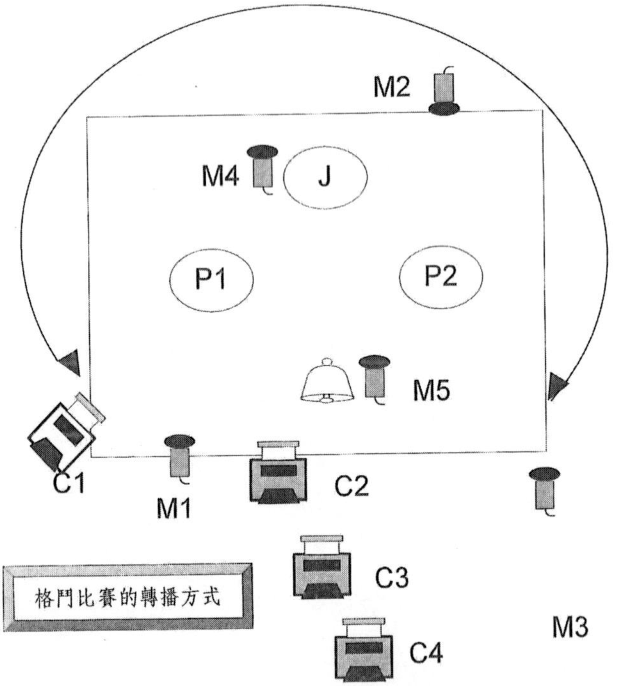

圖10-14　拳擊、柔道、與摔角之轉播方式

※C1、C2、C3各代表一～三號攝影機(即Camera 1-3)，M1、M2、M3、M4、M5各代表一～五號麥克風(即Mic 1-5)，J 代表裁判，P1、P2各代表一號選手及二號選手。(Player 1、Player 2)

8. M4爲超指向性麥克風，直指裁判對其拾音。但如可能的話，也可以使用夾掛式麥克風，掛於裁判身上拾音。

9. M5爲無方向性麥克風，放於鐘旁，拾取鐘聲。

從本章所探討之轉播作業可見，電視是一種立即傳達訊息取勝的視聽媒體。因此，在外景轉播作業的過程，不論以單機跑帶或大小型轉播車到現場播出，其共同的理念皆在其機動性與立即性。對於突發事件通常會要求先求「有」再求「深入」；但是對於有計畫性的深入報導，則會要求從不同的角度深入現場，讓觀衆在家中觀賞電視時，不但可感受到電視科技的進步，更可加強視聽覺的臨場感。也唯有如此，電視媒介的社會功能才可發揮到極致。

關鍵詞彙

ENG與EFP	微波傳送
衛星轉播	各種電視節目的傳輸方式
同軸電纜	光纖傳送
轉播	S.N.G
衛星上鏈	衛星下鏈
C頻帶	Ku頻帶
同步衛星	

參考文獻

一、中文部份：

中視轉播工程資料。

黃新生等　(民76)。廣播與電視。台北：空中大學。

二、英文部份：

Zettl, H. (1992).　Television Production Handbook.　Belment, CA: Wadsworth Publish Company, Inc.

Whittaker, R.(1989).　Video Field Production. Mountain View, CA: Mayfield Publishing Company.

參考書目

一、中文部份：

王瑋、黃克義譯 (民 81)，電影製作手冊。台北：遠流出版社。
杉原義得 (民 84)，Ｖ８攝影剪輯入門。台北：尖端出版社。
孟慶芳 (民 75)， 電視節目製作實務。台北：國立藝專廣播電視協會。
徐鉅昌 (民 75)，電視傳播。台北：華視出版社印行。
徐鉅昌 (民 82)，電視導播與製作。台北：三民書局。
陳清河 (民 80)，ＥＮＧ攝錄影實務。台北：合記圖書出版社。
陳清河 (民 76)，電視電影技術研究。台北：合記圖書出版社。
陳清河譯 (民 76)，電影製作概論。台北：合記圖書出版社。
梅長齡 (民 71)，電視原理與製作。台北：三民書局。
黃新生 (民 76)，廣播與電視。台北：空中大學。
張敬德 (民 76)，電視工程實務。台北：合記圖書出版社。
張思恒 (民 62)， 製作電視習題。台北：私立輔仁大學視聽教育中心。
賈亦棣 (民 75)，表演藝術。台北：正中叢書。
陸維承 (民 59)，電視廣播概論。台北：中國電視工程公司出版。
陸維承 (民 61)，電視廣播技術。台北：中國電視工程公司出版。
陸維承　(民 67)，電視廣播學。台北：中國電視工程公司出版。
陸錦程　(民 65)，電視原理與實用。台北：華欣學術叢書。
蔡駿康等　(民 73)，電視的原理與製作，梅長齡主編。台北：黎明文化公司。
蔡念中　(民 84)，電視台外製外包制度研究。台北：文化總會電視文化研究委員會。
蔡駿康編　(民 81)，電視工程。台北：中華民國電視學會。
莊克仁譯　(民 76)，傳播科技新論，台北：美國教育出版社。
謝章富　(民 83)，電視攝影技藝研究。台北：國立臺灣藝術專科學校。
趙　耀　(民 77)，圖框世界：電視導播的理念與實務。台北：志文出版社。
趙耀譯　(民 82)，後製作剪輯。台北：五洲出版社。
萬道清　(民 64)，電視節目製作與導播。台北：大林出版社。
廖祥雄譯　(民 78)，映像藝術：電影電視的應用美學。台北：志文出版社。
劉立行　(民 82)，「高畫質電視之攝影」，高畫質電視節目製作報告之一。台北：廣播電視電視事業發展基金會
歐陽渭城譯　(民 82)，從高畫質錄放影機至衛星傳播電視。台北：全華科技圖書公司。

二、英文部份：

Bermingham, A., Talbot-Smith M., Angold-Stephens K., and Boyce, E. (1990). The Video Studio, 2nd ed. Boston: Focal Press.

Burrows, T., Gross L., and Wood, D. (1995). Television Production: Disciplines and Techniques. Madison, WI: Brown & Benchmark Publisher.

Fielding, K. (1990). Introduction to Television Production. New York: Longman.

Gross, L.S. and Ward, L. (1995). Electronic Moviemaking, Belmont, CA: Wadsworth Publishing Co.

Lester, P.M. (1995). Visual Communication: Images with Messages. Belmont, CA: Wadsworth Publishing Co.

Richards, R. (1992). A Director's Method For Film & Television. Boston ： Focal Press.

Smith, D. (1991). Viedo Commnuication: Structuring Content for Maximum Program Effectiveness. Belmont, CA: Wadsworth Publishing Co.

Verna, T. (1993). Global Television: How to Create Effective Television for the Future. Boston: Focal Press.

Whittaker, R .(1989). Video Field Production. Mountain View, CA: Mayfield Publishing Company.

Wurtzel, A., and Rosenbaum, J. (1995). Television Production.

New York: McGraw-Hill, Inc.

Zettl , H. (1992). Television Production Handbook. Belment, CA: Wadsworth Publishing Company,Inc .

附　　錄
電視節目製作導播口令

(一)開播前之導播口令及各工作人員注意事項

順序	中文口令	英文口令
1.	開播前	Before Air Time
2.	開播前 2 分鐘	Two minutes to air
3.	開播前 1 分鐘	One minute to air
4.	開播前３０秒	Thirty seconds to air
	開播鏡頭	Opening shots
5.	準備音樂	Ready music
6.	準備錄影帶	Ready VCR
7.	演員準備	Ready Talent
8.	準備淡入 1 號攝影機	Ready to fade one
9.	現場安靜、準備開播	Stand by，quiet in the studio

(二)開播時之導播口令及各工作人員注意事項

順序	中文口令	英文口令
1.	倒數計時	5、4、3、2、1、Cue
2.	放片頭	Roll VCR
3.	開始錄影	Camera

4.	演員開始動作	Action
5.	卡	Cut

（三）攝影機構圖方面的導播口令

A、依主體於畫面中的比例

	簡　稱	英文全名
最大遠景	X L S	Extreme Long Shot
大遠景	B L S	Big Long Shot
遠景	L S	Long Shot
中景	M S	Medium Shot
全景	F S	Full Shot
特寫	C U	Close Up
中特寫	M C U	Medium Close Up
大特寫	E C U	Extreme Close Up
全體像、群衆		Mob Shot
群像、群景	G S	Group Shot
三人遠景	L 3 S	Long Three Shot
二人中景	M 2 S	Medium Two Shot
二人近景特寫	M 2 C U	Medium Two Close Up
全身景	F F S	Full Figure Shot
大腿上	T S	Thigh Shot
膝上	K S	Knee Shot
半身	W S	Waist Shot

腰上	W S	
胸上	B S	Bust Shot
肩上、過肩	O S	Over Shoulder Shot
頭部	H S	Head Shot
內景	I N T	Interior
外景	E X T	Exterior
寬景、鬆景		Loose Shot
滿景、緊景		Tight Shot
前景	F C	Foreground
背景	B C	Background
跟隨		Follow
不動		Hold-on
穿鏡		Through Lens
入鏡		Frame-in
出鏡		Frame-out
聲像全消		Fade Sound and Picture out

B、依攝影機的角度

	簡　稱	英文全名
低角度鏡頭、俯角	L A S	Low Angle Shot
高角度鏡頭、仰角	H A S	High Angle Shot
鳥瞰鏡頭		Bird-Eye Angle Shot
過肩鏡頭	O S S	Over Shoulder Shot

過頭	OHS	Over Head Shot
折射鏡頭、反射景		Mirror Shot
對映鏡頭、反角景	RAS	Reverse Angle Shot
升降機鏡頭、升降景	CS	Crane Shot
頭上空間（抬頭）		Head-room
視線空間		Look Space

（四）攝影機運動及剪輯方面的導播口令

對焦	Focus up
升降機	Crane
降低	Pedestal Down (Crane Down)
昇高	Pedestal Up (Crane Up)
劃	Wipe
左轉（高架頭部）	Tongue Left
右轉（高架頭部）	Tongue Right
後退、拉後	Dolly Back 、 Pull Back
前進、推進	Dolly In 、 Push In
調整畫面	Frame Up
右搖	Pan Right
左搖	Pan Left
低頭（下搖）	Pan Down
抬頭（上搖）	Pan Up
弧形右推	Arc Right (AR)

弧形左推	Arc Left (AL)
疊印	Superimposition ， Super
搖下、低頭	Tilt Down (TD)， Pan Down
搖上、抬頭	Tilt Up (TL)， Pan Up
右側推	Truck Right (TR)
左側推	Truck Left (TL)
速遠、促遠	Zoom Out (ZO)
速近、促近	Zoom In (ZI)
淡入	Fade In (FI)
淡出	Fade out (FO)
播映	On Air
停播	Off Air

（五）音效成音專用術語

音樂交叉	Cross Fade
（兩種音樂或效果一起一落）	
音樂起	Music Up
音樂襯底	Music to Background
音樂降低	Music Down ， Music down or under
音樂消失、漸失	Fade out Music ， Sneak out Music
音樂停止	Cut The Music
音樂輕起	Sneak in Music
放音樂、突起	Hit Music

準備音樂	Ready Music ， Stand by Music
開邦、開麥克風	Open Boom ， Open Mike
試音量	Sound Level Test
音響、效果	Sound Effect
靠近麥克風	On Mic
遠離麥克風	Off Mic

（六）成音時專用術語

麥克風昇高	Boom Down
麥克風降低	Boom Up
音樂輕起漸入	Fade in Music
音樂揚起	Music to Background
音樂減低	Music Up
音樂逐漸消失	Music Down
音樂開始／音樂響起	Fade Out Music
節目名稱音樂或小片頭音樂	Cue(Hit) The Music

圖書館出版品預行編目(CIP)資料

視節目製作／蔡念中，劉立行，陳清河編
著.--初版.--臺北市：五南圖書出版股份有
限公司, 1996.03
面；　公分
參考書目；面
ISBN 978-957-11-1115-5(平裝)

1.電視 - 節目 - 製作

.776　　85002144

1Z13

電視節目製作

作　　者— 蔡念中　劉立行　陳清河
發 行 人— 楊榮川
總 經 理— 楊士清
總 編 輯— 楊秀麗
副總編輯— 李貴年
出 版 者— 五南圖書出版股份有限公司
地　　址：106台北市大安區和平東路二段339號4樓
電　　話：(02)2705-5066　傳　　真：(02)2706-6100
網　　址：https://www.wunan.com.tw
電子郵件：wunan@wunan.com.tw
劃撥帳號：01068953
戶　　名：五南圖書出版股份有限公司
法律顧問　林勝安律師
出版日期　1996年3月初版一刷
　　　　　2024年3月初版二十一刷
定　　價　新臺幣440元